読みなおす日本史

近畿の古墳と古代史

白石太一郎

吉川弘文館

目　次

第Ⅰ部　倭国の成立と展開
一　倭国の誕生……六
二　大王と豪族……一八
三　倭国の文明化……三二
第Ⅱ部　古墳と古代史
一　考古学からみた応神以前の王統譜……四二
二　〝やまと〟と東アジアを結ぶ道
――大和川と原竹ノ内街道の役割を中心に……五九
三　渡来人集団と倭国の文明化……八一
四　二つの古代日韓交渉ルート……九八
五　古墳の終末と古代寺院の造営……一一三
第Ⅲ部　近畿の古墳を考える
一　箸墓古墳の被葬者伝承……一三三

二　六世紀前半の倭国における今城塚古墳……一四五
三　磯長谷古墳群の大王墓
　——敏達・石姫合葬墓の問題を中心に……一五四

第Ⅳ部　豪族の居館と神まつり

一　首長の水のマツリ……一七六
二　古墳時代の豪族居館……一八二

コラム

キトラ古墳の朱雀が語るもの……二二〇
昭和天皇陵はなぜ上円下方形か……二二三
オリエントは遠くになりにけり……二二八
あのころの歴博準備室……二三三
あとがき……二三六
初出一覧……二三九
卑弥呼の死と前方後円墳の誕生……二四一

第Ⅰ部　倭国の成立と展開

一　倭国の誕生

はじめに

中国の前漢時代（前二〇二～後八）の歴史を書いた『漢書《かんじょ》』の地理志には「夫《そ》れ楽浪《らくろう》の海中《かいちゅう》に倭人《わじん》あり、分《わ》かれて百余国《ひゃくよこく》となる。歳事《さいじ》を以《もっ》て来《き》たりて献見《けんけん》すという」とある。『漢書』は西暦九二年に没した班固《はんこ》の著した書物であるから、これは当時の中国の知識人が認識していた一世紀頃の倭《わ》の状況を書いたものということになる。弥生文化が及んでいた日本列島の各地に、おそらく後の郡程度の小さなクニグニ、すなわち原生国家(1)が誕生しており、その中には漢帝国、ないしその植民地の楽浪郡《らくろうぐん》(2)に使節を送るものがあったことが知られる。

後漢（二五～二二〇）の歴史を書いた『後漢書《ごかんじょ》』(3)の倭伝には「建武中元《けんむちゅうげん》二（五七）年、倭の奴国《なこく》、貢《みつぎ》を奉《たてまつ》りて朝賀《ちょうが》す。使人《しじん》みずから大夫《たいふ》と称す。（中略）光武《こうぶ》賜《たま》うに印綬《いんじゅ》(4)を以《もっ》てす」とある。この奴国は、後の那津《なのつ》や儺県《なのあがた》の地にあたる今日の福岡平野付近にあったクニである。また、この印綬の印に当たると考えられる金印《きんいん》が、(5) 博多湾口の志賀島《しかのしま》から出土しており、この記事の信憑性を裏付けている。奴国《なのくに》の中心と想定されている福岡県春日市《かすがし》の須玖岡本《すぐおかもと》遺跡群の須玖岡本D地点と呼ばれているところで、明治三二（一八九九）年に巨大な大石の下から甕棺《かめかん》がみつかった。甕棺の内外からは前漢鏡が二七、八面、銅剣《どうけん》四口、銅矛《どうほこ》五口、銅戈《どうか》一口のほかガラスの璧《へき》の破片やガラス玉などが出土し、前一世紀頃の王墓と想定されている。五七年に後漢へ朝貢《ちょうこう》した奴国王がこの甕棺に葬られた王の後裔であることは疑いなかろう。

　こうした前漢鏡などを大量に副葬した王墓は、奴国の西の伊都国《いとのくに》の中心部にあたる福岡県糸島市の三雲《みくも》・井原《いはら》遺跡群内の三雲南小路《みなみしょうじ》の甕棺墓でもみつかっている。すでに前一世紀の早い時期には、北部九州の玄界灘沿岸には、楽浪郡と交渉をもつ奴国、伊都国などのクニグニとその支配者、すなわち王が出現していたことが確認されるのである。またこうした原生国家の成立が、単に北部九州だけの出来事ではなく、九州の他の地域や中国、四国、近畿、中部、関東などの各地でも進んでいたことが、それぞれの地域に弥生時代中期の拠点的な大集落が出現していることなどからもうかがえる。『漢書』の「分かれて百余国となる」の記載は決して誇張ではなく、ほぼ事実を伝えているものと考えられる。

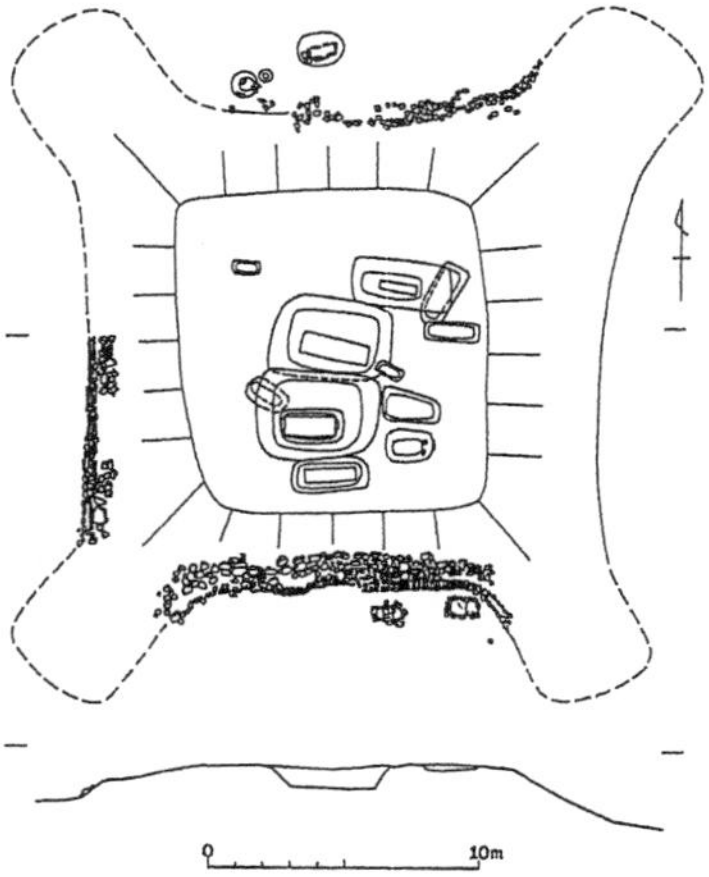

図1　四隅突出型墳丘墓
（島根県安来市仲仙寺10号墓）

1　地域的小国連合の形成

二世紀に入ると、こうしたクニグニの間にさらに大きな統合のための動きが生じていたらしい。そのことを如実に物語るのが、クニグニの王など各地の有力な首長たちの墳墓の様相である。大量の前漢鏡などが出土した前一世紀の奴国や伊都国の王墓が、一辺二〇～三〇m程度の方形《ほうけい》の墳丘をもつものであったことが明らかにされているが、弥生時代の後期に入ると、相当規模の墳丘をもつ首長墓が各地に出現する。たとえば山陰地方では、方形の墳丘の四隅を突出させた四隅突出型墳丘墓《とつしゅつがたふんきゅうぼ》(6)と呼ばれる特異な形態の墳丘墓が営まれる（図1）。その分布は、中国山地から山陰、さらに一時期には北陸地方にも及ぶ（図2）。大きいものでは一辺が五〇mに達するものから一〇m未満のものまでさまざまである。

この時期の山陰地方では、有力な首長が亡くなると、彼らは共通の葬送儀礼を執《と》り行い、共通の形式の墳丘墓を営んだことになる。事実、島根県出雲市西谷《にしだに》三号墳丘墓では、埋葬施設の上部から地元

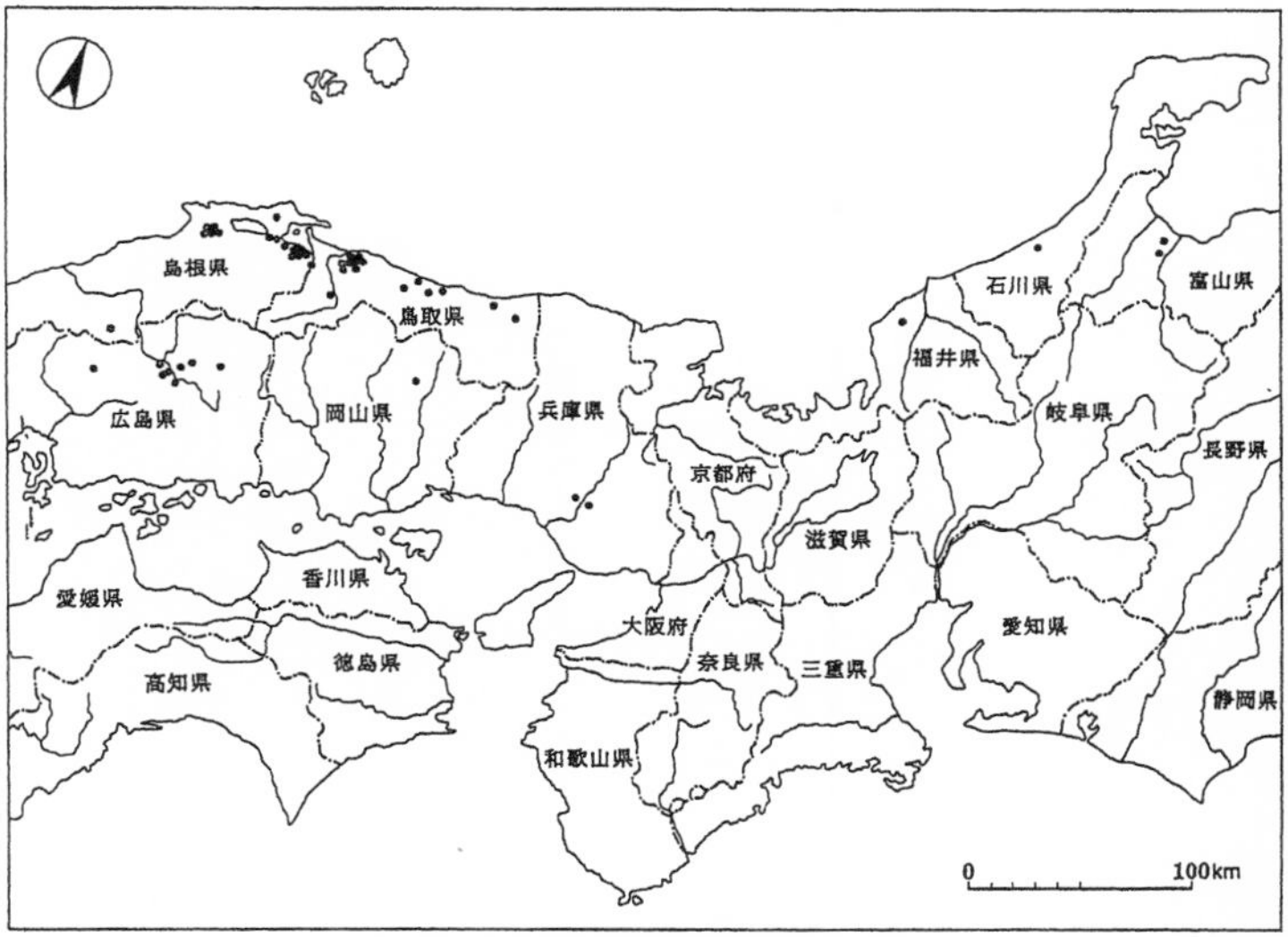

図2　四隅突出型墳丘墓の分布

の出雲西部の土器とともに、山陰東部や吉備《きび》地方の土器などが出土しており、その葬儀にははるか山陰東部の首長も何らかの形で参加していたらしい。このように二世紀ころの山陰地方の首長たちが共通の葬送儀礼を執り行い、共通の墳丘墓を営んでいたことは、当然彼らの間に生前から強い結び付きが生じていたことをうかがわせる。おそらく彼らの間に政治的な同盟関係が成立していたのであろう。

一定地域内の首長たちの共通の葬送儀礼の執行は、吉備でもみられる。岡山県から広島県東部の吉備地方では、この時期の首長たちの墳墓の形態は、前方後円形《ぜんぽうこうえんけい》、双方中円形《そうほうちゅうえんけい》、方《ほう》形などとさまざまである。ただそれらの墳丘墓には首長たちの墓に供献《きょうけん》するために特別に立派に作られた壺とそれを載せる器台《きだい》、す

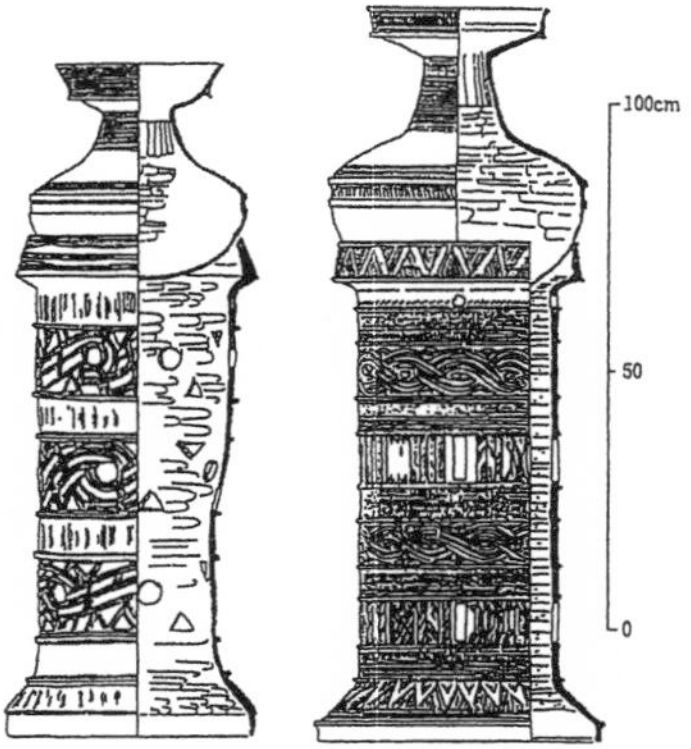

図3　特殊壺と特殊器台
（左：岡山県宮山墳丘墓，右：岡山県中山遺跡）

なわち特殊壺《とくしゅつぼ》・特殊器台が必ず伴っており、吉備の首長たちの間でも共通の葬送儀礼が執り行われていたことを物語る（図3・4）。

　このように首長たちの共通の墳丘墓や葬送祭祀《そうそうさいし》のあり方から、山陰、吉備といった地域ごとに、原生国家同士の地域的政治連合が成立していたことがうかがえる。現段階では考古学的な資料からは明確にはできないが、おそらく後に畿内《きない》と呼ばれる近畿中央部や、北部九州、さらに東海地方などでも、同様の動きがあったことは疑いなかろう。

2　倭国の成立はいつか

『後漢書』の倭伝には、さきの建武中元二年の奴国の朝貢記事に続けて、「安帝《あんてい》の永初《えいしょ》元（一〇七）年、倭国王帥升《すいしょう》等、生口《せいこう》百六十人を献《けん》じ、請見《せいけん》を願う」という記事がみられる。五七年の朝貢主体が「倭の奴国」であったのが、ここでは「倭国王」となっていることが注意される。ただ唐代に編纂

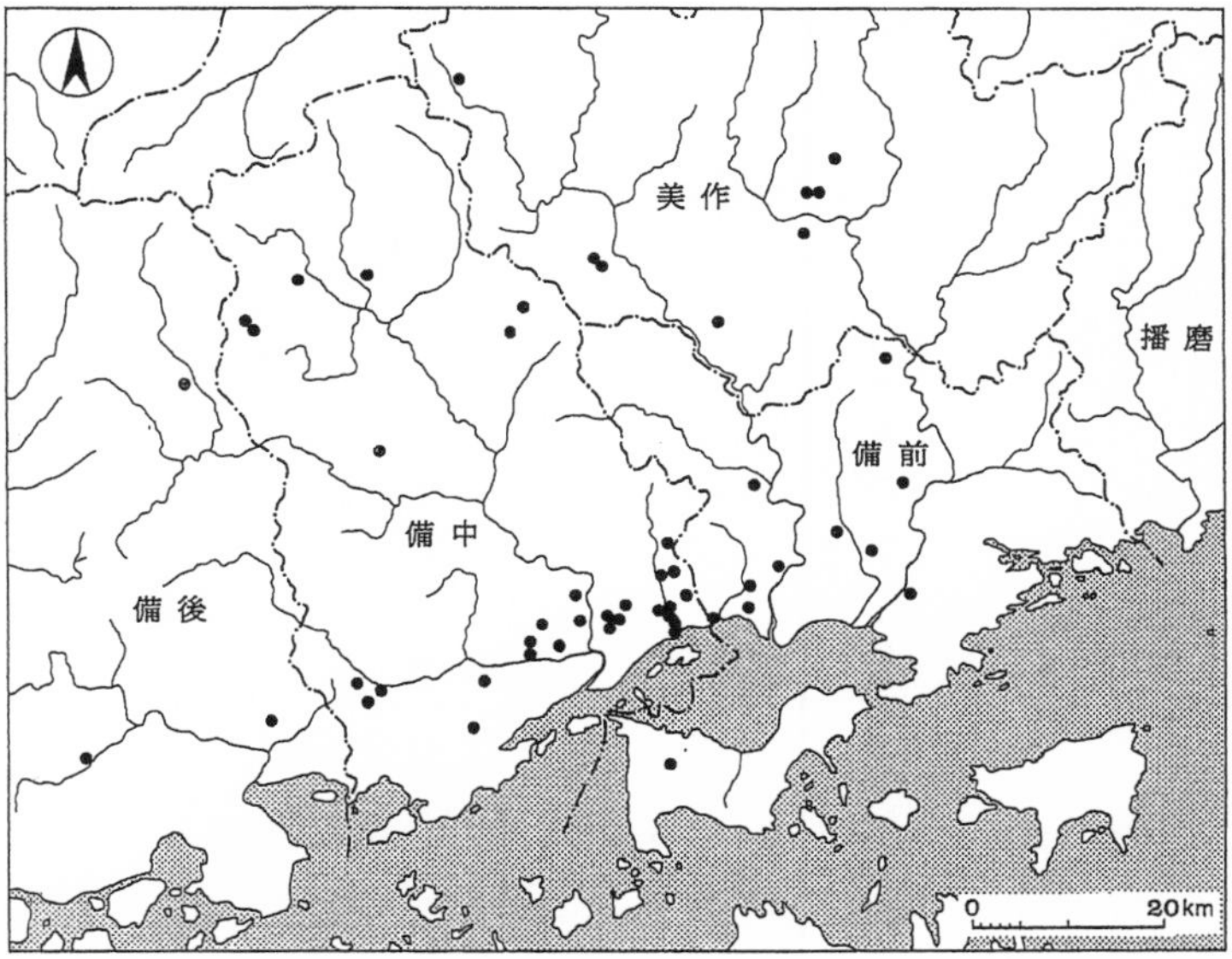

図4　特殊壺・特殊器台の分布

された『通典《つてん》』や『翰苑《かんえん》』には、この部分が「倭面土《わのめんど》国王師升《こくおうすいしょう》等」となっており、『後漢書』の古本には「倭の奴国」の場合と同じように「倭の面土国」とあったものと考える説もある。

この『後漢書』現行本の「倭国王帥升等」の記事から、二世紀の初めにはすでに倭国が成立していたと考える研究者も少なくない。ただ『後漢書』の原本の記載が「倭国王帥升等」となっていたとしても、それをもって倭国の成立と考えてよいかどうかは大きな問題である。仮にこの時期の遣使《けんし》の主体が倭国王を名乗っていたとしても、それはたかだか玄界灘沿岸を中心とした北部九州のいくつかのクニグニによる、地域的な小国連合にすぎないと考えられるからである。

さきにみたように、二世紀には山陰地方、吉備地方、さらに後に畿内と呼ばれる近畿中央部などでも、それぞれ地域的な政治連合が成立していた可能性が大きく、少なくとも日本史の視点からは、この段階に倭国が成立していたとみるのは適当ではなかろう。また何よりも、この二世紀の北部九州の「倭国」は、のちに述べるように三世紀前半の卑弥呼を中心とする倭国や三世紀後半以降、四、五世紀に続く倭国、すなわち初期ヤマト政権とは系譜的にもつながらないのである。

3　広域の政治連合の成立

次に、倭国の成立はいつに求めるべきであろうか。それは、各地域に成立していた地域的な小国連合相互に、より広域の政治的連合関係が成立した時、すなわち『三国志』の「魏志《ぎし》」倭人伝にみられる邪馬台(7)国を中心とする約三十国の連合の成立に求めるべきであろう。最近では、定型化した大型の前方後円墳の出現年代を三世紀中葉過ぎに求める説が有力になってきた。この出現期の前方後円墳は明らかに近畿の大和《やまと》を中心に瀬戸内海沿岸から北部九州の各地に分布しており、少なくとも卑弥呼の後継者である壱与《いよ》（台与《とよ》か）の段階には、近畿のやまと(8)を中心に瀬戸内海沿岸各地から北部九州を含む広域の政治連合が成立していたことは疑いない。またこの邪馬台国を中心とする倭国連合がそのまま、四、五世紀の倭国連合、すなわち初期ヤマト政権につながるものであることも明らかである。

それでは、邪馬台国を中心とする倭国連合の成立はいつか。「魏志」倭人伝によると卑弥呼が倭国王、すなわち倭国連合の盟主に「共立《きょうりつ》」(9)されることになったのは、倭国が乱れたためであるという。「其《そ》の国、本亦男子《もとまただんし》を以《もっ》て王と為《な》す。住《とど》まること七、八十年にして倭国乱れ、相攻伐《あいこうばつ》して年を歴《へ》たり。すなわち共に一女子《いちじょし》を立てて王と為《な》し、名づけて卑弥呼と曰《い》う」とある。卑弥呼が擁立《ようりつ》されることになる「倭国の乱」の時期については、『後漢書』倭伝の「桓霊《かんれい》の間《かん》（一四七～一八八）、倭国大いに乱れ、相攻伐して年を歴《ふ》」の記載や『梁書《りょうしょ》』倭伝の「漢霊帝光和《かんれいていこうわ》（一七八～一八三）中《ちゅう》」の記事から、二世紀後半に求められている。

ただこの『後漢書』や『梁書』の記事は、明らかに「魏志」倭人伝の記載を焼きなおしたものであり、オリジナリティがあるとは考え難い。それまで北部九州を中心に分布していた中国鏡が、近畿の大和を中心に分布するようになるが、その大和を中心に分布するようになる最初の鏡が後漢末から三国時代の画文帯神獣鏡《がもんたいしんじゅうきょう》であることからも、邪馬台国を中心とする倭国連合が成立するのは、三世紀初めのことであろう。

私は、この邪馬台国を中心とする広域の政治連合の成立の契機は、それまで、伊都国や奴国など玄界灘沿岸地域が独占していた鉄資源やその他の先進文物の入手ルートの支配権をめぐる確執にあったと想定している。日本列島で本格的な鉄生産が開始される六世紀以前、倭国で消費される鉄の大部分は、「魏志」東夷伝《とういでん》の弁辰条《べんしんじょう》に「国鉄《くにてつ》を出《いだ》す、韓《かん》、濊《わい》、倭《わ》みな従ってこれを取る」とあることからも知られるように、朝鮮半島東南部の弁辰、すなわち後の加耶《かや》の地に求められた。その輸入ルートを支配していたのは、いうまでもなく伊都国や奴国など玄界灘沿岸地域であり、東の瀬戸内海沿岸や近畿中央部、さらに東日本の諸地域には鉄資源をはじめとする先進的文物はスムーズには入ってこなかった。

このため、近畿中央部や瀬戸内海沿岸各地の首長たちが邪馬台（やまと）の勢力を中心に連合して玄界灘沿岸地域を制圧し、先進文物入手ルートの支配権を奪取する。これが、地域を超えた広域の政治連合、すなわち倭国連合の成立にほかならないと考えられる。その時期は、先にふれたように、近畿の大和を中心に分布するようになる最初の鏡が画文帯神獣鏡であるところから、三世紀初頭のことと想定できる。この先進文物の共同入手機構としての倭国連合の性格は、その後の初期ヤマト政権にも受け継がれ、四～五世紀の日本列島の政治秩序を大きく規定するのである。

4　邪馬台国連合から初期ヤマト政権へ

奈良県桜井市の三輪山西麓に位置する箸墓古墳《はしはか》(10)は、出現期の大型前方後円墳の中で最大の規模をもち、さらに出現期古墳の中でも古い時期のもので、三世紀中葉過ぎの造営と想定される。「魏志」倭人伝によると、卑弥呼が死んだのは二四七年か、その直後のことである。こうした巨大な古墳の、しかも初めての造営には当然十数年の歳月は必要であろうから、箸墓古墳が卑弥呼の墓である蓋然性《がいぜんせい》はきわめて高い。このことは、定型化した古墳の創出が卑弥呼の死を契機にしたものであったことを想定させる。

卑弥呼という呪術的権威の死は、邪馬台国を中心とする倭国連合体制の維持にとっては大きな危機でもあった。当然、倭国連合の体制を維持・発展させるために、連合の政治体制の整備が企てられたものと思われる。おそらく古墳はこの政治システム整備の一環として生み出されたものであろう。連合に加わる首長が共通の葬送儀礼を執り行い、共通の墳墓を共に営むことが、首長同盟の維持に有効であることは、各地の地域的首長連合の段階以来すでに確認済みのことであった。

さらに卑弥呼の晩年、邪馬台国連合と戦っていた東方の狗奴国《くなこく》を中心とする東日本地域（おそらく狗奴国を中心に東日本にも何らかの政治的連合が形成されていたのであろう）が、邪馬台国を中心とする倭国連合に加わり、倭国の版図《はんと》が飛躍的に拡大したことも、政治秩序の大変革が迫られたもう一つの理由であろう。こうして倭国連合は、三世紀中葉過ぎに卑弥呼の死と邪馬台国連合と狗奴国連合の合体を契機に、政治体制の上でも大きく変容し、初期ヤマト政権の段階に進むのである。

［註］

（1）　弥生時代になって本格的な水田稲作が始まり、生産経済の段階になると、灌漑《かんがい》システムの維持や水の公平な分配のために強力な統制力が必要となる。このためそれぞれの地域で有力なムラを中心にムラムラの結合が恒常化し、首長を中心にクニと呼ばれる政治的まとまりが形成される。こうしたプリミティブな国家を原生国家と呼ぶ。

(2) 前一〇八年に前漢《ぜんかん》の武帝《ぶてい》が朝鮮半島に設置した郡。その役所は、現在のピョンヤン付近に置かれ、漢の朝鮮半島支配の拠点となった。後漢末の三世紀初頭には、遼東《りょうとう》の公孫氏《こうそんし》政権の支配下に入り、さらにその南部に帯方郡《たいほうぐん》が置かれた。その後、魏《ぎ》、晋《しん》に受け継がれ、三一二年に高句麗《こうくり》によって滅ぼされる。その支配は朝鮮半島の人びとの自立的発展を損ねたが、反面その高度な文化や技術が朝鮮半島諸地域や倭に与えた影響はきわめて大きい。

(3) 中国の後漢代の歴史を書いた正史であるが、本紀《ほんぎ》・列伝《れつでん》は南朝の宋《そう》の范曄《はんよう》、志は晋《しん》の司馬彪《しばひょう》の撰になるもので、完成は五世紀に下る。したがって倭伝については、五七年の奴国《なこく》や一〇七年の「倭国王帥升等」の遣使記事など本紀にもみられる部分を除くと、すでに出来上がっていた『三国志』「魏志《ぎし》」の倭人伝に拠《よ》った部分が多く、史料的価値はあまり高くない。

(4) 印は印章、綬は印を身に帯びるために用いた絹の紐《ひも》をいう。身分・官職により、印の材質・大きさ・形式、綬の色が異なる。魏帝《ぎてい》から卑弥呼が与えられたのは金印紫綬《しじゅ》、卑弥呼の使い難升米《なんしょうまい》らが与えられたのが銀印青綬である。なお、この印は紙に捺す後世の印章とは異なり、本来文書などの外包に掛けた紐の結び目に塗った粘土板（封泥《ふうでい》）に押捺するものであった。

(5) 天明《てんめい》四（一七八四）年、博多湾の東を限る志賀島の南斜面で水田の境の溝を掘っていた甚兵衛《じんべえ》という農民によって大石の下から発見された。金製で蛇の形をした紐《ちゅう》をもつ。印面《いんめん》の一辺約二・三四七cm、総高二・二三六cm、重さ一〇八・七二九グラム。印面には「漢委奴國王」の五字が陰刻されており、「漢《かん》の倭《わ》の奴国王《なのこくおう》」と読まれる。蛇紐の印は雲南《うんなん》の滇国《てん》にも与えられており、漢が倭を南方の農耕民と認識していたことがわかる。

(6) 四隅突出型墳丘墓が出現したのは弥生中期後半の備後《びんご》北部の中国山地であるが、この種の墳丘墓が大型化する二世紀中葉以降には、山陰地方の出雲《いずも》、伯耆《ほうき》、因幡《いなば》の各地がその分布の中心となる。出雲西部の斐伊川《ひいかわ》、同東部の飯梨《いいなし》川、因幡の千代《せんだい》川など大きな河川の河口の大規模な平野ごとに一辺五〇m前後の大規模な四隅突出型墳丘墓がみられ、その周辺にはより小規模なものが営まれる。その分布のあり方は、山陰各地のクニグニの首長たちの間に、政治的な同盟関係が成立していることを示唆する。

(7)「魏志」倭人伝には、対馬国《つしまのくに》、一支《いき》国から「女王の境界に尽《つ》くる所」まで、邪馬台国を含めて二九か国の名前が書かれている。卑弥呼は邪馬台国の女王とは書かれていないが、「女王国より以北には特に一大率《いちだいそつ》を置きて」などとあることからも女王国が邪馬台国を指し、卑弥呼は倭国王であるとともに邪馬台国の王であることも確かである。これらのことから、これら二九か国が邪馬台国を盟主として邪馬台国連合、すなわち倭国連合を形成していたものと理解されている。

(8)「やまと」には、①古代の日本国全体をさす、②律令《りつりょう》体制下の大和国をさす、③奈良盆地東南部をさす広狭三つの意味がある。このうち③の狭義の「やまと」が本来の「やまと」にほかならず、邪馬台国の邪馬台、初期ヤマト王権の本拠地がこの地域であることは疑いなかろう。ここでは③の本来のやまとの地域を「やまと」と、②の律令制下の大和国の範囲を示す地名を「大和」、①に関連する倭国全体やその王権を呼ぶ場合には「ヤマト」の表記を用いる。

(9)「魏志」倭人伝には「共に一女子を立てて王と為《な》」すとあるが、この共立の主体は倭国連合に加わることになるクニグニであろう。倭国が卑弥呼の邪馬台国を盟主とする広域の政治連合にほかならないことを示すものである。

(10)神体山《しんたいさん》として知られる三輪山の西麓に位置し、墳丘長二八〇m。最近の墳丘周辺部の調査により、前方部先端の幅は現状よりさらに大きく開いていたことが明らかにされている。『日本書紀』はこの墓を三輪山の神オオモノヌシに仕える偉大な巫女《みこ》ヤマトトトヒモモソヒメの墓とする伝承を伝える。

二　大王と豪族

はじめに

卑弥呼の後継者にほかならない三世紀後半から四世紀前半のヤマト政権の盟主、すなわち倭国王《わのくにのおう》たちの墓は、いずれも奈良盆地東南部の狭義の「やまと」すなわち本来の、やまとの地に営まれた。北から大和古墳群《おおやまとこふんぐん》の西殿塚《にしとのづか》古墳、柳本《やなぎもと》古墳群の行燈山《あんどんやま》古墳（現崇神《すじん》陵《りょう》）、渋谷向山《しぶたにむかいやま》古墳（現景行《けいこう》陵）、箸中《はしなか》古墳群の箸墓《はしはか》古墳、鳥見山《とみやま》古墳群の外山茶臼山《とびちゃうすやま》古墳、メスリ山古墳の六基の大前方後円墳である（四六・四七頁図14・15）。これらは、この時期の日本列島各地の大型古墳と比べても隔絶した規模をもっており、初期ヤマト政権の盟主墓であることは疑いない。それらはおそらく箸墓→西殿塚→外山茶臼山→メスリ山→行燈山→渋谷向山の順に営まれたものと想定される。これら初期の倭国王墓がいずれもやまとの地に営まれていることは、倭国連合のこの時期における盟主権の所在を示すものにほかならないが、それらが同一の古墳群に営まれているのではなく、この地域のいくつかの古墳群に分かれて、それぞれ一、二基ずつ営まれていることは興味深い。それはこの時期の倭国王たちが、やまとの地にあるいくつかの政治勢力の中から「共立」されたことを示している。

最初の箸墓古墳を卑弥呼の墓と考えてよいとすると、それにつづく西殿塚古墳の被葬者は壱与《いよ》（台《と》与《よ》か）である可能性が大きくなる。巫女《みこ》でもあった二人の女性は独身であったと思われるから、『古事記』『日本書紀』が伝える男系世襲制とは程遠い王位の継承が行われていたらしい。西殿塚古墳の後円部の頂部には、内に竪穴式石室《たてあなしきせきしつ》が営まれていると思われる大きな方形壇《ほうけいだん》がみられ、さらに前方部の先端部にも、これよりやや小さい方形壇がみられる（五五頁図17）。このことは、この古墳では後円部と前方部にほぼ同格の重要な埋葬施設が営まれている可能性を示唆する。

四世紀後半の奈良県川西《かわにし》町島《しま》の山《やま》古墳（図5）では、後円部に巨大な竪穴式石室があったことが知られているが、前方部からも大量の腕輪形石製品《うでわがたせきせいひん》を副葬した粘土槨《ねんどかく》が検出されている（図6）。腕輪形石製品（図7）は司祭者を象徴する持ち物であり、棺内に武器・武具がみられず、また被葬者が手《て》玉《だま》をしていたことなどから、この前方部の粘土槨の被葬者は女性の司祭者であったことが想定される。前期の古墳には複数の埋葬施設をもつものがあり、政治・軍事的首長と宗教的・呪術的首長の合葬《がっそう》を想定できるものも少なくない[1]。このことから西殿塚古墳には、巫女である壱与と、その男のキョウダイである男王が共に葬られていた可能性が想定されるのである。

三代目の外山茶臼山古墳と四代目のメスリ山古墳は、同じ鳥見山古墳群に含まれ、発掘調査の結果

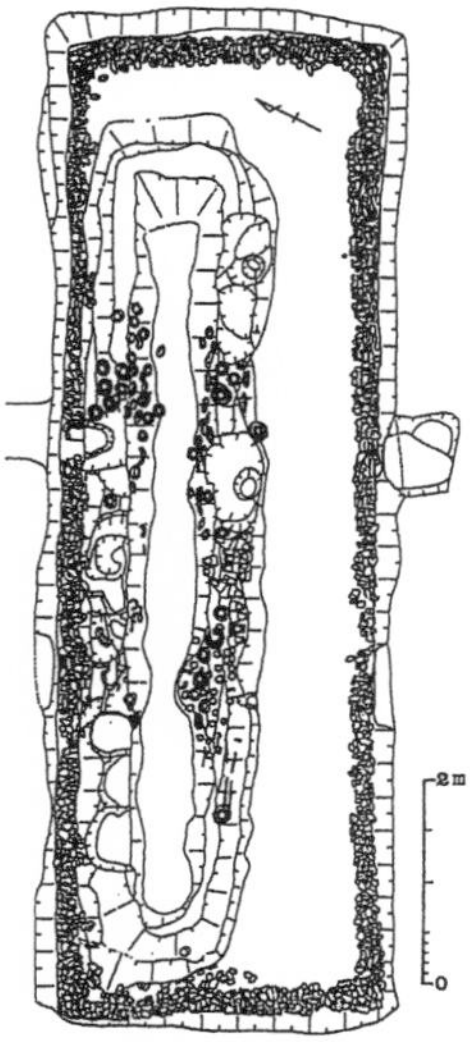

図６　島の山古墳前方部の粘土槨

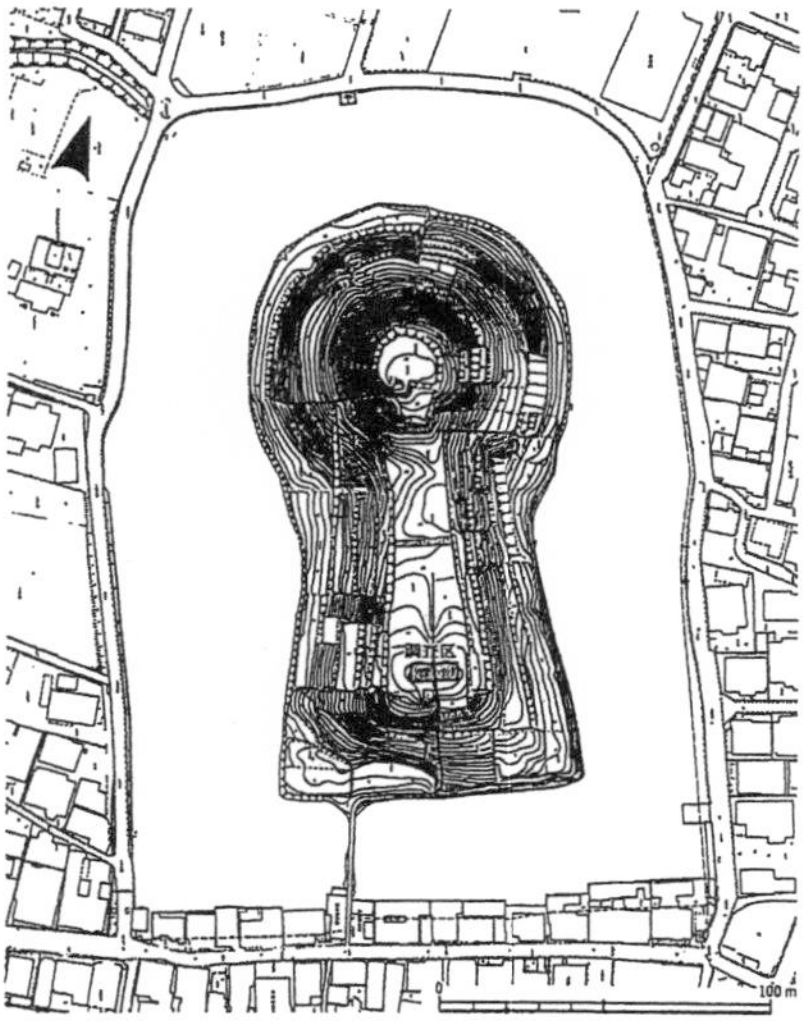

図５　奈良県川西町島の山古墳

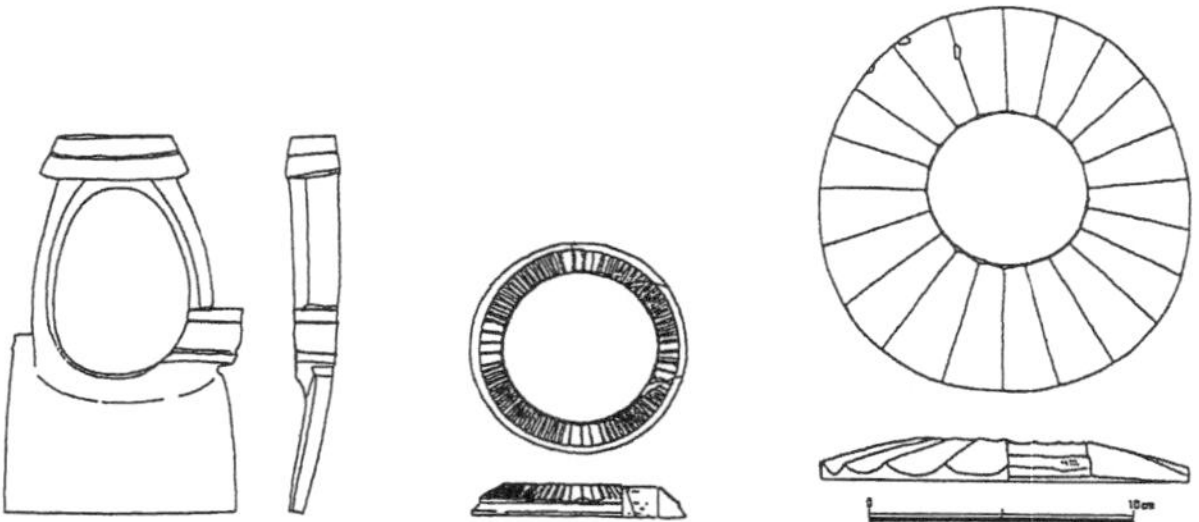

図７　島の山古墳前方部粘土槨出土の腕輪形石製品

では、ともに中心的な埋葬施設は後円部上の竪穴式石室一基であり、大量の武器・武具とともに腕輪形石製品など司祭者的色彩の強い副葬品をもあわせもつ。このことから、これら二基の王墓の被葬者は司祭を兼ねる男性王者であったらしいことがわかる。同じ古墳群に二代続いて王墓が営まれていることから、男系世襲制の萌芽を認めることができるのかもしれない。五代目、六代目の行燈山古墳、渋谷向山古墳については、こうした問題を検討する材料がないが、二代続いて王墓が同一古墳群に営まれていることに意味があろう。

四世紀中葉になると、倭国王墓と想定される大型古墳は、奈良盆地北部の奈良市佐紀《さき》古墳群に出現する。さらに四世紀後半から末葉になると、王墓は大阪平野の羽曳野市・藤井寺市の古市《ふるいち》古墳群(2)（図8）や堺市百舌鳥《もず》古墳群（図9）に営まれるようになる。このうち奈良盆地北部の曾布《そふ》の地への王墓の移動の意味については、盆地東南部のやまとの勢力と曾布の勢力との婚姻関係から、王の母の出身地に王墓が移動したものと思われる。

1　王墓の河内への移動

一方、大阪平野への王墓の移動は、四世紀末葉以降、奈良盆地の勢力にかわって新しく大阪平野の勢力が、ヤマト政権の盟主権を掌握した結果であろう。たんに大和南部を本貫《ほんがん》とする王家が恣意的に

図８　大阪府羽曳野市・藤井寺市の古市古墳群

墓の位置を移したにすぎないとする説もあるが、古墳がその政治勢力の本貫の地に営まれるものである以上、王墓の所在地の勢力が王権を握ったと考えるべきであろう。六世紀初頭に新しい王統を打ち立てた継体《けいたい》大王の墓（大阪府高槻市今城塚《いましろづか》古墳）がそれまで全く王墓が営まれることのなかった畿内北部の淀川水系の摂津《せっつ》の地に営まれることも示唆的である。

畿内地域における三世

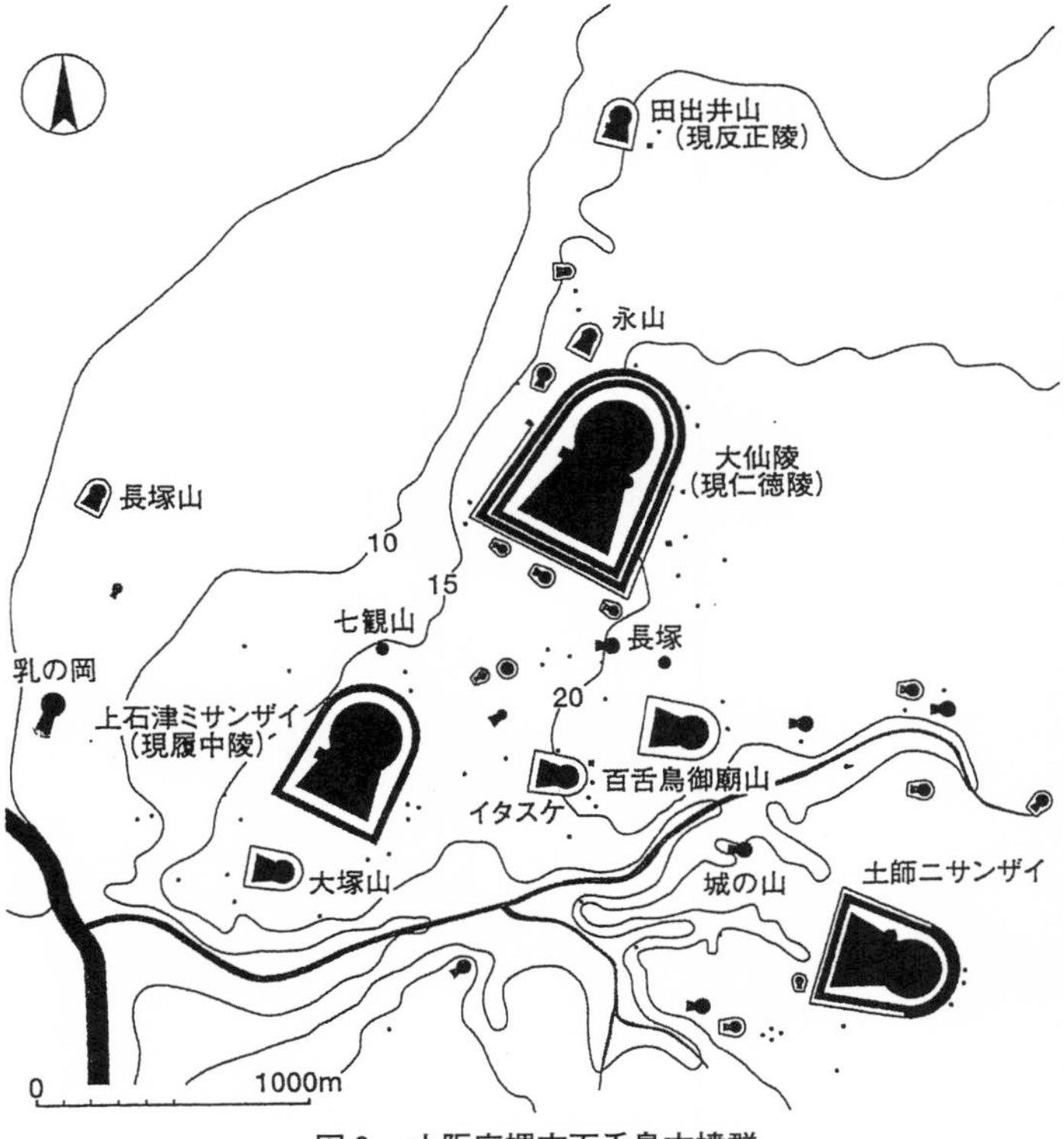

図9　大阪府堺市百舌鳥古墳群

紀後半の出現期古墳の分布状況をみてみると、畿内北部の淀川水系では、その要所要所に顕著な出現期古墳がみられる。これに対し、南の大和《やまと》川水系では後に大古墳が数多く営まれるようになる奈良盆地西南部の葛城《かつらぎ》地方や南河内《みなみかわち》にはほとんどみられず、大和川上流の奈良盆地東南部のやまとの地に集中している。これは、同じ畿内でも北の淀川水系では各地にそれなりに有力な政治勢力が分立していたのに対し、南の大和川水系はすでに一つの政治領域となり、その中でやまとの覇権が確立していたためであろう。私はこのことから、倭国の王権、すなわち広域の政治連合の盟主権を握った邪馬台国、あるいは初期のヤマト王権の原領域は、畿内南部の大和川水系、すなわち大和・河内（後の和泉《いずみ》を含む）であったと考えている。

三世紀から七世紀中葉に至るまで、六世紀前半の継体大王の墓を唯一の例外として、倭国王墓が営まれたのは一貫して畿内南部の大和川水系であった。倭国の王権を握っていたのは南部の大和・河内の政治連合であった。王墓の奈良盆地北部の曾布への移動も、また大阪平野の南河内や和泉北部への移動も、しょせんこの大和川水系内での盟主権の移動にすぎない。その意味で継体の大王就任は、それまで南の勢力に押さえられて王権に参画することが出来なかった淀川水系の勢力が、近江《おうみ》、尾張《おわり》など畿内東辺の勢力と手を結んで、はじめて王権を掌握したものであろう。ただ、継体は大和・河内を中心に形成されていた旧王権の支配基盤をそのまま継承したのであり、継体の王宮は大和の磐余《いわれ》に営まれ、王墓も継体以降はまた河内・大和に戻ってしまうのである。

2　王権移動の背景

このように、王墓の奈良盆地から大阪平野への移動は、大和・河内連合からなる畿内政権内部での盟主権の移動にほかならないと思われる。それではなぜ、この時期にこうした王権の移動が起こったのであろうか。四世紀後半、朝鮮半島では高句麗《こうくり》が南下し、朝鮮半島南部の百済《くだら》、新羅《しらぎ》、加耶《かや》諸国は国家存亡の大きな危機を迎える。この時、新羅が高句麗に接近する政策をとったのに対し、百済や加耶諸国は、倭国を味方に引き込んで、あくまでも高句麗と戦う政策をとる。鉄資源を朝鮮半島南部に頼っていた倭国もまた朝鮮半島の情勢には大きな関心があり、この朝鮮半島の動乱に介入する。

こうした国際的で大きな危機に対処するには、卑弥呼以来の呪術的権威に頼る面の大きい奈良盆地の勢力では大きな限界があったものと思われる。このため、邪馬台国時代以来、朝鮮半島や中国との外交や交易を担当していた大阪平野の勢力が奈良盆地の勢力に代わって大和・河内連合の盟主権、ひいては倭国連合の盟主権を握ることになったのであろう。さきに述べたように、倭国連合の盟主としての倭国王の最大の責務は、鉄を含む海外の先進的文物を共同で入手する機構のリーダーとして、外交と交易・分配システムを安定的に管理することであった。

ただ、奈良盆地から大阪平野への盟主権の移動は、武力による王権の奪取、あるいは王朝の交替といった性格のものではなかった。そもそも政治連合、すなわち連合政権とは盟主権が移動しうるものである。また王墓が大阪平野に営まれるようになっても、それ以前の四世紀後半に王墓が営まれていた佐紀古墳群での大型前方後円墳の造営は続く。これは、新しい河内の王とヤマトの王家との間に婚姻関係が成立し、河内勢力が入《い》り婿《むこ》の形でヤマトの王権を継承する形をとったためであろう。継体が王位の継承を主張した時も、すぐに畿内や日本列島各地の勢力の承認をえることは困難であった。『日本書紀』によると継体が大和に入ることが出来たのは、即位の二十年後のことであったという。そして継体の王権継承の承認に欠くことができなかったのは、ヤマトの王統の血を受け継ぐ仁賢《にんけん》天皇の娘手白香皇女《たしらかこうじょ》(3)との婚姻であった。

3　地方の首長連合

次に、畿内の王と地方の政治勢力との関係を、古墳のあり方からみてみよう。日本列島で最大の古墳は、百舌鳥古墳群の大仙陵《だいせんりょう》古墳（現仁徳《にんとく》陵）と古市古墳群の誉田御廟山《こんだごびょうやま》古墳（現応神《おうじん》陵）である。これに百舌鳥古墳群の上石津《かみいしづ》ミサンザイ古墳（現履中《りちゅう》陵）が続き、次いで第四位に岡山市の造山《つくりやま》古墳がランクされる。このうち大仙陵古墳、誉田御廟山古墳は、共に第四段階の円筒埴輪《えんとうはにわ》をもつ五世紀前半から中葉頃のものであるが、上石津ミサンザイ古墳と造山古墳は共に第三段階の円筒埴輪をもつ五世紀でも早い段階の古墳である。五世紀初頭の時点では、吉備《きび》の岡山市造山古墳は畿内の王墓である上石津ミサンザイ古墳に次ぐ第二位の規模を誇っていたことになる(4)。

さらにこの二古墳の墳丘長の差はわずか五ｍにすぎない。三六〇ｍで五ｍの差は誤差の範囲に属する。事実両古墳の測量図を重ね合わせると同一企画の部分も多く、基本的に同じ築造企画に基づきほぼ同じ墳丘規模に造られていることは明らかである（図10）。ただ、上石津ミサンザイ古墳には周りに水を湛《たた》えた周濠《しゅうごう》が今も残るのに対し、造山古墳の周濠の存否は不明である。しかし墳丘自体の規模については、王墓である上石津ミサンザイ古墳とほぼ同じ規模を持っていた。この段階では、畿内の王と吉備の大首長は、まさに同盟関係にあったことをこの二つの古墳は具体的に表現しているのである。

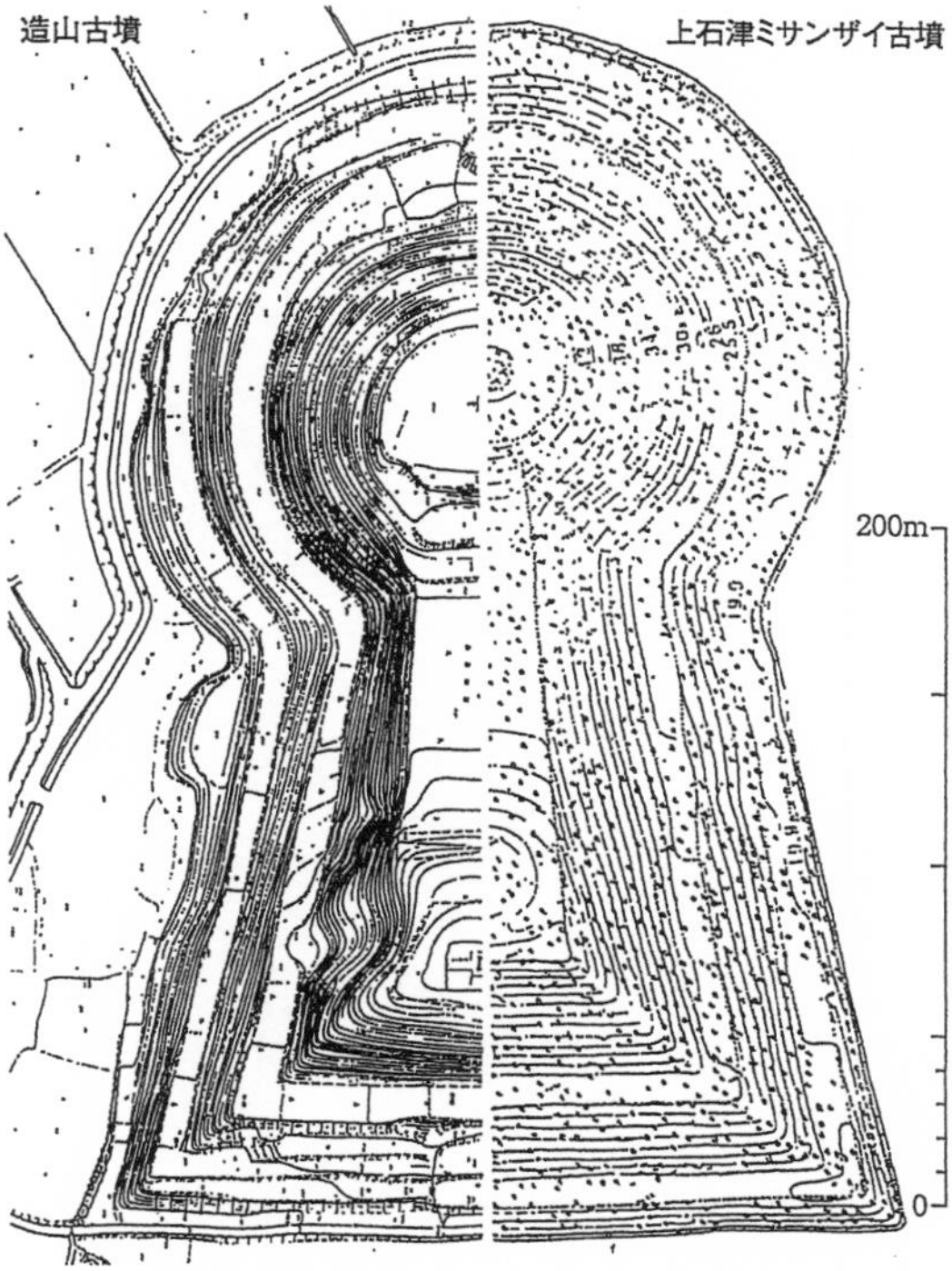

図10　大阪府上石津ミサンザイ古墳と岡山県造山古墳

　群馬県太田《おおた》市の前方後円墳太田天神山《おおたてんじんやま》古墳[5]は五世紀初頭から前半の古墳で、列島内で第二六位にランクされている。ただこの順位は三世紀後半から六世紀末葉までの三〇〇年以上の間に造営されたすべての古墳の中での順位であり、太田天神山古墳と同時期の古墳のなかでは当然五指のうちに入るものである。またこの太田天神山古墳の造営に際しては、畿内の王の長持形石棺《ながもちがたせっかん》を作っていた工人がわざわざ関東に派遣されて同じような長持形石棺の製作に当たったことが知られている。五世紀前半の時点では、関東の上毛野《かみつけぬ》（今日の群馬県）の大首長と畿内の王とは、同盟と表現するのが適当であるような関係にあったことが知られるのである。

四三八年、倭王珍《ちん》は、中国の宋《そう》に遣使し安東将軍《あんとうしょうぐん》倭国王に除正《じょせい》されるが、同時に倭隋《わずい》ら一三人にも平西《へいせい》・征虜《せいりょ》・冠軍《かんぐん》・輔国《ほこく》将軍号の除正を求め、これを許されている。珍が除正を求めた倭隋ら一三人は、この時期に営まれた大型前方後円墳の被葬者たちであり、その中には当然太田天神山古墳の被葬者も含まれていたのであろう。この時期、ヤマト政権は朝鮮半島で高句麗と対峙しており、こうした国際情勢から吉備や上毛野など有力な地方政権の大首長を優遇せざるをえなかったという面もあるが、これらの古墳のあり方は、この時期の畿内の大王と地方の政治勢力との同盟関係を如実に物語るものといえよう。

なお、五世紀初頭から中葉すぎの吉備地方では造山古墳のほか、総社市《そうじゃ》作山《つくりやま》古墳、赤磐市両宮山《りょうぐうざん》古墳という畿内の王墓にも匹敵する三基の巨大な前方後円墳がこの順に造営される。このうち造山・作山両古墳が備中《びっちゅう》の吉備下道《きびのしもつみち》地域に営まれたのに対し、両宮山古墳は備前《びぜん》の吉備上道《きびのかみつみち》地域に所在する。この時期の吉備地方では、吉備各地の首長たちが連合して吉備政権ともいうべき政治連合を形成していたこと、そしてその盟主としての吉備の大首長の地位には、吉備連合を構成している吉備各地の政治勢力が交替でその地位に就くといった政治構造が想定できるのである。こうした地域的な首長連合は、上毛野でも、また畿内の葛城地方などにも存在したことがその地域の古墳のあり方から想定されるのであり、これが文献史料にみられる吉備氏、上毛野氏、葛城氏の実像にほかならないと思われる。

ただ、こうした畿内以外の地域の政治勢力、あるいは畿内でも倭国王以外の有力首長が、このような巨大な前方後円墳を造営するのは、五世紀の中葉過ぎまでである。五世紀後半以降になると墳丘長一五〇mを超えるような大型前方後円墳は畿内の王墓以外にはみられなくなる。畿内の王の支配権がこの時期以降急速に伸張し、首長連合としてのヤマト政権の性格が大きく変貌したことを示している。ヤマト政権の盟主、すなわち倭国王が「大王」を名乗るようになるのは、まさにこの時期からである。さらに六世紀前半の筑紫君磐井《ちくしのきみいわい》とヤマトとの戦い[6]などを経て、畿内の大王権はさらに伸張し、畿内勢力による畿内以外の地域の支配体制が一段と進むのである。

［註］

（1）こうした多くは女性の宗教的・呪術的王ないし首長と、多くはそのキョウダイで男性の政治的・軍事的王ないし首長の組合せからなる王権ないし首長権を聖俗二重王権ないし首長権、あるいはヒメ・ヒコ制などという。未婚の皇女が神の妻として伊勢に赴く斎王《いつきのみこ》の制度もその遺制とみられている。

（2）南河内《かわち》の大和《やまと》川と石川の合流点の西方に展開する前期末から後期に及ぶ大古墳群。日本列島で第二の墳丘規模をもつ誉田御廟山《こんだごびょうやま》古墳（現応神陵《おうじんりょう》）を盟主とし、墳丘長二〇〇m以上の大型前方後円墳だけでも六基ある。

（3）仁賢《にんけん》大王の皇女。継体《けいたい》大王の妃の一人で欽明《きんめい》大王を生む。『古事記《こじき》』には継体を「近淡海国《ちかつおうみのくに》より上り坐《いま》さしめて、手白髪命《たしらかのみこと》に合せて天の下を授け奉りき」とあるように、王権の側からは、継体はあくまでも入り婿の形でヤマトの王権を継承したことになる。その墓である衾田《ふすまだ》墓が、父の眠る古市《ふるいち》古墳群でもなく、夫の墓のある摂津《せっつ》の三島《みしま》古墳群でもなく、初期ヤマト王権の始祖たちの眠るやまとの地に営まれていることは興味深い。

（4）上石津ミサンザイ古墳は百舌鳥《もず》古墳群に、造山古墳は作山《つくりやま》古墳とともに吉備下道《きびのしもつみち》地域に位置する。ともに墳丘長約三六〇m、大仙陵・誉田御廟山両古墳以前の五世紀初め頃の古墳としては列島で最大規模の墳丘をもつ前方後円墳で、共通の造営企画に基づきほぼ同規模に造られたものであろう。ただ上石津ミサンザイ古墳には見事な周濠《しゅうごう》が伴うが、造山古墳については周濠の有無は明らかでない。

（5）東日本で最大の墳丘規模をもつ五世紀前半の前方後円墳で、墳丘長二一〇m。周囲に盾《たて》形の周濠を廻らす。上《かみつ》毛野《けぬ》（群馬県）各地の首長たちによって構成されていた上毛野政権ともいうべき地域的首長連合の盟主の墓であろう。

（6）『日本書紀』によると、継体二一（五二七）年、新羅《しらぎ》に奪われた任那《みまな》の地を回復するために朝鮮半島に出兵しようとする近江毛野《おうみのけの》の率いる六万の大軍の渡海を筑紫君磐井は「火（肥前《ひぜん》・肥後《ひご》）・豊（豊前《ぶぜん》・豊後《ぶんご》）二国」の勢力とともに阻《はば》んだ。ヤマト王権は、物部麁鹿火《もののべのあらかひ》を中心とする討伐軍を送り、激戦の末、ようやくこれを破ったという。『筑後国風土記《ちくごのくにふどき》』逸文《いつぶん》には、その墓を「上妻県《かみつやめのあがた》の南二里の地にあり」とするが、それが八女《やめ》市岩戸山《いわとやま》古墳（墳丘長一四〇m）であることはほぼ確実である。この古墳は、古墳時代を通じて北部九州最大の前方後円墳であり、多くの石人《せきじん》・石馬《せきば》、すなわち石の埴輪《はにわ》が立てられていたことでも有名である。ただし、石人・石馬はほぼこの古墳を最後に姿を消す。

三　倭国の文明化

はじめに

第二次世界大戦が終わって間もない一九四八年、東洋考古学者の江上波夫《えがみなみお》によって騎馬民族征服王朝説《きばみんぞくせいふくおうちょうせつ》と呼ばれる日本民族や日本国家の起源をめぐるきわめて雄大な仮説が提起された。それは大陸北方の遊牧騎馬民族の一派が、四世紀に朝鮮半島南部を飛び石として日本列島に渡来し、騎馬文化を将来《しょうらい》するとともに、やがて近畿に樹立した王朝が天皇家を中心とする大和《やまと》朝廷にほかならない、というものである。

このような、天皇家を中心とする日本列島の古代国家の支配者集団を、海外から渡来した北方ツングース系の民族とする考え方は、決して江上波夫に始まったものではなく、大正期ごろから鳥居龍蔵《とりいりゅうぞう》、喜田貞吉《きたさだきち》、山路愛山《やまじあいざん》など多くの歴史学者や思想家によって提起されていた。ただ江上の説は、それがきわめて具体的であり、また敗戦によって『古事記』『日本書紀』に基づく神話的な日本国家の起源論が瓦解し、多くの市民がそれに代わる学問的な民族や国家の起源論を求めていた時期でもあったため、社会に大きな影響を与えることになった。この騎馬民族説に対しては、それが提起された直後から、日本古代史、東洋古代史、考古学、民俗学などの研究者が相次いできびしい批判を展開する。このため、すでに発表直後から、学問的には少数派の学説となったが、ただ一般市民の間には根強い支持者が今も後を絶たない。

1　朝鮮半島の緊張と倭国

江上波夫の騎馬民族説の前提となっているのは、日本列島の古墳文化には、前期と後期の間にきわめて大きな変化が認められるという事実である。五世紀初頭を境に、それ以前の古墳には馬具《ばぐ》がまったくみられないのに対し、五世紀以降になると馬具や騎馬戦《きばせん》用の武器・武具、さらに金銅製装身具《こんどうせいそうしんぐ》などが豊富に副葬されるようになり、須恵器《すえき》と呼ばれる新しい土器の生産が始まり、古墳それ自体の埋葬法も竪穴《たてあな》系の埋葬施設から横穴《よこあな》系の埋葬施設に大きく変化する。要するに東アジアのさまざまな先進的文物や技術や情報が、この時期を境に滔々《とうとう》と日本列島に流入するようになるのである。こうした大きな変化の背景を説明するのに、江上説はきわめて便利な仮説でもあった。

早くから多くの学問分野の研究者が明確にしていたように、江上説がそのままの形では成立しえない。とすれば、古墳時代中頃のこの大きな変化は一体何を契機に生じたのであろうか。倭人たちが、それまでまったく関心を示さなかった騎馬文化を積極的に受容するようになるのは、朝鮮半島での高《こう》句麗《くり》軍との戦争の結果にほかならないことは、戦後間もない時期の江上説に対する批判のなかで、考古学の小林行雄《こばやしゆきお》ら多くの研究者が指摘していた。こうした日本の馬匹《ばひつ》文化の起源を高句麗との戦いに求める説は、その後の考古学的研究の進展の結果からも、いよいよ疑いないものとなってきている。

『延喜式《えんぎしき》』(1)には、日本の古代国家が管理していた牧《まき》、すなわち馬匹の生産地の一覧が示されている。それによると九州地方などとともに、とくに東日本の中部地方東辺から関東地方に多いことが知られる。信濃《しなの》には十六か所、上野《こうずけ》には九か所もの牧が設置されている。これらの牧が設置された時期については、七世紀末葉の古代律令国家の完成期を考える人が多かった。

ところが最近、『延喜式』にみられる古代の官牧《かんまき》が集中して設置されている信濃などの地域で、五世紀代の馬の犠牲土壙《どこう》が相次いで検出されている。それは、直径一〇～二〇m前後の小型の古墳の周《しゅう》溝部《こうぶ》などに馬を納めた土壙で、検出される馬の歯からいずれも三歳前後の若馬を葬ったもので、古墳の被葬者の葬送に際し犠牲として殺されたものであることが判るのである。馬を利用することのなかった倭人たちの間に、馬を犠牲とする風習が自然に生じたなどとは考えられない。したがってこれらの馬の犠牲土壙は、おそらく馬匹を生産する牧の設置のために東国などに移住・定着させられた渡来人に関係するものであることは疑いなかろう。

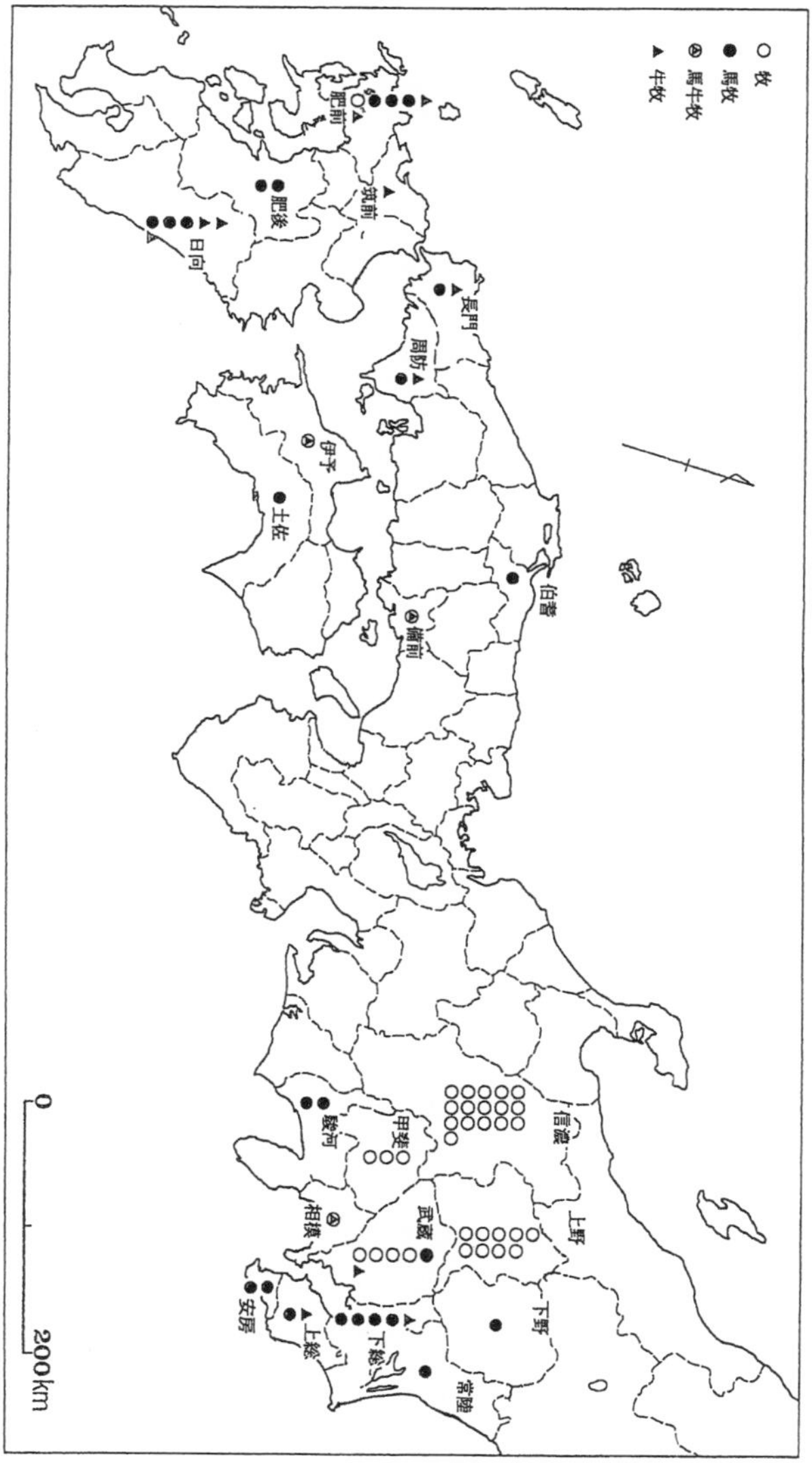

図11 『延喜式』にみられる牧の分布

このように、五世紀の馬犠牲土壙が『延喜式』の牧の分布が多い地域に特に集中してみられることから、『延喜式』にみられる牧の中には、その設置が五世紀にさかのぼるものが少なくないものと想定されるのである。まさに国家的規模の事業として東日本にまで大規模な牧の設置が行われているのである。こうした五世紀頃の国家的規模での馬匹文化の受容には、朝鮮半島での高句麗の騎馬軍団との戦いが契機となったことは確かであろう。

四世紀後半以降の朝鮮半島における高句麗の南下は、半島南部の百済《くだら》、新羅《しらぎ》、さらに加耶《かや》諸国にとって国家の存立にかかわる大きな危機であった。この危機に際して、とくに百済や加耶諸国は、南の倭国を味方に引き入れて高句麗と対決しようとする。鉄資源を朝鮮半島に頼っていた倭国も朝鮮半島の情勢には大きな関心があり、積極的にこの戦いに加わる。さらに高句麗が海をわたって倭国を攻める危険をも感じたのであろう。これを契機に倭人たちは積極的に乗馬の技術を学び、百済や加耶諸国

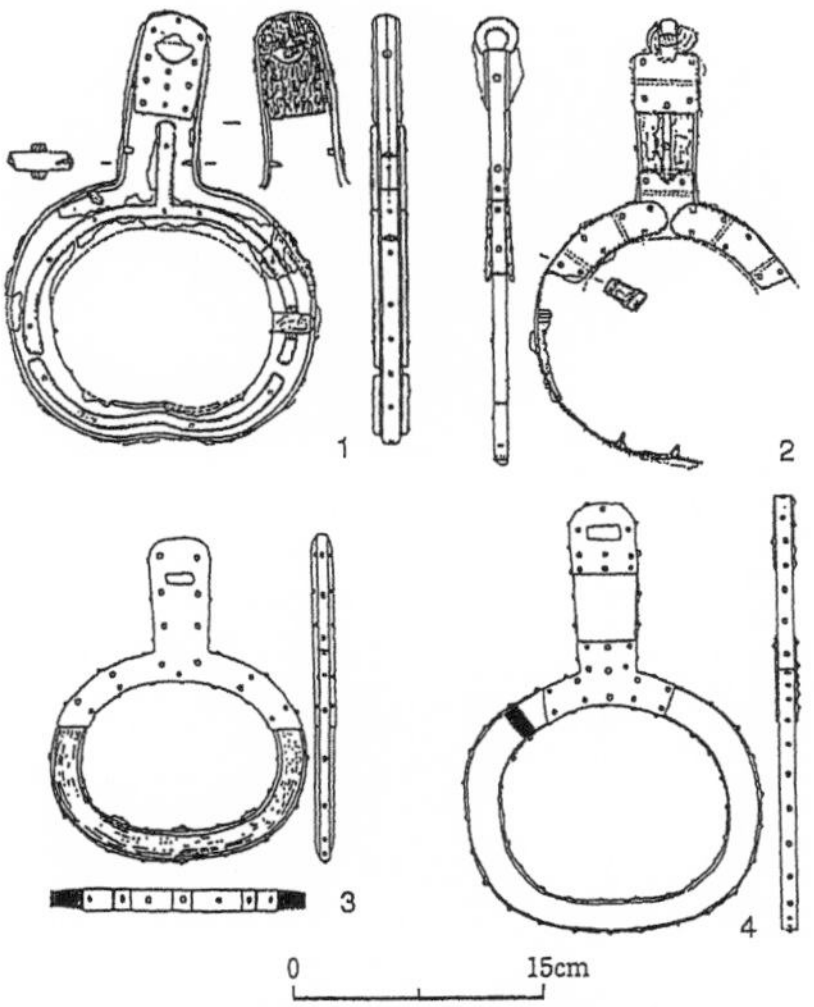

図12　日本列島の初期の鐙と加耶の鐙
（1・2：加耶福泉洞22号古墳，3：滋賀県新開1号墳，4：大阪府七観古墳）

の技術援助をうけて、馬具の生産や馬匹自体の生産に取り組むことになったのであろう。

2　日本列島の文明化

この時、倭人たちが受け入れたのは、決して馬匹文化、騎馬文化だけではなかった。馬具の製作には鉄や金銅《こんどう》などの高度な金属加工技術、さらに木工、皮革《ひかく》などの技術が必要である。また単に馬具だけでなく、騎馬戦に必要なさまざまな新しい武器・武具とその生産技術がもたらされる。またこの朝鮮半島の動乱を逃れて倭国に渡った多くの渡来人たちが、須恵器の生産技術など多様な技術をはじめ、戦術、統治技術、文字の使用法、さらに学問、思想、宗教などにおよぶさまざまな文化を伝えるのである。まさに日本列島の文明化が、これをきっかけに一気に進展する。

すでに述べたように、倭人たちは弥生時代以来、鉄資源や中国鏡をはじめとする先進的文物を手に入れるため、朝鮮半島東南部の弁韓《べんかん》、すなわち後の加耶の地に絶えずやって来ていた。弁韓の地には、すでに三世紀後半から高度な騎馬文化が受け入れられていたことが、金官加耶国《きんかんかやこく》の王墓と想定される韓国・金海《キメ》市大成洞古墳群の調査結果などからも明らかである。ただこの段階の倭人たちは、彼らが必要と思った文物以外にはあまり関心を示さなかったらしい。この時期に騎馬文化・馬匹文化が日本列島にもたらされた確実な証拠は何もない。受容する側が必要と感じ、積極的に受け入れの意志を示さなければ、文化や技術は伝播しないのである。

なお、四世紀後半以前の段階で、楽浪《らくろう》・帯方郡《たいほうぐん》を別にすると、朝鮮半島諸地域のうちで倭人たちが継続的に交渉関係をもったのは、基本的には弁韓、すなわち加耶地域だけであった。『百済記《くだらき》』(2)に基づいて書かれたと考えられる『日本書紀』神功皇后《じんぐう》四六年の丙寅《へいいん》(三六六か)年に始まる一連の記事に、加耶諸国の一国卓淳国《とくじゅんこく》の仲立ちによって、初めて百済と倭国の国交が始まったことが記されている。これらの記事の信憑性は、奈良県天理市の石上神宮《いそのかみじんぐう》の七支刀《しちしとう》(3)の銘文《めいぶん》の示すものと一致しているところからも確認できる。

この卓淳国は、今日では倭国に近い半島南部沿岸部の昌原《チャンウォン》の地に求める説が有力であるが、これは高句麗の南下という東アジア情勢の大きな変化の結果、百済など朝鮮半島内部にも倭との交渉・連携を求める動きが生じたこと、またその結果、倭と朝鮮半島との交渉が加耶以外にも拡大したことを示すものとして重要である。とくに百済との交渉の始まりは、倭国が中国を中心とする東アジアの国際社会にその一国として仲間入りしたことを意味するものにほかならない。こうして五世紀になると、倭の五王の中国南朝との外交が展開されることになるのである。

このように、四世紀の終わりごろから五世紀にかけて、騎馬文化、金属加工・製陶などさまざまな生産技術、土木・建築技術、漢字の本格的な使用、天文・暦法《れきほう》・算術などの科学技術や学問、さらに統治技術を含むさまざまな思想や宗教などが、あたかも堰《せき》を切ったかのように急激に日本列島に流れ込み、倭国の文明化が大きく進展するのである。その時期は古墳時代の中ごろのことであり、文化史的には、まさに四〇〇年前後を境に倭人たちの社会や文化は大きく変容するのである。

3　渡来人の役割

この倭国の文明化に渡来人の果たした役割は限りなく大きい。平安時代の初めに編纂《へんさん》された『新撰《しんせん》姓氏録《しょうじろく》』(4)によると、平安京と五畿内《ごきない》（山城《やましろ》・大和《やまと》・摂津《せっつ》・河内《かわち》・和泉《いずみ》）の氏《うじ》のうち、渡来系譜をもつ氏は三二四氏で、ほぼ三割を占める。これはあくまでも当時の支配者集団に属する氏の数であるが、古代の社会で渡来人が占める割合がいかに高かったかを示すものである。彼らの多くは五～六世紀、あるいは七世紀に、倭国・倭人から請われて、あるいは故国の戦乱を逃れて渡来した人たちである。倭人たちが五～六世紀に、急速に東アジアの先進的な文化を受け入れ、それを自分たちのものとし、はやくも七世紀後半～八世紀初めには古代国家を完成し、また古典文化を創造することが出来たのは、この時期の倭人社会がつぎつぎに新しい渡来人を受け入れ、新しい技術や文化を咀嚼《そしゃく》する能力を絶えず持っていたからにほかならない。

このように日本列島が文明化する直接的な契機が、高句麗の南下にともなう東アジアの大きな動乱にあったことは疑いなかろう。また東アジアの国際社会へ仲間入りした結果、東アジアの国際情勢の変化が直接・間接に倭国の政治情勢や支配秩序にも影響を及ぼすようになる。隋《ずい》による二七〇年ぶりの中国の統一は、東方への圧力となり、これが推古朝の改革を促す。(5) さらに七世紀後半、白村江《はくそんこう》(6)における唐・新羅の連合軍との戦いでの敗北は、中央集権的な古代国家形成の直接的な契機となるのである。日本列島の文明化や古代国家の形成が、いずれも東アジアの国際情勢の大きな変化に連動していることは、日本列島の古代の歴史を考える上でまず確認されなければならない重要な視点である。

［註］

(1) 律令《りつりょう》の「令」(行政法)の施行細則にあたる「式《しき》」を、官司ごとに整理して集大成したもの。醍醐《だいご》天皇の命により藤原時平《ふじわらのときひら》らが中心になって延喜五(九〇五)年に編纂開始、延長五(九二七)年に完成した。式の編纂は弘仁《こうにん》期、貞観《じょうがん》期など平安初期にも行われており、いずれもその後の追加や修正部分を含めて集成したものであるが、当然律令制定の初期の規定等も多く含まれている。牧に関しては、皇室の御牧《みまき》については左右馬《め》寮《りょう》のところに、軍馬を生産する諸国牛馬牧については兵部省の部分に記載がある。

(2) 『百済本紀《ほんぎ》』『百済新撰《しんせん》』とともに『日本書紀』に引用された百済三書の一つで、近肖古王《きんしょうこおう》から蓋鹵《がいろ》王の漢城《かんじょう》時代(三四六～四七五年)の記録。原本は遺存しないが、『日本書紀』の神功《じんぐう》紀、応神《おうじん》紀、雄略《ゆうりゃく》紀などに引かれ、四～五世紀の倭と百済の関係を記す。百済滅亡後、倭国に亡命した百済人の編纂したものと考えられている。

(3) 全長七五cm。奈良県天理《てんり》市の石上神宮に伝世されてきた七支刀は、左右に交互三本ずつの枝刀《しとう》を作り出した異形の鉄剣で、その銘文から東晋《とうしん》の泰《たい》(太)和《わ》四(三六九)年に百済《くだら》王の世子(太子)が倭王のために作ったものであることが知られる。『日本書紀』の神功《じんぐう》皇后五二年九月丙子《ひのえね》条にみえる百済から献上された「七支刀」にあたるものと考えられている。高句麗の南下という情勢下、百済と倭国の国交の成立を物語る貴重な資料である。

銘文は、

（表）　泰和四年十一月十六日丙午正陽造百錬銕七支刀出辟百兵宜供供候王□□□□作（祥）

（裏）　先世以来未有此刀百済王世子奇生聖音故為倭王旨造伝示後世（吉田晶氏による）

（4）　左・右京と五畿内の氏族一八一二の系譜を集成したもの。万多《まんた》親王らが編纂したもので弘仁六（八一五）年に完成。各氏を皇別（天皇や皇子の後裔）、神別（天つ神・国つ神の後裔）、諸蕃《しょばん》（渡来系氏族）に分類し、始祖や同祖関係を記す。ただ現存するのは、系譜の部分を省略した抄録本である。

（5）　推古朝は倭国が中央集権的な古代国家を目指す大きな改革の時期であったことはいうまでもないが、『日本書紀』にこの時期の改革として書かれている事項については、史料的に疑わしいところもあって、改革の実像は不明なところが多い。改革の中心となったのは、聖徳太子不在説もあるがやはり厩戸《うまやど》皇子と蘇我馬子《そがのうまこ》であろう。遣隋使の派遣、冠位十二階の制定、国史の編纂、仏教の本格的受容などは疑えない。また三世紀中葉過ぎ以来造られ続けた倭国独自の前方後円墳の造営が停止されるのもこの時期である。隋帝国の出現やそれに刺激された朝鮮半島諸国の強い影響を受け、倭国も国家体制の整備を目指した。

（6）　天智二（六六三）年、六六〇年に滅亡した百済救援のために派遣された倭国軍と百済の遺臣らからなる百済復興軍は、錦江の河口付近で唐・新羅の連合軍と戦い、大敗した。その結果、百済復興の動きは崩壊し、倭は朝鮮半島での足場を完全に失い、朝鮮半島では新羅の地位が確固としたものになる。また敗れた倭国は、都を近江《おうみ》に後退させるとともに、亡命百済人の指導によって各地に朝鮮式山城《やましろ》を構築して唐・新羅の来寇《らいこう》に備える。この敗戦が倭国の為政者たちに与えた衝撃は大きく、以後強力に中央集権的な古代国家への歩みが進められることになる。

第Ⅱ部　古墳と古代史

一　考古学からみた応神以前の王統譜

はじめに

記・紀伝承の骨格をなしている王統譜はどこまで信頼できるのであろうか。これは文学、神話学、歴史学、考古学を問わず、記・紀に興味をもつ人びとにとって大きな関心事である。古代史の井上光貞氏は、五世紀代の記・紀の帝紀的部分の信憑性を『宋書』などの海外の文献史料や金石文など記・紀とはまったく別系統の史料と比較することによって確かめ、少なくとも応神以降に関する部分の信憑性はきわめて高いことを示された(1)。帝紀の構成については、①続柄、②王名、③宮の所在、④后妃と皇子・皇女、⑤崩年と山陵などからなるものと考えられており、当然①②から応神以降の王統譜は、ほぼ信頼できるということになる。こうした井上説やその後の研究から、記・紀の応神以降の王統譜はほぼ信頼できるというのが現在の学界の一般的理解であろう。筆者は、この応神以降の部分についても、⑤の陵墓記載と畿内の巨大古墳のあり方の比較から一部に混乱があるものと考えているが、(2)ここでは応神以前の部分の問題について、考古学の立場から若干の検討を加えてみることにしよう。

1　帝紀の陵墓記載と畿内の巨大古墳

考古学の立場から五世紀以前の王統譜を検討するとすれば、それはこの時期の巨大な前方後円墳のあり方と記・紀の帝紀的部分に含まれていたと思われる陵墓に関する記載を比較検討するのが一つの方法であろう。記・紀によると応神の一代前の一四代の仲哀以降、六世紀前半の継体以前の王墓は、安康《あんこう》、顕宗《けんぞう》、武烈《ぶれつ》の三代を除いて、すべて河内と和泉に営まれている。それと符合するかのように、四世紀末から五世紀末葉までの時期において他と隔絶する規模を持つ巨大な前方後円墳はいずれも河内の古市古墳群と和泉の百舌鳥古墳群に営まれている。

また、仲哀以前は、仲哀の一代前の一三代成務が奈良盆地北部の佐紀に、その前の一二代の景行が盆地東南部の山辺道付近に、その前の一一代の垂仁が盆地北部の菅原に、その前の一〇代の崇神が山辺道付近に陵墓を営んだという。すなわち応神以前の歴代の陵墓は奈良盆地北部の佐紀・菅原ないし盆地東南部の山辺道付近に営まれたことになっている。これは四世紀代の畿内の巨大な前方後円墳が四世紀後半には奈良盆地北部に、それ以前の四世紀中葉以前には盆地東南部に営まれたことと巨視的

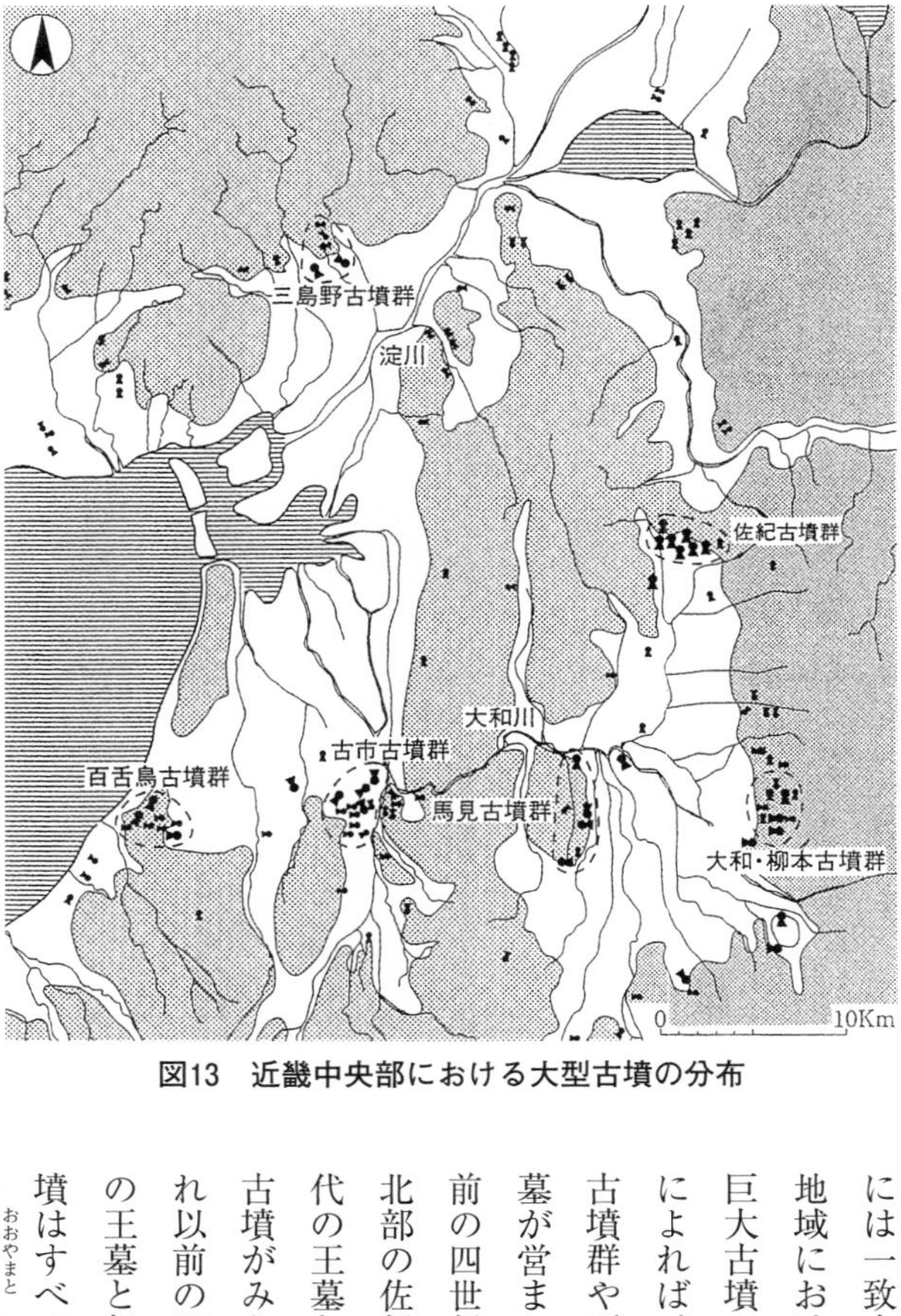

図13　近畿中央部における大型古墳の分布

には一致する。最近の畿内地域における三～四世紀の巨大古墳の編年研究の成果によれば、大阪平野の古市古墳群や百舌鳥古墳群に王墓が営まれるようになる以前の四世紀後半には、盆地北部の佐紀の付近に二～四代の王墓と想定しうる巨大古墳がみられる。そしてそれ以前の四世紀中葉より前の王墓と想定しうる巨大古墳はすべて奈良盆地東南部の大和《おおやまと》・柳本古墳群やその周辺に所在することが知られている（図13参照）。

このことはかって論じたように、応神以前の記・紀の帝紀的部分にみられる陵墓の記載が、まったく後世の造作であれば生じえないことである。応神以前崇神に至る歴代の王の名前や続柄、宮の所在、后妃と皇子・皇女などがすべて正しく伝えられたとは考えられないが、少なくとも王統譜とその墓に関する記載に関しては、下敷きとなる何らかの伝承が存在したことは疑いないのである。(3) こうした観点に立てば、応神以前の王統譜についてどこまで信頼できるのか、それはどこまで遡りえるのか、これを畿内の巨大古墳の動向からある程度うかがうことは可能であろうと思われる。以下、まず三〜四世紀の畿内における巨大古墳造営の実態を跡付けてみよう。

2　考古学からみた三・四世紀の王墓

最近の古墳の年代研究の進展の結果、画一的な内容をもって各地で造営される定型化した大型前方後円墳の出現の年代は、三世紀中葉すぎと考えられるようになった。(4) この古墳出現期から四世紀中葉頃までの巨大な前方後円墳は、いずれも奈良盆地東南部の現在の天理市南部から桜井市にかけて、三輪山の西麓を中心にその南北に展開する。それは図14・15に示すように、北から天理市の大和《おおやまと》古墳群、同柳本古墳群、桜井市の箸中古墳群、同鳥見山古墳群の四つの古墳群に分かれて営まれている。すなわち、北から大和古墳群の西殿塚古墳（現手白香皇女陵、墳丘長二三四m）、柳本古墳群の行燈山《あんどんやま》古墳（現崇神陵、二四二m）と渋谷向山古墳（現景行陵、三一〇m）、箸中古墳群の箸墓古墳（二八〇m）、

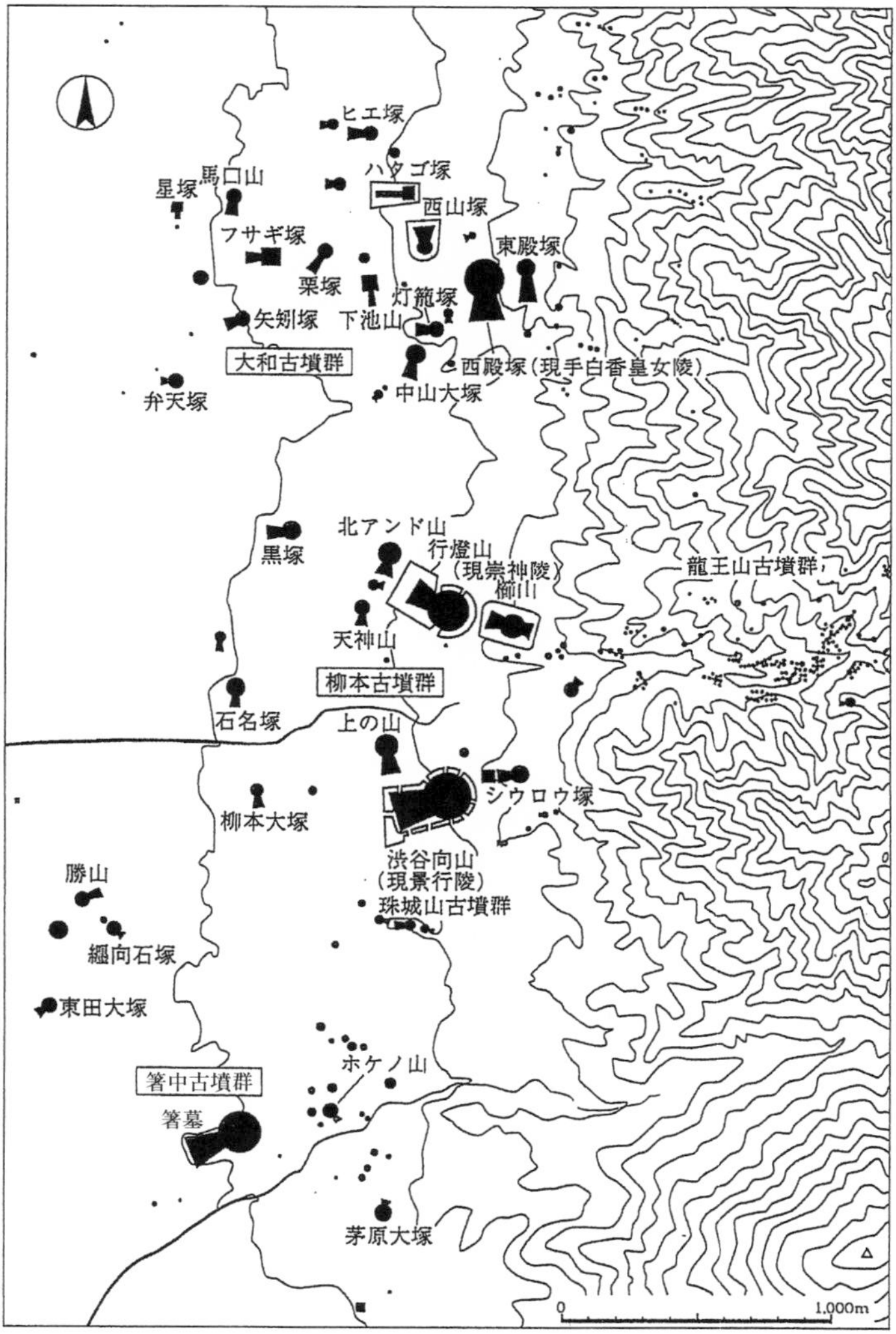

図14　奈良盆地東南部の大型古墳の分布（北半部）

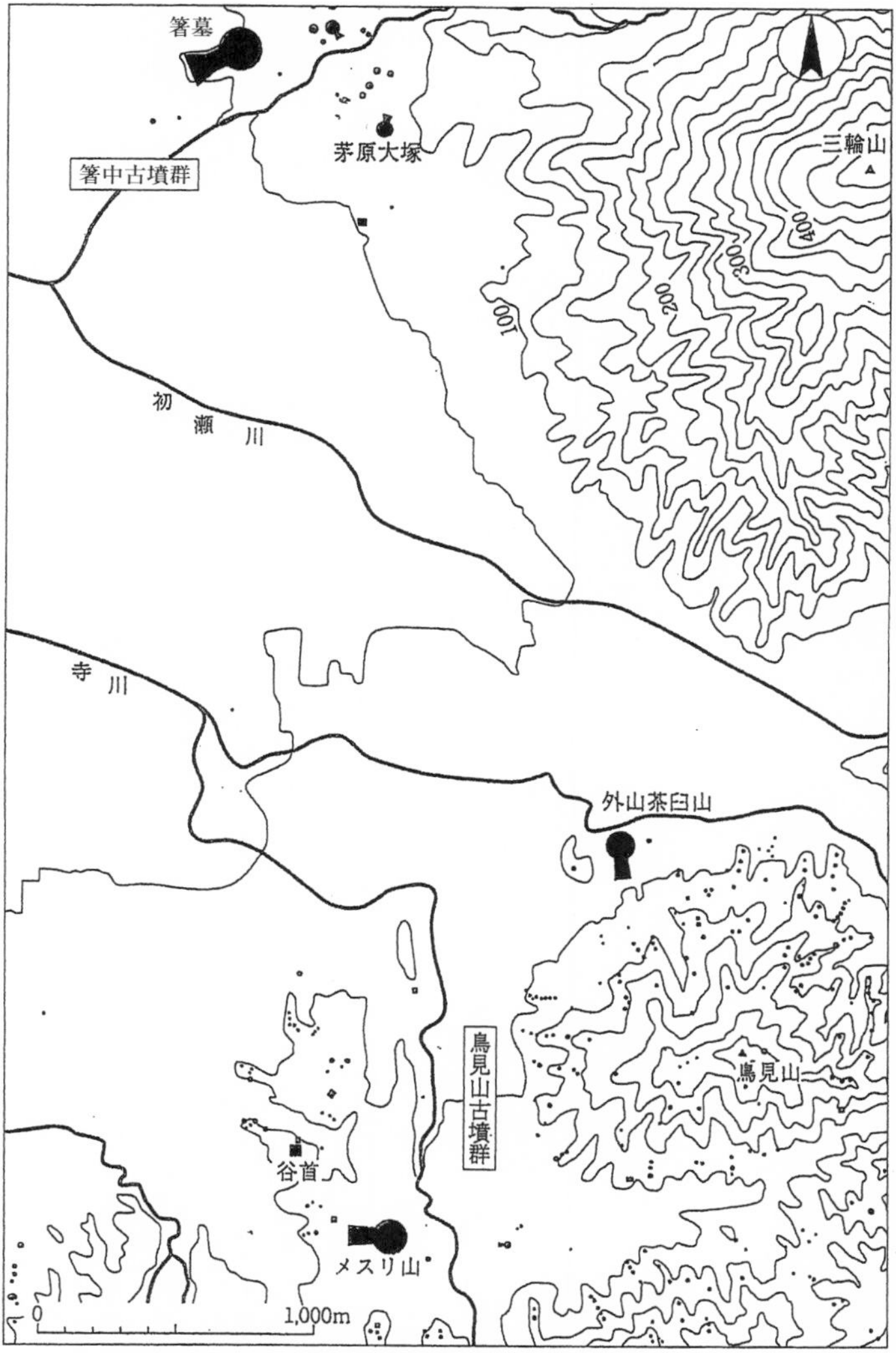

図15　奈良盆地東南部の大型古墳の分布（南半部）

鳥見山古墳群の外山《とび》茶臼山古墳（二〇八m）とメスリ山古墳（約二五〇m）の六基の巨大な前方後円墳である。

これら六基の巨大な前方後円墳は、古墳時代前期の初頭から中葉すぎ、すなわち三世紀中葉すぎから四世紀中葉頃までの日本列島各地の大型古墳と比較しても、隔絶した規模をもっていることは明らかである。このことから、考古学の立場からはこれらの前方後円墳がこの時期の倭国とよばれた日本列島の首長連合の盟主、すなわち倭国王の墓であることは確実であろう。このうち南の鳥見山古墳群の外山茶臼山古墳とメスリ山古墳については、記・紀の陵墓伝承にみられないためか、初期の王墓の系列から外して考える研究者も少なくない。しかしメスリ山古墳は、西殿塚古墳や行燈山古墳に比べてもより大きな墳丘規模をもつ大古墳であり、これを王墓から外して考えるのは難しい。外山茶臼山古墳は他の五基と比較するとやや小規模であるが、その他の地域の前方後円墳との隔絶性を考えると王墓の系列に含めて考えるのが自然であろう。

これら六基の巨大前方後円墳の構築順序については、研究者の意見はほぼ一致している。それらの中で最も遡るのは、吉備系の古式の特殊壺形・特殊器台形埴輪をもつ箸墓古墳である。その暦年代については、最近の三角縁神獣鏡の年代研究の成果による出現期古墳の年代観からも、三世紀中葉すぎと考える研究者が多い。考古学の立場から古墳を材料として考えるかぎり、最古の倭国王墓ということになる。箸墓古墳に次いで営まれたのは、大和古墳群にあり、箸墓のものよりは明らかに新しい吉

図16　奈良市佐紀古墳群

備系の特殊壺形・特殊器台形埴輪をともなう西殿塚古墳であろう。

西殿塚古墳に続くのは、鳥見山古墳群の外山茶臼山古墳、続いて同古墳群のメスリ山古墳と考えられる。埴輪の変遷過程から箸墓→西殿塚→メスリ山の構築順序は誤りないが、吉備系の埴輪をともなわない外山茶臼山古墳については、西殿塚古墳より遡ると考える研究者もいる。ただ一部知られている外山茶臼山古墳の副葬品などから、現在のところ西殿塚古墳の後に位置付けておきたい。メスリ山古墳の後には、柳本古墳群の行燈山古墳、さらに同古墳群の渋谷向山古墳が続くことはほぼ誤りなかろう。年代決定の材料の乏しい古墳もあり、さらに今後の検討が必要なことはいうまでもないが、これら六基の古墳がいずれもその造営時期を少しずつ異にし、三世紀中葉すぎから四世紀中葉頃までの約一〇〇年間に順次営まれた倭国王墓であることはほぼ疑いないのである。

渋谷向山古墳を最後に、この奈良盆地東南部では墳丘長が二〇〇mを越える巨大な前方後円墳の造営は終わる。もちろん四世紀後半にもこの地域では双方中円墳の櫛山古墳（一五二m）など大型古墳の造営は続くが、この時期には二〇〇mを越える巨大な前方後円墳は盆地北部の奈良市佐紀古墳群とその周辺に営まれるようになる。

佐紀古墳群は、後に平城京が営まれる地域の北側に展開する平城山丘陵の南斜面に営まれた大型古墳の総称である。この古墳群は西よりの五社神《ごさし》古墳（現神功皇后陵、二七〇m）を中心とする西群と、東よりのウワナベ古墳（二六五m）を中心とする東群の二群に分けられ（図16）、さらに西群の南方の菅原の地にも宝来山古墳（現垂仁陵、二二七m）が存在する。これらの中で、四世紀代に造営されたのは、西群の諸墳とその南の宝来山古墳である。その構築順序については、検討材料の少ないものが多いが、一応、埴輪や墳丘・周濠の形態、一部知られる副葬遺物などから、五社神古墳→宝来山古墳→佐紀陵山古墳（現日葉酸媛皇后陵、二一〇m）→佐紀石塚山古墳（現成務陵、二二〇m）の順に営まれたものと考えられていた。ところが最近行われた宮内庁書陵部による五社神古墳の調査によって円筒埴輪の良好な資料が得られ、この古墳は佐紀陵山古墳や佐紀石塚山古墳より新しいものである可能性が大きくなった。したがって現在では、宝来山→佐紀陵山→佐紀石塚山→五社神古墳の順に営まれたものと考えるのが妥当であろう。

これら佐紀古墳群西群とその南方の四基の巨大前方後円墳が、いずれも四世紀中葉頃から四世紀後半に営まれたものであることは確かであるが、そのすべてをこの時期の王墓と考えてよいかどうかについては問題が残る。宝来山古墳や五社神古墳はまず問題ないと思われるが、佐紀陵山古墳や佐紀石塚山古墳については、この時期にはそれらとほぼ同規模の大型前方後円墳が畿内の他の地域にも出現するからである。すなわち四世紀後半には、奈良盆地西南部の葛城地域の馬見古墳群やその付近には、広陵町巣山古墳（二二〇ｍ）、川西町島の山古墳（約二〇〇ｍ）が、河内の古市古墳群には藤井寺市津堂城山古墳（二〇八ｍ）などがあり、佐紀古墳群の大型古墳が必ずしも他と隔絶した規模の古墳とはいえないからである。

筆者は、四世紀中葉から後半の段階では、佐紀古墳群とその付近の四基の古墳を一応王墓と想定しているが、佐紀陵山古墳や佐紀石塚山古墳については、確実とは言い難いことも事実である。四世紀末葉頃になると古市古墳群の中に藤井寺市仲ツ山古墳（現仲津媛皇后陵、二八六ｍ）という格段に大きな古墳が営まれるようになり、王墓が古市に営まれるようになったことは疑いないが、四世紀の後半の時期については、考古学的方法で王墓を確定することは困難というべきかもしれない。

このように四世紀の後半から末葉にかけての時期については問題が残るが、三世紀の中葉すぎから四世紀中葉にかけての段階には奈良盆地東南部に六代の王墓が、次いで四世紀中葉から後半には奈良盆地北部に二代ないし四代にわたって王墓が営まれたことはほぼ確実といえよう。それに次いで四世紀末葉になると大阪平野の古市古墳群に王墓が現れ、それ以降五世紀代には古市古墳群あるいは百舌鳥古墳群に王墓が営まれるのである。

3　古墳からみた記・紀の陵墓記載

奈良盆地東南部に営まれた初期の六代の倭国王墓のうち最初の箸墓古墳は、さきにもふれたように三世紀中葉すぎまでさかのぼるものと考えられる。箸墓古墳についてはその埋葬の実態や副葬品などはまったく知られていないが、特殊壺形・器台形埴輪などから古墳時代前期初頭の出現期古墳のなかでも古い段階のものであることは確実である。この段階の古墳の年代は三角縁神獣鏡の編年研究などから、誤解を恐れず大胆にいえば二六〇年頃と想定できる。

『日本書紀』の崇神一〇年九月条には、この古墳の被葬者を三輪山の神オオモノヌシに仕える偉大な巫女であるヤマトトトヒモモソヒメとする伝承が伝えられている。このヤマトトトヒモモソヒメについては、卑弥呼に擬する説が古くからある(5)。卑弥呼の没年は『魏志』倭人伝によれば二四七年かその直後である。箸墓古墳造営の想定年代との間には一〇年以上の開きがあるが、倭人たちがこうした巨大な古墳の造営を行うのは初めてのことであり、その造営に一〇年余りを要したことは当然予想される。卑弥呼の墓の造営がその没後に行われたと考えてよければ、この箸墓古墳の想定年代は卑弥呼の墓にぴたりということになろう。こうした点から、筆者は箸墓古墳が卑弥呼の墓である蓋然性はきわめて大きいと考えている。

箸墓古墳を最初の倭国王卑弥呼の墓と考えてよければ、それに次いで営まれた西殿塚古墳は卑弥呼の後継者である壱与（台与か）の墓の可能性が大きいということになる。奈良盆地東南部の六代の初期の倭国王墓が、この地域、すなわち狭義の〝やまと〟、いいかえれば本来の〝やまと〟の四つの古墳群に分かれて営まれていることは、この時期の王が〝やまと〟の地域のいくつかの集団から交互に選ばれたことを示しており、卑弥呼の死後、後継者としてその宗女である壱与が選ばれたこととも符合する。この段階の王権の継承は、記・紀が描く初期の天皇の男系世襲制などとは程遠いものであったことは疑いなかろう。ただ、三代目・四代目の外山茶臼山古墳・メスリ山古墳がともに鳥見山古墳群に、五代目・六代目の行燈山古墳・渋谷向山古墳がともに柳本古墳群に営まれていることを重視すると、この段階には、あるいは男系世襲制の萌芽が認められるのかもしれない。

いずれにしても、記・紀の帝紀的部分にみられる王墓に関する記載では、この奈良盆地東南部に墓を営んだ王としては、崇神と景行の二代の王の名が伝えられているにすぎない。その後、王墓は奈良盆地北部に営まれるようになり、この地に王墓を営んだ王として、垂仁と成務の二代（神功皇后を含めて三代）の王の名が伝承され、さらに四世紀末葉以降になると、王は代々大阪平野の古市付近や百舌鳥にその墓を営むようになるのである。

このように崇神以降には山辺道付近に崇神、景行の二代、佐紀付近に二～四代の王墓が営まれ、それ以降は古市、百舌鳥に代々の王墓が営まれる。この情況は、四世紀中葉前後から五世紀代の畿内における巨大前方後円墳の造営地の変遷と基本的に一致する。なお、成務（ワカタラシヒコ）、仲哀（タラシナカツヒコ）の名前についてはきわめて実在性が乏しいが、これは先にもふれたように、こうしたこの時期の巨大古墳のあり方からみても、一から造作されたのではなく、下敷きとなる伝承が存在したとみるべきであろう。

4　応神以前の王統譜はどこまで遡るのか

前節で述べたように、記・紀の帝紀的部分にみられる陵墓の記載には、奈良盆地東南部に王墓を営んだ六代の倭国王墓のうち、最後の二代の墓がみられるにすぎない。これこそまさに、帝紀の王統譜が崇神の段階にまでしか遡らないことを明確に物語るものであろう。奈良盆地東南部に王墓を営んだ初期の倭国王としては、考古学的には少なくとも六代の王の存在が想定されるが、記・紀には、ヤマトトトヒモモソヒメに関する説話的な伝承をのぞいて、最初の四代の王に関する信憑性のある記事はまったく見いだせないのである。

崇神以前の九代の天皇については、その和風諡号などからも実在性にとぼしい。さらに崇神がハツクニシラススメラミコトと呼ばれたことなどからも、崇神こそ最初の天皇、すなわち最初の倭国王と考える研究者も少なくない。しかし、奈良盆地東南部には、崇神、景行の二代だけではなく、六代もの倭国王墓の存在を確認することができるのである。かつてこの齟齬を説明するために、この時期の王墓は、卑弥呼とその男弟のように、男女のペアーで一代の王権が構成され、その墓は別々に営まれたと考えるような説が提起されたこともあった。

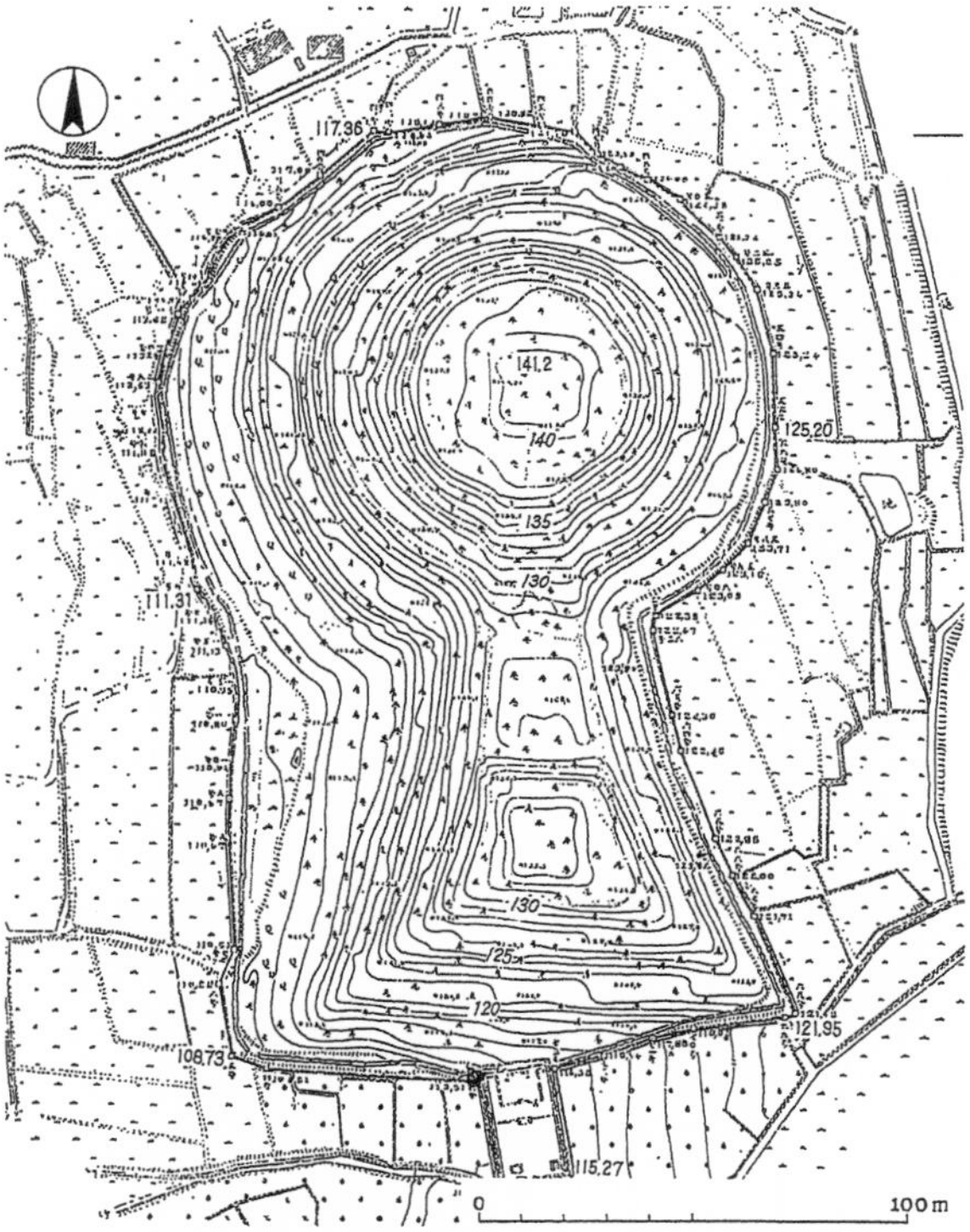

図17　奈良県天理市西殿塚古墳（現手白香皇女陵）
（宮内庁書陵部提供）

筆者もこの時期には、

多くは女性である宗教的・呪術的王と、多くは男性である政治的・軍事的王の組合せで一代の王権が成立する場合も少なくなかったと考えている。しかしその場合は、奈良県川西町の大前方後円墳、島の山古墳の前方部では多数の腕輪形石製品をともなう女性の宗教的・呪術的首長を葬った粘土槨が、後円部ではおそらく男性の政治的・軍事的首長を葬ったかと思われる竪穴式石室が存在したように、同一の古墳に合葬される場合が多かったと思われる。奈良盆地東南部の初期の王墓のうち二代目のものと想定される西殿塚古墳には、後円部頂と前方部頂にほぼ同格・同規模の方形壇が営まれており、政治的・軍事的王と宗教的・呪術的王の合葬を示唆している(6)。したがって、奈良盆地東南部の六基の王墓は、やはり六代の倭国王墓と考えるべきであろう。

この場合、最初の箸墓古墳と二代目の西殿塚古墳を卑弥呼と壱与の墓と想定すると、それに続く鳥見山古墳群の外山茶臼山古墳とメスリ山古墳については、いずれも発掘の結果、埋葬施設は後円部の竪穴式石室一基だけで、多数の武器・武具と呪術的な石製品の副葬などからも、ともに聖・俗の王権を兼ね備えた男王の墓と想定される。鳥見山の地は磐余の地であり、この二代の王は、まさに二代にわたる磐余の王者、すなわちイワレヒコの墓であろう。

記・紀の帝紀的部分にみられる王墓に関する記載には、この最初の四代の倭国王に関する記載は完全に欠落しているのである。それとは別に『日本書紀』には、ヤマトトトヒモモソヒメとその墓に関する伝承がみられるが、これは帝紀とはまったく別の系統の史料によったものであろう。箸墓を卑弥呼ときわめてよく似た巫女王の墓とする崇神紀の伝承が、筆者が秘かに想定するように三世紀の卑弥呼の墓に関する伝承が何らかのかたちで伝えられたものとすれば、まさに驚異以外のなにものでもない。

『日本書紀』の持統五年八月条に大三輪氏以下十八氏に「その祖等の墓記を上進せしむ」とあり、各氏の祖先伝承が「墓記」と呼ばれていたことが知られる。このことからも、おそらく古墳が被葬者に関する伝承を伝える機能を持っていたことは疑いなかろう。最初の倭国王である卑弥呼の墓の伝承は、こうして箸墓古墳にまつわる伝承として、著しい変形をこうむりながらも、かろうじてその原型を書紀にとどめることができたのではなかろうか。

いずれにしても、ヤマトの最初の王やその墓に関する伝承は、原帝紀にも伝えられなかったと考えざるをえない。また二代から四代前後までの王についても同様である。帝紀にその名前や墓に関する記載が伝えられたのは、現存する倭国王墓から想定すれば、五代目の男王からであったらしい。いつの頃からかこの王をハツクニシラススメラミコトと呼ぶようになったが、それはそれほど古いことではなかろう。

帝紀の王墓に関する記載において最古の王の墓と伝えられる崇神の墓の可能性のある行燈山古墳の年代は、今日の考古学的な年代観によれば、四世紀前半から中葉前後と考えて大きな誤りはなかろう。最初の四代ほどの倭国王に関する情報が帝紀に伝えられていないことは事実であるが、むしろ倭国王の王統譜が四世紀中葉頃まで遡りうることこそが大きな驚きである。

［註］

（1）井上光貞「帝紀からみた葛城氏」『古事記大成』歴史考古編、平凡社、一九五六年（『日本古代国家の研究』岩波書店、一九六五年に再録）
（2）白石太一郎『考古学と古代史の間』筑摩書房、二〇〇四年
（3）白石太一郎「記・紀および延喜式にみられる陵墓の記載について」『古代学』第一六巻第一号、一九六九年（『古墳と古墳群の研究』塙書房、二〇〇〇年に再録）
（4）白石太一郎『古墳とヤマト政権』文春新書、一九九九年
（5）笠井新也「卑弥呼　即ち倭迹迹日百襲姫命」『考古学雑誌』第一〇巻第七号、一九二四年
（6）白石太一郎「考古学からみた聖俗二重首長制」『国立歴史民俗博物館研究報告』第一〇八集、二〇〇三年

二　〝やまと〟と東アジアを結ぶ道——大和川と原竹ノ内街道の役割を中心に

はじめに

筆者は、三世紀前半の倭国連合の中心となった邪馬台国から続く初期ヤマト王権の本来の領域を、後に畿内とよばれることになる近畿地方中央部でもその南半部の大和川水系とその周辺、すなわち奈良盆地と大阪平野南部の大和・河内・和泉を中心とする地域であったと考えている。邪馬台国を中心とする倭国連合やその発展形態と理解できる「初期ヤマト王権」とよばれる広域の首長連合は、鉄資源をはじめとする先進文物の入手ルートの支配権をめぐる確執を契機に形成されたものにほかならない。(1)畿内でも南半部のこの地域がこの首長連合の中核となったのはなぜであろうか。

この問いに対しては、大和と河内・和泉をそれぞれ別個の地域と理解したのでは的確に答えることはできない。畿内南部の大和川水系とその周辺を一つのまとまりある地域と把握してはじめて、東アジアと倭国を結ぶ海上交通路の終点でもあり、さらに広大な東日本地域への陸上交通路の起点という、東西日本の結節点としてのこの地域の歴史的役割とその重要性が認識できるのである。大和と河内・和泉という地理的・地形的には別個の地域を一つに結びつける役割を果たしたのは、水路としては大和川であり、陸路としては原竹ノ内街道ともいうべき二上山の南ないし北を越えて大和と河内・和泉を結ぶルートであった。この水陸二つのルートは単に大和と河内・和泉を結ぶにとどまらず、この地と東アジア、さらに東日本と東アジアを結ぶ重要な役割を果たしたことは疑いなかろう。小論では、この水路としての大和川と陸路としての原竹ノ内街道が、三世紀から七世紀におよぶ日本の古代国家形成期に果たした役割について考えてみることにしたい。

1　ヤマト王権の原領域

すでに論じたことであるが、小論の課題の前提となる問題であるので、北と南をのぞく日本列島に形成された広域の首長連合であるヤマト政権の中枢をなしたヤマト王権の本来の地域的基盤についての私の考えを述べておこう。三世紀中葉すぎから六世紀末葉までの間に日本列島各地で営まれた大型前方後円墳の中でも、それぞれの時期で隔絶した規模をもつ大型前方後円墳は、ほとんど畿内でも南部の大和と河内・和泉の地域に営まれている。このことから私は三世紀後半から少なくとも五世紀末に至る時期のヤマト王権の本来的な基盤は、畿内地域でも南部の大和と河内・和泉、すなわち大和川水系とその周辺であり、畿内でも北の摂津と山背、すなわち淀川水系はこれに含まれていなかったと考えている(2)。

このことを明確に物語るのは、畿内における三〜六世紀の大型前方後円墳の分布状況である。この時期の墳丘長二〇〇m以上の大型前方後円墳の分布のあり方をみると、大和には奈良盆地東南部の大《おお》和《やまと》・柳本古墳群、北部の佐紀古墳群、西部の馬見《うまみ》古墳群などを中心に二一基、河内・和泉には古市・百舌鳥両古墳群を中心に一二基もみられる。これに対し、摂津には三島古墳群にただ一基みられるだけで、ヤマト王権の大王たちの地域的基盤が大和・河内・和泉にあったことをはっきりと物語っている（四四頁図13）。

さらに、こうした状況は初期ヤマト王権の成立時期にまで遡る。古墳時代前期初頭の出現期古墳の分布をみると、畿内でも北部の淀川水系では、摂津の三島に前方後円墳の大阪府高槻市弁天山A1号墳、北河内の交野に同じく前方後円墳の大阪府交野市森1号墳、山背北部の乙訓には前方後方墳の京都府向日市元稲荷古墳、山背南部の相楽には前方後円墳の京都府山城町椿井大塚山古墳というように、墳丘長一〇〇m級ないしこれを上回る規模の大規模な前方後円墳ないし前方後方墳がそれぞれの地域に営まれている。

これに対し南部の大和川水系では、この時期の古墳は大型前方後円墳の奈良県桜井市箸墓古墳や同天理市西殿塚古墳（現手白香皇女陵）をはじめとしてすべて奈良盆地東南部の〝やまと〟(3)の地に集中しており、次の段階に大型古墳が出現する奈良盆地北部の曾布《そふ》の地にも、西南部の葛城の地にも、また大阪平野の河内南部や和泉北部にも顕著な古墳はほとんど見いだすことができない（図18）。わずかに河内南部の大阪府柏原市玉手山9号墳が出現期にさかのぼる前方後円墳として知られているが、その規模は墳丘長六五m程度で、淀川水系の出現期の前方後円墳に比べるとはるかに小規模である。古墳時代前期初頭の三世紀の中葉すぎから後半の段階では、北の淀川水系では要所々々に有力な政治勢力が割拠していたのに対し、南の大和川水系は全体がすでに一つの政治領域に統合されていて、その中での〝やまと〟の覇権が確立していたために他の諸勢力は顕著な古墳を造れなかったのではないかと、私は考えている。

初期ヤマト王権が、三世紀前半の倭国連合の中心であった邪馬台（やまと）国の政治勢力につながるものであることは疑いなかろう。私は、邪馬台国の本来の基盤もまた後の畿内全域ではなく、その南の大和川水系の大和と河内・和泉にほかならなかったと考えている。淀川水系の摂津や山背が、大和と河内・和泉とともにヤマト王権の基盤に含まれるようになるのは、おそらく継体王統の成立に摂津三島の勢力が中心的な役割を果たした六世紀前半以降のことであろう。この時期から摂津・山背もまた、大和・河内・和泉とともに王権をささえる基盤としての〝畿内〟の仲間入りをはたすことになるのである。

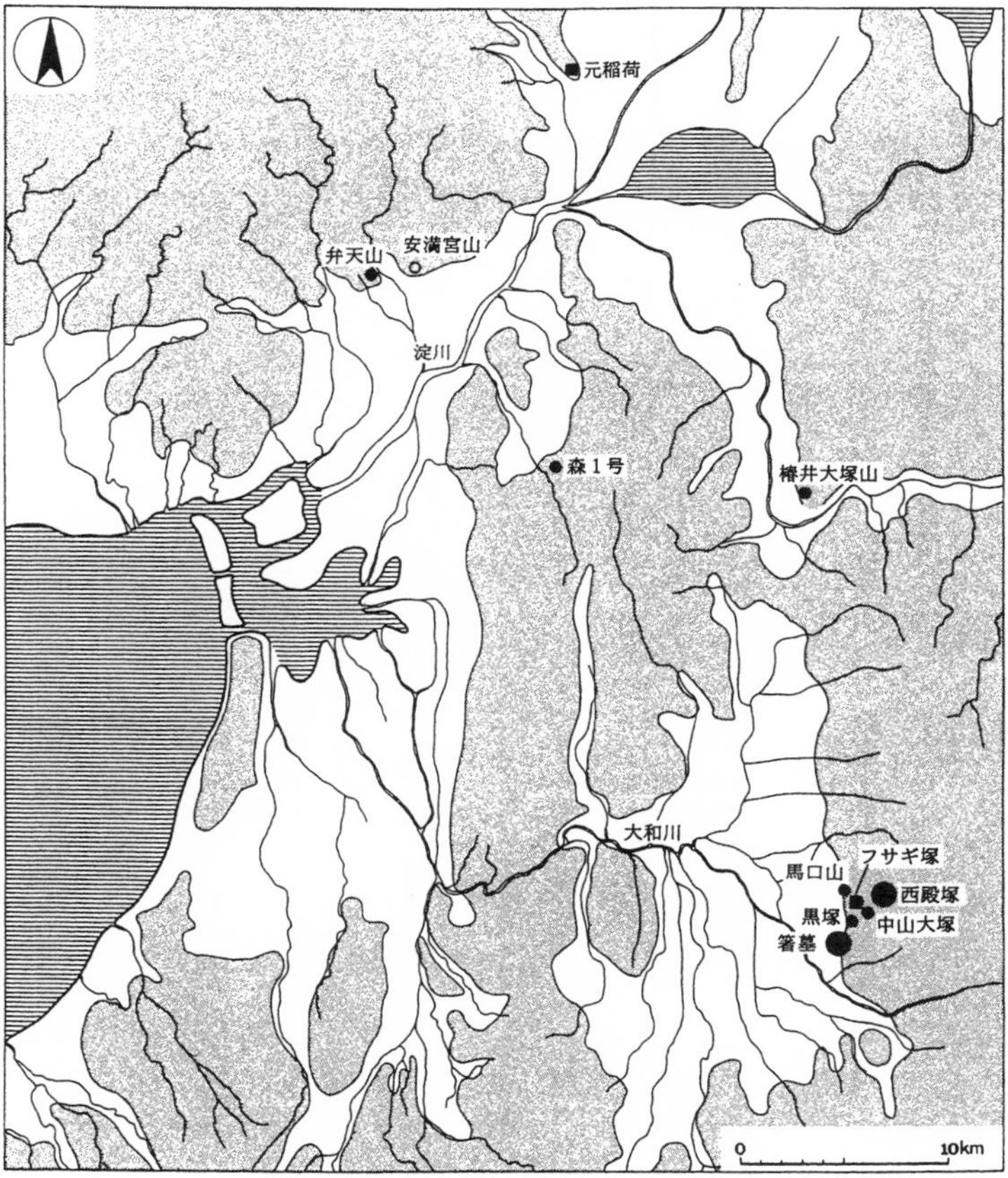

図18　近畿中央部における出現期古墳の分布

2　倭国連合形成の契機

日本列島では、三世紀初頭ころになってはじめて北部九州、吉備、畿内といった地域をこえた広域の政治連合が形成される。それが邪馬台国を中心とする倭国連合であることはいうまでもなかろう。(4) この日本列島における広域の政治連合、すなわち倭国連合の形成の契機についてはすでに筆者の見解を幾度か披瀝しているが、この問題もまたこの小論の論点とも密接に関連するので簡単に要約しておきたい。弥生時代においては中国鏡あるいは鉄器などが北部九州を中心に分布し、またその多寡には北部九州とそれ以外の地域では格段の差がみられる。このことからも、中国鏡に象徴される先進的文物や鉄・鉄器の受容にあたって、北部九州の地が日本列島の他の地域に対して圧倒的に有利な立場にあったことは疑いない。それにもかかわらずその後の倭国連合が畿内の勢力を中心に形成されたことは、この時期の政治連合の政治秩序と密接な関係をもって造営されたと考えられる古墳がこの地域を中心に分布することからも疑いない。

この大きな矛盾を説明するために「東遷説」、すなわち後に国家を形成する核となる勢力が九州から畿内地域に移動したとする説が、第二次世界大戦以前から多くの研究者によって唱えられてきた。しかし最近の弥生時代終末期から古墳時代初頭にかけての土器の移動に関する精緻な研究の成果などからも、九州勢力の近畿地方への東遷は考え難い。日本列島の中央部に広域の政治連合が形成される時期にあたる二世紀後半から三世紀前半には土器の移動が広範、かつ活発に認められる。これは日本列島内における人の動きがきわめて活発になったことを示すものにほかならないが、この時期、近畿地方や瀬戸内海沿岸各地の土器の北部九州への流入は認められても、北部九州の土器の東方への移動はほとんどみられないのである。

三世紀中葉すぎから後半になると、定型化した大型の前方後円墳が畿内や瀬戸内海沿岸各地、さらに北部九州などに出現する。こうしたきわめて画一的な内容をもつ古墳は、広域の首長連合を形成した各地の首長たちが、その連合の中での身分秩序に応じてそれぞれ大小さまざまに営んだものと考えられている。これらの出現期の古墳の中では、近畿地方の大和（やまと）に他を圧して大きな古墳があり、これに次いで大きなものが瀬戸内海沿岸の吉備や北部九州でも瀬戸内海側の豊前にみられる。それに対し弥生時代に朝鮮半島との交渉や交易に中心的な役割を果たした北部九州の玄界灘沿岸には、この時期のあまり有力な古墳はみられないのである。

この古墳出現期には、中国からもたらされた銅鏡の分布状況にも大きな変化が生じる。弥生時代には他を圧して北部九州に集中していた中国鏡が、古墳時代になると畿内を中心とする分布に一変するのである。一方、日本列島では弥生時代の後期、すなわち紀元一世紀頃から本格的な鉄器の時代に入ったと考えられているが、なぜか弥生時代後期や古墳時代前半期の確実な製鉄遺跡の存在は知られていない。この時代に日本列島で消費された大量の鉄器の原料がどこから調達されていたかを考古学的、あるいは自然科学的に明らかにする研究は必ずしも進んでいるとはいえない。しかし『魏志』東夷伝が伝えるように、倭人が朝鮮半島東南部の弁辰、後の加耶の鉄を輸入していたことは疑いなかろう。

その場合、弁辰の鉄の入手に最も重要な役割を果たしていたのが伊都国、奴国など北部九州の玄界灘沿岸の勢力であったことは、鉄器やその他中国鏡をはじめとする先進文物のこの地域への圧倒的な集中からも疑いない。したがって、より東方の瀬戸内海沿岸各地や後に畿内と呼ばれる近畿中央部の勢力が鉄資源の安定的な入手を確保しようとすると、玄界灘沿岸地域との衝突は避けられなかったものと思われるのである。

こうしたいくつかの考古学的な状況から、それまで北部九州の玄界灘沿岸の勢力が独占的に掌握していた朝鮮半島東南部の鉄資源や中国鏡をはじめとする先進文物の輸入ルートの支配権を奪い取るため、畿内から瀬戸内海沿岸各地の諸政治勢力が畿内の政治勢力を中心に連合したのが、広域の政治連合形成の直接的契機になったものと、私は考えている。この玄界灘沿岸地域と畿内・瀬戸内連合との争いの結果については、その後の状況からみて、畿内・瀬戸内連合の勝利に終わったことはいうまでもなかろう。こうして成立したのが畿内の大和を中心とする倭国連合、すなわち邪馬台国連合であり、それがさらに拡大、発展したのがヤマト政権にほかならない。

この玄界灘沿岸地域と畿内・瀬戸内連合との争いの時期は、中国鏡の分布の中心が北部九州から畿内に移る三世紀初頭のことであろう。この争いが『魏志』倭人伝にみられる「倭国の乱」に相当する可能性は大きい。ただその時期については後漢の「桓霊の間（一四七〜一八八年）」とする『後漢書』や「霊帝の光和中（一七八〜一八三年）」とする『梁書』の記載から二世紀後半に求める研究者が多いが、五世紀に書かれた『後漢書』や七世紀の『梁書』の記載にオリジナリティがあるかどうかははなはだ疑問である。中国鏡の中で畿内を中心に分布するようになる最初の鏡が、後漢末から三国時代の画文帯神獣鏡であることからも、その争いは三世紀の早い段階に求めるべきであろう。

三世紀初めに成立していた邪馬台国連合やそれにつながるヤマト政権と呼ばれる政治連合こそが、東アジア世界で「倭国」と呼ばれたものの実態であり、そこではその連合の盟主である畿内の〝やまと〟の王が「倭国王」として外交権を一手に掌握していた。この政治連合は、その成立の契機からみても海外の先進文物の共同入手機構にほかならず、〝やまと〟の首長はそのリーダーとして外交権を各地の首長から承認されていたのであろう。この海外の資源や先進文物の共同入手機構のリーダーとしての倭国王、すなわちヤマト王権の基本的性格は、その後四・五世紀から六・七世紀に至っても変わらなかったと思われる。

3　交通路としての大和川の役割

　このように、東アジアの先進文物や情報の入手ルートの支配権をめぐる確執こそが、邪馬台国を中心とする倭国連合や初期ヤマト政権を形成させたとすると、その中で交通路の果たした役割がきわめて大きいことがあらためて認識されよう。大阪湾以西の朝鮮半島やさらに中国大陸に至る海上交通路の問題については多くの研究があるので、ここでは王権の膝元である畿内の中での〝やまと〟と大阪湾を結ぶ初期の交通路の問題を考えてみることにしたい。

　かつて小林行雄氏は、三角縁神獣鏡の同笵鏡の分有関係の研究から山背南部の椿井大塚山古墳の被葬者が三角縁神獣鏡の配布にきわめて重要な役割を果したと考え、さらに淀川北岸の後の西国街道添いの前期古墳の分布などから、淀川水系の山背・摂津ルートの重要性を指摘された(5)。しかし奈良盆地でもその東南部にあたる〝やまと〟の位置を考えると淀川ルートの役割を過大評価するのは問題であろう。

　大和川の最上流に位置する〝やまと〟の位置を考えると、大和川ルートの役割をこそまず評価すべきであろう。当時の大和川の舟運、特に亀ノ瀬峡谷が航行可能であったかどうかについては、地理学研究者などの研究に待たなければならない。ただ『日本書紀』によると推古一六（六〇八）年の隋使裴世清の飛鳥小墾田宮への入京に際しては、難波から三輪山南西麓の海柘榴市に至り、額田部連比羅夫の率いる七五騎の飾騎に迎えられて陸路飛鳥に入っている。岸俊男氏が早くに指摘しておられるように飛鳥から東北方はるかに離れた海柘榴市にまで行き、ここで七五騎の飾騎に迎えられているのは、舟運によったものと考えるのが自然であろう。(6) さらに推古一八（六一〇）年には新羅使と任那使を、新羅使については額田部連比羅夫が、任那使については膳臣大伴がそれぞれ荘馬長になって阿斗の河辺館に迎えている。岸俊男氏はこの阿斗の河辺館をのちの式下郡阿刀村、すなわち現在の田原本町坂手付近、大和川の支流寺川と下ツ道に接する付近に求め、ここから陸路飛鳥に至ったのであろうと想定された（図19参照）。

このように七世紀初頭段階では、瀬戸内を東進してきた荷や人は難波で船を替え、おそらく亀ノ瀬を曳船で溯り、阿斗の河辺館や海柘榴市に至り、ここから陸路飛鳥に至るルートが用いられたのであろう。ただ地理学の日下雅義氏はこの亀ノ瀬を船で遡航することはまず不可能とされる。(7) 地理学者のこの意見は尊重されなければならないし、事実亀ノ瀬の舟航には大きな問題があったことは疑いない。近世初頭には、慶長一五（一六一〇）年に片桐且元が角倉与一の協力をえて亀ノ瀬の峡流を削通するとともに魚梁船を造らせている。また明治初年には、通航の障害であった岩盤を破砕して河川を改修、川底に石を敷いて傾斜を均一にするとともに下端には堰を設置している。さらに明治一六（一八八三）年には堰板を上げて船を導入し、堰を閉じて水位を上げて綱で船を引き上げる施設が完成している。(8)

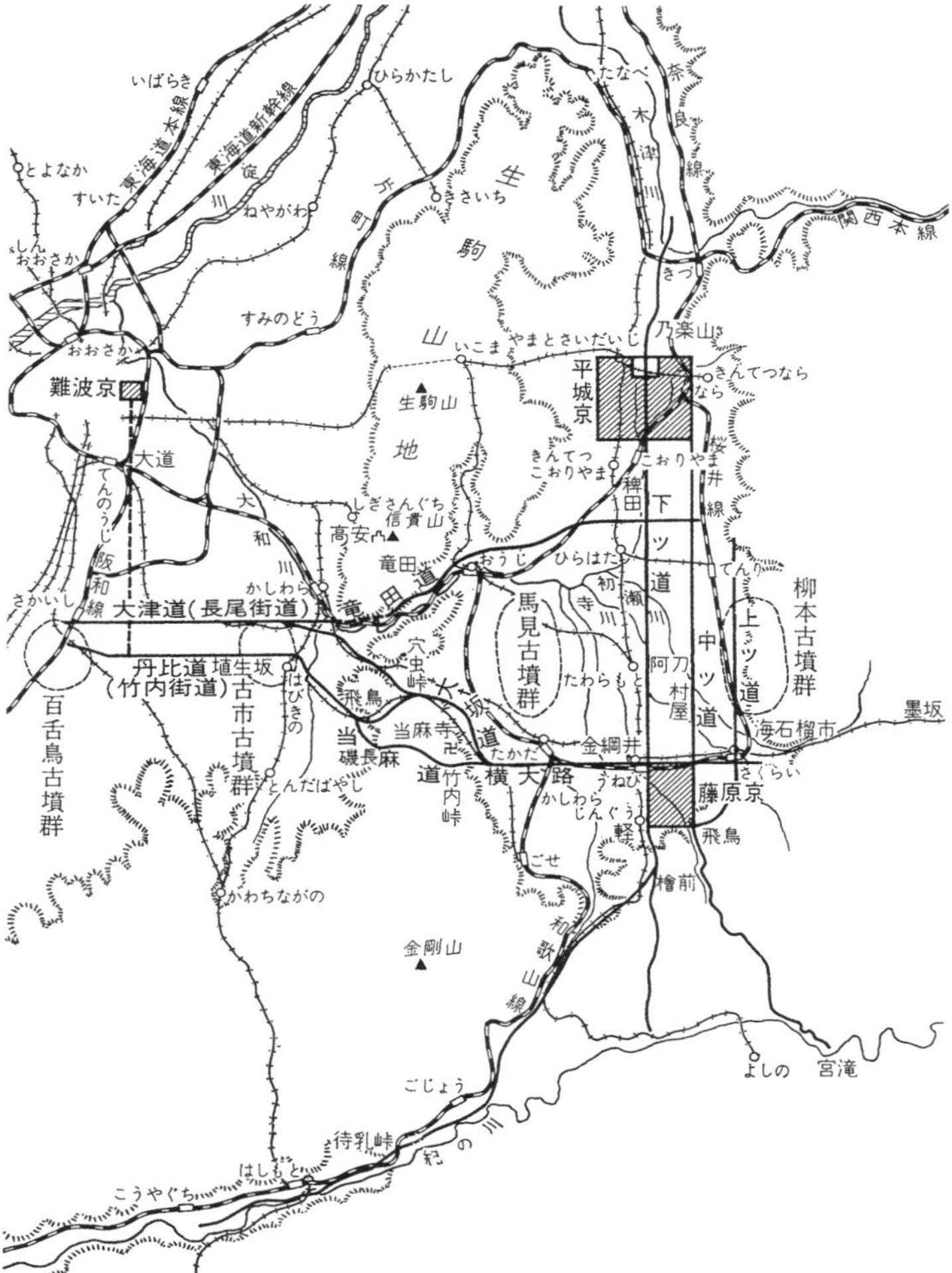

図19　大和・河内の古道（岸俊男氏「古道の歴史」『古代の日本』5による）

亀ノ瀬の峡谷の通航には大きな問題が存在したことは確かであるが、しかしこの難関を何らかの方法で越えれば大和川の舟運の利用には他に替えがたい利便性があったことは疑いない。このためそれぞれの時代にさまざまな努力が試みられているのである。さきの『日本書紀』の記載だけでは、亀ノ瀬の部分だけ曳船によったか、あるいはどうしても船の遡航が困難な部分だけ陸路によったかは不明であるが、基本的には舟運の利用が行われたと判断すべきであろう。また『扶桑略記』によると、治安三（一〇二三）年一〇月には藤原道長一行が高野山から南都や飛鳥の諸寺を参詣した後、大和川を河内に下ったことが知られる。これらからも、古墳時代から飛鳥時代にかけても、大和と河内を結ぶ重要なルートとして大和川の舟運が利用されたことは、まず疑いなかろう。ただそこに亀ノ瀬という大きな障害が存在し、一定の限界があったことも記憶されなければならない。

奈良盆地から大阪湾への水上交通路としては、盆地の北部を限る低い平城山《ならやま》丘陵を越えて山背の木津に出て、木津川、淀川をへて河内湖に至るルートもある。都が平城京に移ってからは、この木津川ルートが大きな役割を果たしたことはいうまでもない。ただ政治の中心が奈良盆地東南部の〝やまと〟にあった段階では、このルートはあまりにも遠回りであり、かつ平城山を越えなければならないことから、あまり利用されなかったのではなかろうか。

さきにもふれたように、三二面の三角縁神獣鏡を出した山背南部の椿井大塚山古墳の存在から木津川ルートについてはやや過大な評価がなされていた。ただその後奈良県天理市黒塚古墳から三三面の三角縁神獣鏡が出土し、他にもそうした多量の三角縁神獣鏡を持つ古墳の存在が予測されるようになった。このことなどから、椿井大塚山古墳の存在をもって木津川ルートの役割を過大に評価するのは適当ではないことが明らかになった。また椿井大塚山古墳のその後の調査からも、同古墳の本来の墳丘規模は従来考えられていたほど大きくなく、箸墓古墳の二分の一の企画の長さ一四〇m程の前方後円墳であった可能性が大きくなったと筆者は考えている(9)。もちろん同古墳の被葬者がヤマト王権と山陰や北陸など日本海沿岸各地の勢力との交渉なりに果たした役割は正しく評価すべきであろうが、〝やまと〟と大阪湾を結ぶルートとしての木津川の役割を過大評価することは避けなければならない。やはり〝やまと〟と大阪湾を結ぶ河川交通路としては大和川以上の役割を果たしたルートは見いだし難いのである。

4　原竹ノ内街道の役割

このように、八世紀以前の奈良盆地と大阪湾を結ぶ河川交通路として大和川が果たした役割が小さくなかったことは認めざるをえない。ただ、このルートには亀ノ瀬峡谷という大きなアキレス腱が存在したことも事実である。亀ノ瀬峡谷を通過しなければならないという大きな欠陥をもつ大和川ルートを補完する陸上の交通路として、奈良盆地東南部の〝やまと〟と大阪湾を結ぶ最短ルートとしての後の横大路―竹ノ内街道に近いルート（原竹ノ内街道）が利用されることも多かったと思われる。

もちろんこの横大路―竹ノ内街道のルートの古道が設置されたのは、岸俊男氏のすぐれた考証からも七世紀はじめ頃のことと思われる(10)。ただ初期の王権の中枢と瀬戸内海沿岸各地や北部九州、さらに朝鮮半島とを結ぶ交通路の重要性を考えると、この奈良盆地南部から大阪湾岸の港を結ぶ最短距離のルートとしての二上山の南ないし北を越えて南河内の平野を西進する後の竹ノ内街道に近い交通路の存在は当然予測されよう。このことについては、岸俊男氏もこのルートにすぐ北側に接して大和《おおやまと》・柳本、馬見、古市、百舌鳥の各古墳群がほぼ東西に並んで営まれていることなどを指摘し、その原型が古墳時代に遡る可能性を示唆しておられる(11)。

ここではこの二上山の南ないし北の峠を越えて〝やまと〟と大阪湾岸を最短距離で結ぶ東西交通路を「原竹ノ内街道」と呼んでおきたい。もちろんそのルートは一つではなく、またそれが固定されてくるのは六世紀以降のことであろう。なおこの二上山の南の峠を越えるのが竹ノ内越えであり、北の峠を越えるのが穴虫越え（大坂越え）であるが、前者の竹ノ内峠が海抜約三〇〇m、後者の穴虫峠が海抜約一五〇mで、後者の穴虫越えの方が峠の標高は低く、物資の運搬にははるかに有利であったと考えられる。

『日本書紀』の壬申の乱に関する記載などから、河内側には南の丹比道（竹ノ内街道）と北の大津道（長尾街道）の二本の東西道路が七世紀には整備されていたことは疑いない（図19）。このうち丹比道

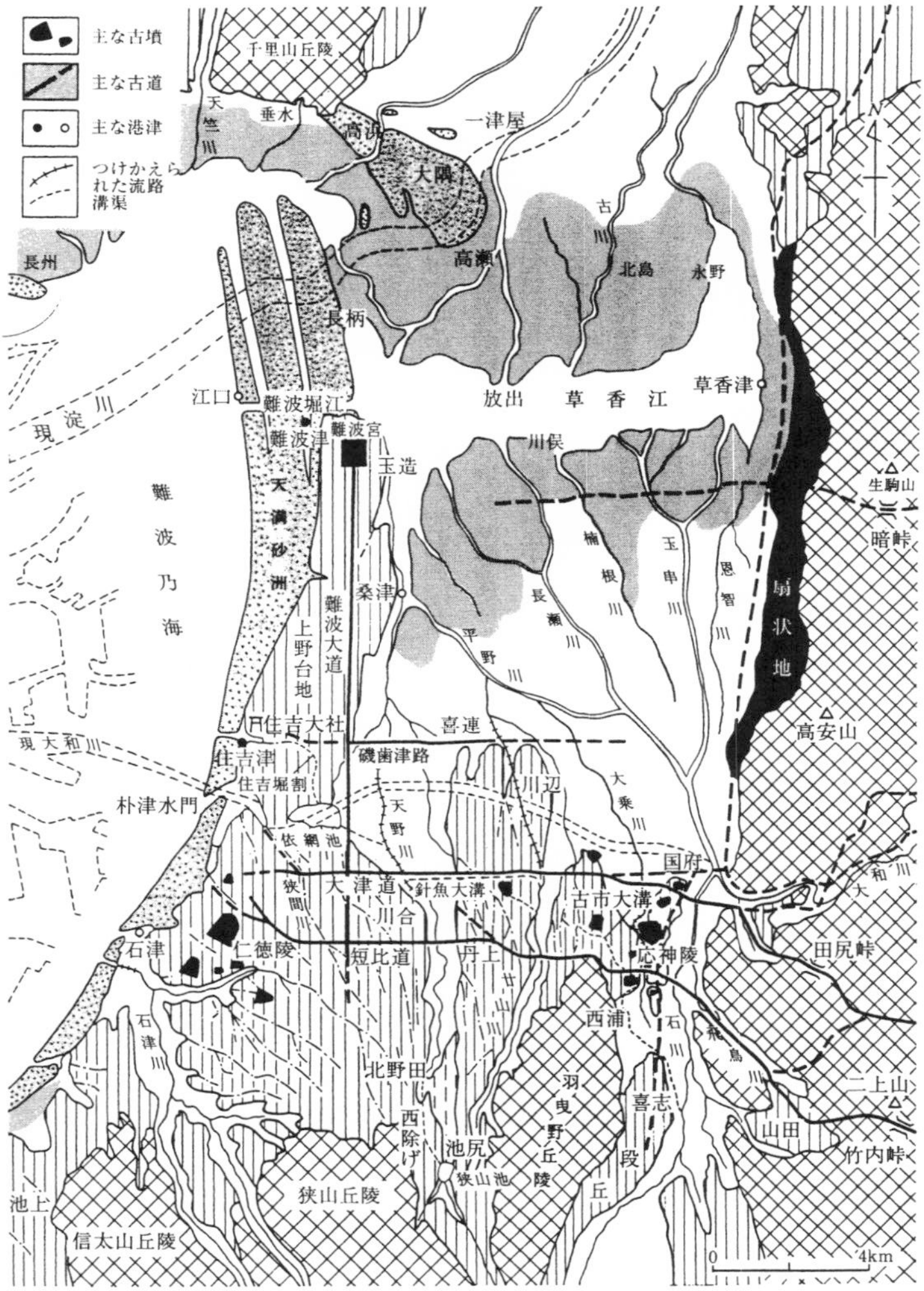

図20　古代の大阪平野（日下雅義氏『古代景観の復原』による）

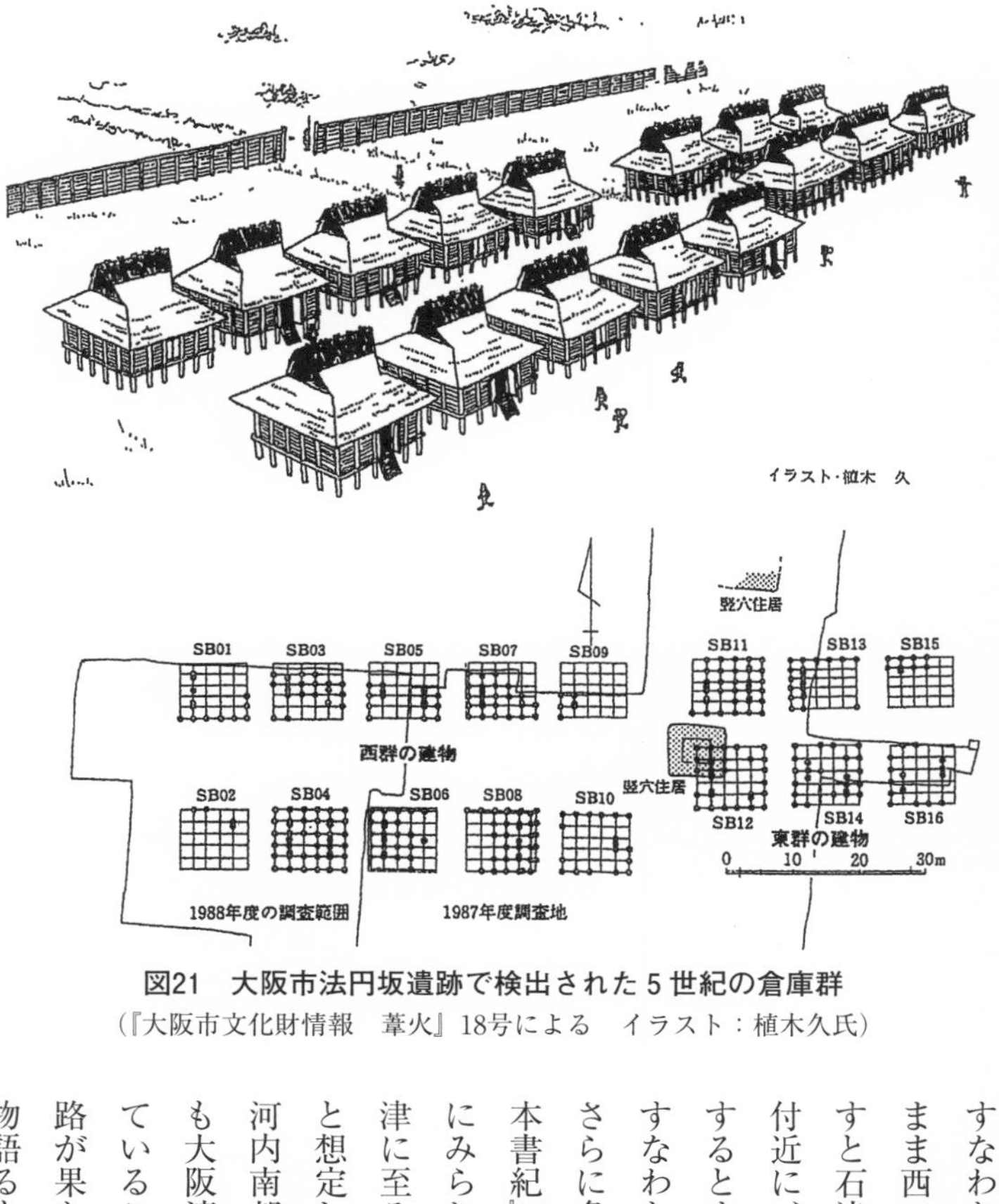

図21　大阪市法円坂遺跡で検出された5世紀の倉庫群
（『大阪市文化財情報　葦火』18号による　イラスト：植木久氏）

すなわち竹ノ内街道をそのまま西の大阪湾にまで延ばすと石津川河口の「石津」付近に、また大津道を西進するとまさに後の堺の港、すなわち大津に至る（図20）。さらに多くの研究者は『日本書紀』雄略一四年正月条にみられる磯歯津《しはつ》道を住吉津に至るやや北方の東西道と想定している。これらの河内南部の東西道がいずれも大阪湾東岸の港津に達していることは、これらの道路が果たした歴史的役割を物語るものとして興味深い。

これらの河内平野を東西に延びる道路は、まず一義的には大阪湾岸の港と大和、河内の内陸部を結ぶ道路として整備されたものと考えて誤りなかろう。

　大阪市法円坂遺跡では、東西一〇m、南北九m余りの同一規模の、棟持柱をもつ掘立柱の倉庫が一六棟も整然とした計画的な配置で検出されている（図21）。五世紀代のものと考えられており、難波津に関連するヤマト王権の管理する倉庫群と理解されている。一般に難波津の成立は、難波の堀江の開鑿以降のことで、五世紀前半以降のことと考えられている。それ以前は住吉津、さらに南の大津や石津など大阪湾東岸の諸港が〝やまと〟の外港としての役割を果たしていたのであろう。それらが原竹ノ内街道と直結していたことはいうまでもなかろう。

　なお大和川の舟運の利用を重視すると大和川を下って河内湖をへて大阪湾に出るルートが最も基本的なルートであったことは疑いなかろう。その場合は大和川が河内に出て玉串川、長瀬川、平野川などいくつかの河川に分かれるが、それらの河川が河内湖に注ぐ河口付近に営まれた港が重要な役割を果たしたことは疑いなかろう。平野川河口に近い桑津などもその一つと考えてよかろう（図20）。

　〝やまと〟の外港としては、大阪湾東岸の諸港や難波津とともに、紀ノ川河口の紀ノ津の果たした役割も無視できない。奈良盆地南部からは、葛城南部から曾我川《そががわ》を遡ってそれほど高くない重阪峠《へいさかとうげ》を越えるか、あるいは葛城川添いのルートを遡ってこれまたそれほど高くない風の森峠を越えれば、容易に吉野川（紀ノ川）添いの五条にでることができる。亀ノ瀬の難所を通らなければならない大和川ルートに比べて、距離的にはやや遠いが、水量も豊富なこの紀ノ川ルートが、重要な役割を果たしたことは容易に想定できる。

紀ノ川河口平野の紀ノ川北岸の中世の平井津に近い和歌山市鳴滝遺跡で発見されている五世紀前半の大型倉庫群も、紀ノ津が〝やまと〟の外港として果たした役割の大きさを物語るものであろう。ここでも難波津の法円坂遺跡と同じような棟持柱をもった掘立柱式の倉庫が、西側に五棟、東側に二棟の計七棟が整然と配置されている。法円坂遺跡と同じように、ヤマト王権が管理する港湾の施設の一部であることは疑いなかろう。難波津の近くと紀ノ津の近辺にのみこうした計画的で大規模な倉庫群が検出されていることは偶然ではなかろう。

さきに畿内でも南部の大和川水系では、大和川最上流の奈良盆地東南部の〝やまと〟以外の地域に顕著な出現期の古墳がまったくみられないことから、曾布、葛城、河内南部、和泉北部など後に巨大な古墳が営まれることになる地域もすべて〝やまと〟の覇権下にあったものと想定できることを述べた。この考え方を拡大できるとすれば、この紀ノ川河口平野もまたきわめて豊かな生産力を持つ広大な平野を擁する地域であるにもかかわらず、葛城や河内南部などと同じように、出現期の古墳がまったく知られていない。さらにここでは出現期に限らず顕著な前期古墳もほとんどみられないのである。

このことは、古墳出現期の葛城や河内南部と同じように、この地が直接初期ヤマト王権の領域に含まれていたことを暗示するものであろう。鉄資源をはじめとする先進文物の共同入手機構の性格をもつヤマト政権の盟主としてのヤマトの王権にとって、大阪湾東岸のいくつかの港湾とこの紀ノ津は、王権の存立基盤それ自体にもかかわる大切な存在であった。このため、紀ノ津を中心とする紀ノ川河口平野は、まさに王権の直轄地として直接管理されたのであろう。

むすび

朝鮮半島から瀬戸内を経て大阪湾から河内湖に入り、大和川を溯って舟運で到達できる奈良盆地東南部の〝やまと〟の地は、さらに陸路伊賀・伊勢をへて東国に至る交通の要衝でもあった。またこの〝やまと〟は、大阪湾岸の諸港と原竹ノ内街道を介して結ばれており、さらに紀ノ津から紀ノ川を遡り、五条付近から陸路で達することも可能であった。こうした東・西日本の結節点という地理的条件だけで〝やまと〟が倭国の中心と成りえたわけではないが、このことがこの地域を中心に倭国連合が形成されることになる大きな要因の一つであることは否定できない。こうした地理的・地政学的好条件は、大和・河内・和泉が一つの政治的・経済的領域として機能してはじめて果たせるものであることはいうまでもなかろう。この地域内部を結びつけ、さらに東アジアとヤマト王権を結びつける役割こそ、交通路としての大和川、原竹ノ内街道の果たした歴史的役割といえよう。

なおよく知られるように、四世紀末葉頃になると大王墓は奈良盆地を離れて大阪平野南部に営まれるようになる。これは四世紀後半以降の高句麗の南下という東アジアの国際情勢の激変のなかで、ヤマト王権の内部で東アジアとの実際の交渉・交易活動に関わっていた河内・和泉の勢力が、〝やまと〟に替わって外交・軍事の主導権を握るようになった結果にほかならないと思われる。大和川や原竹ノ内街道が河内の平野に出たばかりのところに古市古墳群が営まれており、大阪湾東岸の港津を見下ろす台地上に百舌鳥古墳群が位置すること自体、このことを裏付ける何よりの証であろう。

〔付記〕

小論は、二〇〇五年一一月一九日に堺市総合福祉会館ホールで開催された堺市・羽曳野市・藤井寺市・太子町の各教育委員会共催の二〇〇五年歴史街道ウォーク&トーク「波涛を越える道—古代の河内・和泉と中国・朝鮮半島—」と題されたシンポジウムで報告した内容が骨子となっている。討論の中で貴重な教示をいただいた日下雅義・山尾幸久・藤善眞澄の諸氏、並びに小論作成の契機を与えていただいた堺市教育委員会の十河良和氏をはじめ同シンポジウムの事務局を担当された各教育委員会の方々に厚く感謝申し上げる。

〔註〕

（1）白石太一郎『古墳とヤマト政権』文春新書、一九九九年

（2）白石太一郎「古市古墳群の成立とヤマト王権の原領域」『古墳と古墳群の研究』塙書房、二〇〇〇年

（3）大和という地名は一般に後の律令体制の大和国、すなわち今日の奈良県を指すが、本来は直木孝次郎氏が明らかにされているように奈良盆地東南部の、今日の天理市南部から桜井市を中心とする地域をさすものであった。この地域こそが本来の〝やまと〟にほかならない。ここでは、この本来の大和を〝やまと〟と、のちの律令体制

下の大和を指す場合には「大和」と、さらに〝やまと〟を中心に形成された倭国連合全体を指す場合には「ヤマト」と表記する。

（4）直木孝次郎「〝やまと〟の範囲について」『日本古文化論攷』吉川弘文館、一九七〇年

（5）白石太一郎「倭国誕生」『倭国誕生』日本の時代史1、吉川弘文館、二〇〇二年

（6）小林行雄『古墳時代の研究』青木書店、一九六一年

（7）岸俊男「古道の歴史」『古代の日本』五近畿、平凡社、一九七〇年

（8）日下雅義『古代景観の復原』中央公論社、一九九一年

（9）横田健一「総論」『奈良県の地名』平凡社、一九八一年

（10）椿井大塚山古墳の墳丘長は一般に一八〇m程度と考えられているが、墳丘の変形が著しく、その本来の規模と形態を明らかにするのは難しい。ただ一九九七年に山城町教育委員会が実施した範囲確認のための発掘調査の結果、後円部の背後の墳丘端部が検出され、後円部の直径が八〇mになることが確認されている。これは箸墓古墳の後円部径のちょうど二分の一の長さであり、椿井大塚山古墳が箸墓の二分の一の企画で造営されている可能性が大きいと考えられる。この想定が正しければ椿井大塚山古墳の墳丘長は一四〇mということになる。山城町教育委員会『椿井大塚山古墳第5次調査』山城町内遺跡発掘調査概報Ⅷ、一九九七年

（11）岸俊男「古道の歴史」（前掲）

（12）岸俊男「古道の歴史」（前掲）

三　渡来人集団と倭国の文明化

はじめに

アジア大陸の東縁に弧状に連なる日本列島には、当然のことながらあらゆる時期を通じて、多くの人びとが大陸から海を渡ってやってきた。はじめてこの列島の地に足跡を残した旧石器人のことはまだよく分からないが、大陸と陸続きの時期が何度かあった旧石器時代には、さまざまな動物とともに少なくない人びとがやってきていたことは疑いない。そして、最終的に日本列島が大陸と切り離された縄文時代には、北は北海道から南は琉球諸島まで、同じような形質と文化を持つ縄文人が形成されたと考えられている。

この縄文時代以降、相当数の人びとが海を渡って日本列島に移住した時期が少なくとも二回あったと考えられている。その第一次の波は、縄文時代の終わり頃、朝鮮半島から水田稲作農耕や金属器文化をともなう新しい文化を伝え、日本列島の中央部に弥生文化と呼ばれる新しい文化を形成させる要因を作った人たちの渡来である。今一つの第二次の波は、五世紀から七世紀にかけて、すでに出来上がっていた倭国にさまざまな技術や文化を伝えた多くの渡来人の渡来である。

このうち最初の弥生文化の形成に大きな役割をはたした渡来人については、最近の研究では、その数を比較的少数であったと考える研究者が多い。彼らは北部九州を中心に、一部は近畿地方を含む西日本に定着したと思われるが、弥生文化は基本的には縄文人たちがこの新しい水田稲作のシステムを受け入れることによって生み出したものにほかならないと考えられている。それは、弥生時代になっても人びとの生活の基盤的な部分の多くが縄文文化から受け継がれたものであることからも明らかであろう。

これに対して、五～七世紀の渡来人は、その渡来の期間も三世紀間に及ぶ長いもので、当然その数も弥生文化形成期のそれに比べて多かったと考えられる。また彼らが伝えた新しい技術や文化が、東アジアの縁辺に位置する日本列島の文明化を促し、彼らが伝えた技術的・文化的基盤の上に、早くも七世紀には飛鳥・白鳳の文化の花が開き、さらにその世紀の終わり頃には、中国に倣った律令制に基づく古代国家の形成に至るのである。

この二波にわたる渡来人の渡来が、日本列島の歴史に与えた影響はきわめて大きい。そのうち第二波の渡来人の渡来の実態とそれが果たした歴史的役割について考えてみよう。

1　騎馬民族征服王朝説

日本列島の古墳時代の文化は、前期のそれと中期・後期のそれとの間にきわめて大きな相違がある。前期の古墳を発掘しても騎馬文化・馬匹文化の存在を示す馬具はまったくみられない。ところが中期・後期になると古墳の副葬品に馬具が加わるとともに、武器・武具の様相も大きく変化する。それまでの剣に対して刀が、鉄鏃も短茎鏃に対して長茎鏃が多くなり、甲もそれまでの短甲に挂甲《けいこう》が加わり、矢筒もそれまでの背中に負う靫《ゆぎ》に対して腰に下げる胡籙《ころく》が加わる。すなわちそれまでの歩兵戦用の武器・武具に代わって騎馬戦向きの武器・武具が多くなるのである。またそれまでほとんどみられなかった金銅製の装身具類も加わる。副葬品ばかりでなく、古墳の埋葬施設にもそれまでみられなかった横穴式石室など横穴系のものが加わり、埋葬施設の中に多数の土器を入れる例が多くなる。

古墳の構造や副葬品ばかりでなく、人びとの生活の上でも、住居には造り付けの竈《かまど》が加わり、それまでの弥生土器の流れを引く土師器の他に、新しく硬質の須恵器の生産が始まる。また金属加工技術にもそれまでみられなかった金銅製品の製作技術など高度な技術が加わる。また明らかに日本列島で製作された長文の象嵌銘文をもつ刀剣類が出現するのもこの時期からである。

こうした、古墳時代の中ごろに生じたきわめて大きな変化の理由を説明し、あわせて日本列島における国家の形成の要因を説く一つの仮説として提起されたのが、江上波夫氏の騎馬民族征服王朝説である。それは四世紀頃、北方遊牧騎馬民族の一派が朝鮮半島を南下して北部九州に侵入し、やがて畿内地方を征服して打ち建てたのがその後の天皇家を中心とするヤマト朝廷にほかならないというものである。

この江上説が提起されたのは、第二次世界大戦直後の一九四九年のことであった(1)。この雄大な仮説は、敗戦によって崩壊した皇国史観にかわって広く人びとの間に受け入れられた。しかし、学説としてはあまりにも飛躍や独断が多く、この説が提起された直後から各学問分野からの批判が相次ぎ、そのままで成立すると考える研究者はほとんどみられないのが現状である。ただこの学説が、日本の古代国家や古代文化が、東アジアからの強い影響によってはじめて成立したものであるという考え方を、広く人びとに定着させた役割は評価しなければならないであろう。

それでは、日本の古墳時代の前期と中・後期の文化の間にみられる大きな変化は何によって生じたものであろうか。それは何も騎馬民族征服王朝説をもちだすまでもなく、四～五世紀の東アジア世界の大きな歴史の動向をみれば容易に理解できるのである。江上説の出発点は、四世紀に始まる北方騎馬民族の南下という東アジア情勢の大きな変化にあった。この時期中国でも、漢人の国家は北方民族の侵入によってようやくその国土の南半を保つにすぎなくなり、いわゆる南北朝時代を迎える。その影響は当然東アジアの東辺にも及び、中国の東北地方から朝鮮半島の北部に大きな勢力を保っていた高句麗は、この民族移動の余波を受けて南下の政策を進めるようになる。

この強国高句麗の南下は、当然朝鮮半島の南の百済、新羅や加耶諸国に大きな影響を及ぼす。朝鮮半島の歴史史料や『日本書紀』に引用されている百済系の史料などからは、この危機に際して早くに高句麗へ降る作戦を取った新羅に対し、百済が加耶諸国とともに倭国を味方に引き入れて高句麗と戦う政策をとったことが窺われる。また鉄資源をはじめ、さまざまな先進文物の入手を加耶に頼っていた倭国も、朝鮮半島の情勢変化には大きな関心があり、この高句麗との戦いに加わる。このことは、かって高句麗の都があった中国の吉林省集安に今も残る好太王碑の碑文からも明らかである。

『百済記』によって作文されたと考えられる『日本書紀』神功皇后四六年の丙寅（三六六）年に始まる一連の記事によると、加耶諸国のうちの一国卓淳国（最近では慶尚南道昌原付近とする説が有力）の仲介によって百済と倭国の国交が始まったという。この一連の記事は石上神宮に今も残る七支刀というモノ資料の存在からもきわめて信頼度が高いと考えられる。この記事の物語るところと、この時期の東アジアの国際情勢を統合すると、南下の形勢を示す高句麗に対抗するため、百済や加耶諸国が倭国を味方に引き入れようとしたこと、またその時期が四世紀後半までさかのぼることも、ほぼ誤りなかろう。

こうして倭国も朝鮮半島に出兵し、高句麗軍と戦うことになったが、高句麗との戦いには騎馬戦術の受容は欠かすことが出来ない。こうして倭人たちはそれまでまったく関心を示さなかった騎馬文化を、百済や加耶諸国の援助を受けて急いで採り入れるのである。大阪府四條畷市蔀屋《しとみや》北遺跡発見の馬の遺骸は、五世紀における河内の馬飼いの実態を物語る貴重な資料である。

ただこの時期に大規模な牧が設けられ、本格的な馬匹生産が行われるのはひとり畿内にとどまらない。近年、東日本などで五世紀頃の小規模な古墳のまわりから馬の犠牲土壙が発見される例が多いが、それら馬の犠牲土壙が見つかる地域の多くは『延喜式』にみられる牧の設置国にほかならない。このことは、五世紀の段階で倭国が東国の各地にまで大規模な牧を設置して馬匹の生産を開始したこと、そのために馬匹生産の技術をもつ渡来人をこれらの地域に定着させたことを物語るものであろう。なぜなら本来馬匹文化を持たなかった倭人たちの間に、馬の犠牲の風習などが成立したとは考えられないからである。

『延喜式』によると、官牧が最も多く設置されていたのは信濃であるが、その一つ大室牧《おおむろまき》が設置された地と想定される長野市大室《おおむろ》には、大室古墳群と呼ばれる積石塚からなる古墳群がある。この古墳群には五世紀の比較的早い段階から合掌形《がっしょうがた》石室と呼ばれる特異な構造の横穴系の埋葬施設がみられる（図22）。この種の合掌形石室は、七世紀のものではあるが百済の地域に存在することが知られており、こうした信濃における牧の設置のために百済系の渡来人がやってきていたことが想定されるのである。こうしたことからも、日本列島における初期の馬匹文化が、百済の積極的な関与により定着したことが窺われる。また日本出土の初期の馬具は、加耶の馬具と共通するものが多いが、これまた加耶の援助によって倭国でも馬具生産がはじまったことを想定させるのである。

このように、五世紀になって倭人たちが、急遽馬匹文化を取り入れることになった背景には、四世紀後半以降の東アジア情勢の大きな変化があり、具体的には百済や加耶諸国の積極的な援助があったことは疑いなかろう。高句麗の南下は、百済や加耶諸国にとっても、さらには、おそらく倭国にとっても国家存亡の危機ととらえられたのであろう。そのため倭国の要請に応じて多くの渡来人が海を渡ってさまざまな技術や文化を伝え、また戦争のため海を渡った多くの倭人がさまざまな文物や知識を持ち帰るのである。さらにこうした朝鮮半島の動乱を逃れて倭国に渡った人も少なくなかったものと考えられる。

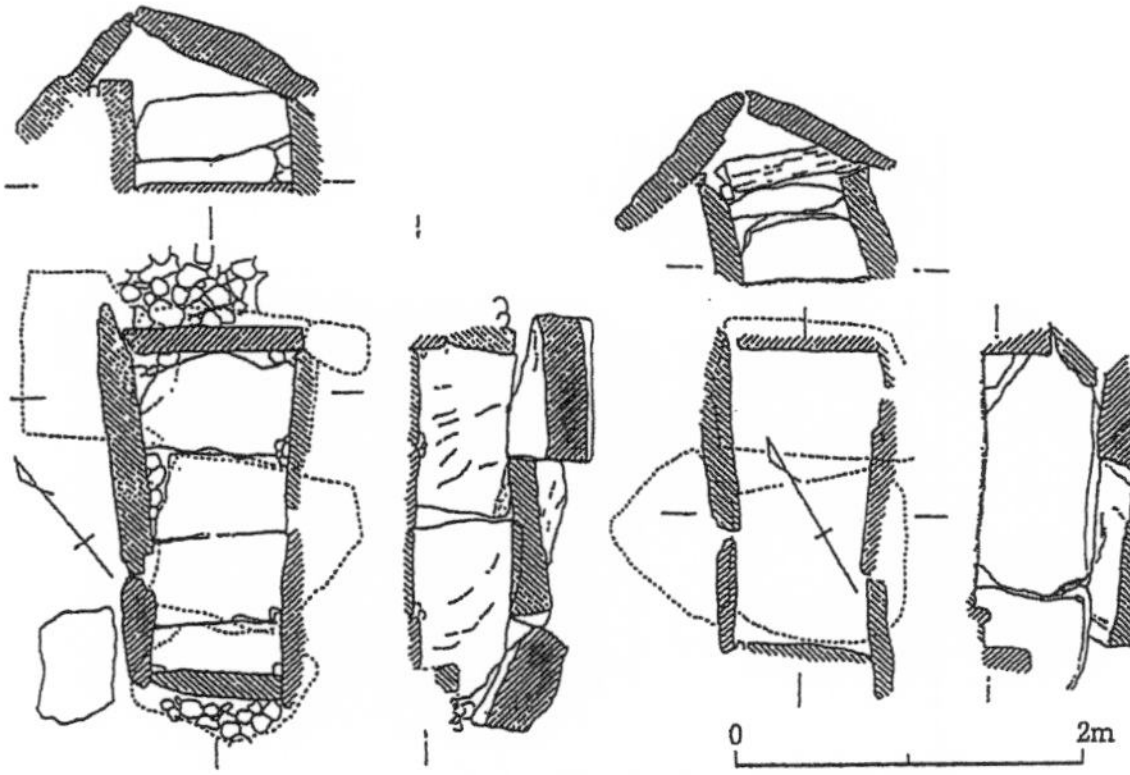

図22　長野市大室古墳群の合掌形石室

2　今来才伎

こうした、主として軍事的な要請から馬匹文化が倭国に受容されるのであるが、その一環として伝えられた馬具の製作技術は、鉄器加工技術、金銅技術、木工技術、皮革加工技術、織物技術などを含む、きわめて総合的な技術であった。日本列島で発見されている初期の馬具は、加耶のものとの共通性が強い。ただこれは、この時期の百済の馬具の実態があまり知られていないためで、加耶のそれとともに百済の馬具製作技術が伝えられたことは疑いなかろう。

この時期の朝鮮半島での馬具に付けられる金具は、基本的には鉄製品が多いが、その中には鉄地に金銅板を張って装飾を施したものや、さらに金銅製品そのものもみられる。馬具の製作技法が伝えられるということは、金銅製品の加工技術というような、それまでの倭国では考えられなかったような高度の金属加工技術が伝来したことを意味する。

またこれはあくまでも完成品の受容で、必ずしもその技術の伝来を意味するものではないが、大阪府羽曳野市の誉田御廟山古墳《こんだごびょうやま》（現応神天皇陵）の陪塚である誉田丸山古墳出土の竜文透彫り金具をともなう二組の鞍などは、工芸的にも五世紀段階の東アジア世界で現在知られているものの中では最高水準のものであり、当時の倭人達が求めたものがきわめて高いレベルのものであったことを物語っている（図23）。当然倭国の支配者層は、こうした高度の技術についてもその受け入れを望んだことはいうまでもあるまい。

このように馬具の製作技術として伝来したさまざまな技術以外にも、鋲留《びょうどめ》技法など実用的な鉄器加工技術、新しい高度な織物の技術、さらに硬質の焼物である須恵器の生産技術などさまざまな新しい技術が受容される。また狭い意味の技術だけでなく、土木、文筆、財務、外交、学術などさまざまな技能・知識をもった人びとが渡来し、倭国の文明化に大きな役割を果たすのである。

『日本書紀』の雄略七年是歳条には、百済から献上された「今来才伎《いまきのてひと》」として、新漢陶部高貴《いまきのあやのすえつくりべこうき》、鞍部堅貴《くらつくりのけんき》、畫部因斯羅我《えかきいんしらが》、錦部定安那錦《にしごりじょうあんなこむ》、譯語卯安那《をさしうあんな》らの名前がみられる。この「今来」はまさに新来の意味で、古い渡来技術者に対して新しくやってきた技術者の意味である。したがって、かってこの記事の新漢陶部高貴の存在を一つの根拠に須恵器の初現時期を五世紀の中葉に想定していたのは明らかに適当ではない。今日では須恵器生産の開始は四世紀末葉にさかのぼることはまず確実と考えられる。ただここにみられる渡来人がすべて、百済からこの時期に渡来したかどうかもまた疑問である。なぜなら五世紀後半の段階に、倭国の須恵器の生産技術に新しく百済の技術が加わったとは、最近の研究成果からは考え難いからである。

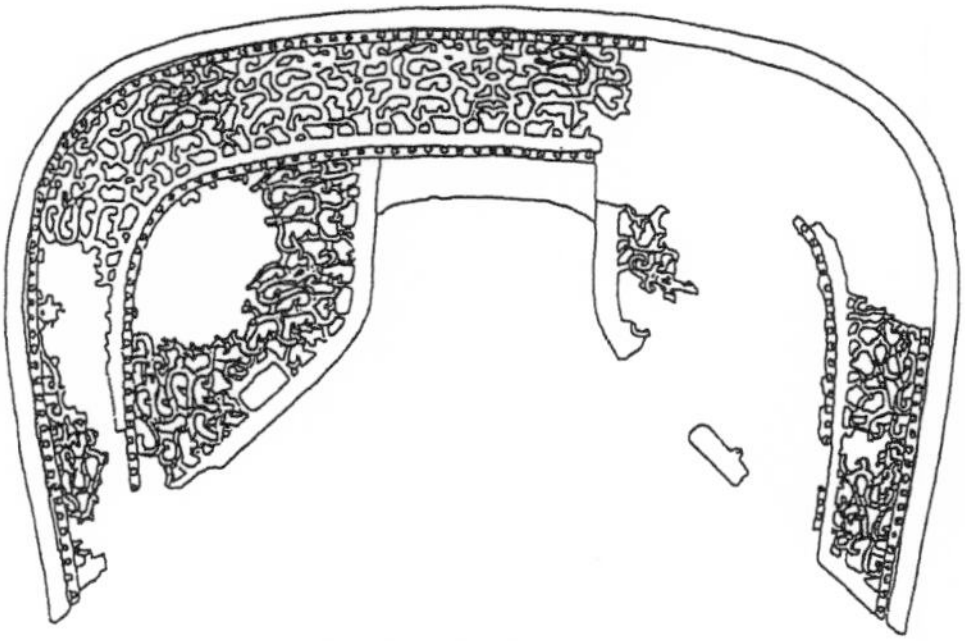

図23　大阪府羽曳野市誉田丸山古墳出土の金銅製鞍金具

考古学的研究の進展の結果、先の初期の馬具製作技術の場合と同じように、須恵器生産についてもその技術の系譜を知ることができるようになった。須恵器生産は、朝鮮半島の陶質土器の技術が日本列島に伝えられたものにほかならない。特に大阪府の陶邑《すえむら》窯跡群などの初期の須恵器は、明らかに加耶の大加耶など洛東江流域の陶質土器に近く、須恵器生産の技術が最初、加耶の地からの渡来人によって伝えられたことを物語っている。ところがそれにつづく五世紀前半から中葉の須恵器は、明らかに朝鮮半島西南部の現在の全羅南道地域の陶質土器に近く、この地からの技術者が須恵器の生産に関わるようになったことを示している(2)。これは、五世紀の中葉ころを境に、倭国の中心的な交渉相手が、朝鮮半島南部でも東寄りの加耶から全羅南道の地域に変化したことを物語っている(3)。

いずれにしても四世紀末葉以降、高句麗の南下にともなう東アジア情勢の緊迫化による百済—加耶—倭国同盟の成立を契機に、さまざまな新しい技術や文化が滔々《とうとう》と倭国に流入するのである。これが倭国の文明化の契機となったことはいうまでもなかろう。

3　渡来人と倭人

このように四世紀末葉以降、多くの渡来人がつぎつぎと渡来した。彼らのなかには初期の渡来人である東漢《やまとのあや》氏、西文《かわちのふみ》氏、秦《はた》氏といった古い渡来人や、鞍作氏や王辰爾《おうしんに》の後裔氏族である船、津、白猪《しらい》

（後に葛井氏と改姓）氏のような六世紀の渡来人など、数多くの渡来人集団の名が史料にもみられる。彼らの正確な数については明らかではないが、後の『新撰姓氏録』によると、平安京と五畿内（山城・大和・摂津・河内・和泉）の範囲の氏、すなわち中央政府で一定の地位を与えられた集団が一〇五九氏記録されているが、そのうち三二四氏が諸蕃、すなわち渡来系の氏族であることからも、その割合は決して少ないものではなかったことが知られる。その中には、朝鮮半島ばかりでなく中国からの渡来人も含まれていたことはいうまでもない。

それでは、彼らは倭国に渡来して、倭国でどのような地位を与えられたのであろうか。その実態についてはよくわからないが、少なくとも各地の古墳のあり方からみるかぎり、彼らが倭国の中で占めた政治的位置はあまり高いものでなかったことは指摘してよかろう。六世紀以前の渡来系氏族のなかでも有力な東漢氏、西文氏、秦氏などの中で、明らかに一定規模の前方後円墳を代々営んでいたと考えられるのはただ秦氏だけである。京都市西郊の太秦《うずまさ》の地には、京都の石舞台と呼ばれる巨大な横穴式石室をもつ前方後円墳の蛇塚古墳をはじめ、墳丘長六〇メートル級の前方後円墳がいくつか知られている。それらがこの地に大きな勢力を築いていた秦氏の族長墓であることは疑う必要はなかろう。

それに対して、東漢氏の本拠地である大和の桧隈《ひのくま》地域には、大王やその一族、あるいは蘇我氏の族長墓と推定される前方後円墳はあるが、東漢氏のものと想定できる古墳はすべて中規模以下の円墳にすぎない。これは西文氏の本拠地である河内の古市地域でも同様であり、さらに他の地域でも渡来人集団で、ある程度の規模の前方後円墳を残している集団は見いだし難いのである。このことは、これら渡来人集団の中では、秦氏だけが例外的存在で、他の集団は小規模な前方後円墳をつくることすら出来なかったということになる。東漢氏が蘇我氏のもとで重要な役割を果たしていたことは『日本書紀』などにも窺われるが、少なくとも五〜六世紀の段階では、その政治的地位はそれ程高いものではなかったと考えざるをえない。

ただ、彼らが身分的に差別された低い地位に置かれていたわけではないこともまた確かである。畿内地域では、奈良県葛城市寺口忍海《おしみ》古墳群、大阪府高安千塚古墳群、同平尾山千塚古墳群、同一須賀古墳群など、古墳群を構成する古墳のほとんどが最初から横穴式石室をもつ大規模な古墳群があるが、それらはすべて渡来系集団が造営したものであろう。彼らは小規模なものではあっても、ヤマト政権のなかでの一定の身分秩序を表現する古墳を、それも数多く営んでいるのである。それらの群集墳がいずれも群中に前方後円墳を持たず、小規模でかつ等質的な群構造をもつことは、これら渡来人集団の集団構成の特質を示すものとして興味深い。

彼ら渡来人集団の生活様式が、倭人たちと異なっていたであろうことは当然想定できる。その実情についてはよくわからないが、『日本書紀』の雄略九年七月条に興味深い記事がみられる。それは「河内国飛鳥戸《あすかべ》郡に住む田辺史伯孫《たなべのふひとはくそん》が、その娘が出産したので、婿の古市郡の書首加竜《ふみのおびとかりゅう》の家に出かけ、月夜に戻って来たところ蓬蔂丘《いちびこのおか》の誉田陵（応神天皇陵）のほとりで赤い馬に乗った者に出会い、自分の馬と交換して家に帰った。翌朝になってみるとそれは土馬、すなわち埴輪の馬に変わっていたので、急いで誉田陵に行ってみると、そこの土馬の間に自分の馬がいた」という説話である。この記事で興味深いのは、河内の渡来人たちの間では、嫁入り婚が一般的であったらしいことである。この時期の倭人たちの婚姻形態は必ずしも明らかでないが、少なくとも嫁入り婚が普遍化していたことを示す史料はみられない。

一方、河内の松岳山《まつおかやま》から出土したと想定される船王後《ふなのおうご》の墓誌によると、船王後は、辛丑（六四一）年一二月に亡くなり、戊辰（六六八）年一二月にその兄刀羅古《とらこ》の墓に並んで妻安理故刀自《ありこのとじ》と合葬されたという。船氏は王辰爾の後裔氏族の一つであるが、ここでは明らかに夫婦合葬が行われている。他方、群馬県高崎市山ノ上古墳にともなう山ノ上碑によると、ここではその被葬者の一人と考えられる黒売刀自《くろめとじ》は、明らかに里方の父の墓に帰葬されている。おそらく五・六世紀の倭人の間では、同族関係を原理とする埋葬原理が一般的で、基本的には夫婦合葬は行われなかったらしい(4)。

このように畿内の渡来人の間では、おそらく倭人たちとは異なり、嫁入り婚や夫婦合葬が行われていた。ただこうした渡来人の習俗は次第に倭人たちにも影響を与え、やがてそうした習俗は倭人たちの間にも広がっていったらしい。こうした習俗の上でも渡来人が倭人社会に与えた影響は決して少なくなかったものと想定されるのである。ただこのあたりの実態の解明は、今後の研究に待たなければならない部分が大きい。

4　倭国の文明化と渡来人

弥生時代から古墳時代前期の倭人たちも、東アジア世界とまったく没交渉であったわけではない。倭人たちはこの間も鉄資源はその多くを朝鮮半島東南部の弁辰地域、すなわち後の加耶に依存しており、また中国の鏡をはじめとする特定の先進的な文物の入手には積極的であった。倭国と加耶の交渉・交易が絶えずつづいていたことは疑いない。ただ多くの渡来人が海を渡ってやってくるといったことはあまりなかったのである。さらに、四世紀の倭人たちは加耶との交渉・交易により、すでに馬匹文化や騎馬文化の存在は知っていたと考えざるをえない。しかし彼らは、馬匹文化にはまったく関心を示さなかったのである。その必要性を感じなかったからであろう。

ところが、四世紀後半の高句麗の南下という国際情勢の緊迫化は、否応なしに倭人たちに騎馬文化やその他のさまざまな先進的な技術や知識や文物の受容をうながした。また百済、加耶といった朝鮮半島諸国にとっても倭国への騎馬文化の移植とこれを対高句麗戦争に利用することは、不可避の選択であったと思われるのである。さらに、朝鮮半島の動乱を逃れて、少なくない渡来人が日本列島に渡来し、さまざまな技術や情報をもたらしたことも無視出来ない。

五世紀以降、騎馬文化、金属加工技術、須恵器生産、機織りなどさまざまな新しい生産技術、土木・建築技術、天文・暦法・算術などの学問、さらに戦争や外交の手段としての漢字文化やさまざまなイデオロギーなどが、数多くの渡来人により倭国にもたらされる。それが倭国の文明化を進めたことはいうまでもない。こうして、東アジア世界の東辺に位置した倭国も、ようやく東アジアの文明社会への仲間入りをはたすことになるのである。

こうして倭国は、五世紀から六世紀にかけて急速に東アジアの先進文化を受け入れ、それを咀嚼して我がものとし、早くも七〜八世紀には飛鳥・白鳳期の古典文化を生み出し、また中国の律令制度を取り入れた中央集権的な古代国家を完成する。それを可能にしたのは、倭人社会がその中につぎつぎに新しい渡来人を受け入れ、新しい技術や文化を咀嚼する能力を常に保っていたからにほかならないと思われる。

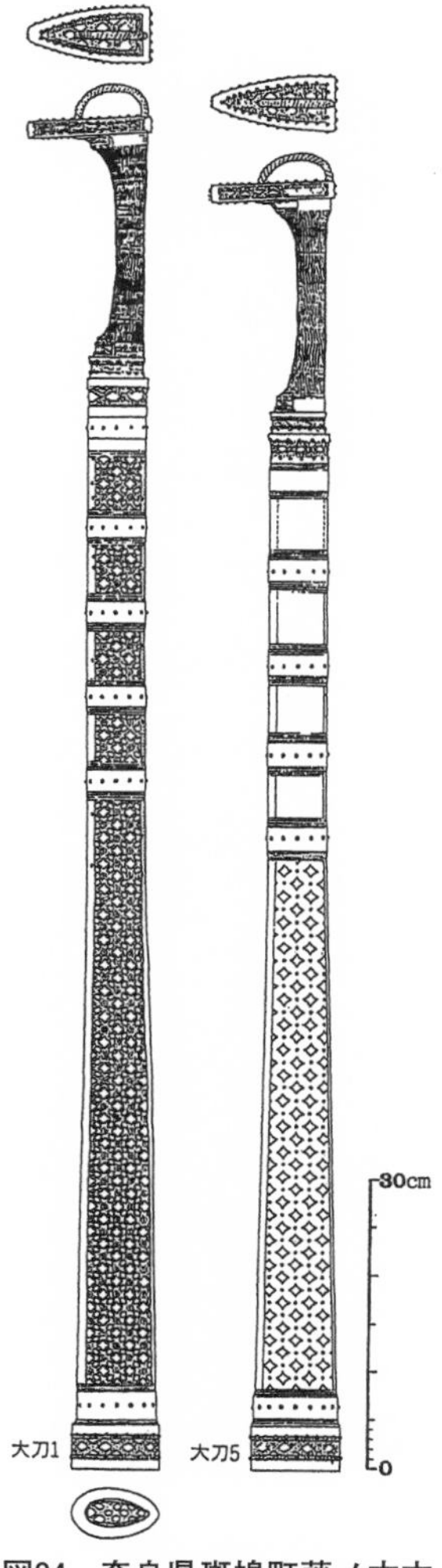

図24　奈良県斑鳩町藤ノ木古墳出土の倭風の大刀（奈良県立橿原考古学研究所提供）

それとともに重要なことは、倭人たちがこうした先進的な技術や文化を無選択に一方的に受け入れていただけではないことである。例えば、六世紀後半の奈良県藤ノ木古墳で出土した見事な金・銀・金銅の先端的な金属技法を駆使した見事な装飾を施した二振りの大刀（図24）は、基本的には弥生時代以来の伝統的な拵《こしら》えの倭風の大刀であった。大王家の祖先神を祭る伊勢神宮の神宝の玉纏大刀《たまきたち》もまたこれと同じ様式の大刀であることも興味深い(5)。このことは、この時期の倭国の支配者層が、積極的に外来文化を受容しながらも、絶えず伝統的な固有の価値観を保持しようと努めていたことを示すものにほかならない。

倭国の文明化に渡来人が果たした役割はきわめて大きい。ただそれとともに、倭人たちが、そうした先進文化の受容に際して、あくまでも主体的、選択的な受容を心がけていたこともまた忘れてはならないのである。

［註］

（1）石田英一郎・岡正雄・江上波夫・八幡一郎「日本民族＝文化の源流と日本国家の形成」『民族学研究』一三―三、一九四九年

（2）酒井清治「須恵器生産のはじまり」『国立歴史民俗博物館研究報告』第一一〇集、二〇〇四年

（3）白石太一郎「もう一つの倭・韓交易ルート」『国立歴史民俗博物館研究報告』第一一〇集、二〇〇四年

（4）白石太一郎「山ノ上古墳と山ノ上碑―古墳の合葬原理をめぐって―」大塚初重・吉村武彦編『古墳時代の日本列島』青木書店、二〇〇三年

(5)　白石太一郎「玉纏太刀考」『国立歴史民俗博物館研究報告』第五〇集、一九九三年

四　二つの古代日韓交渉ルート

1　古代日韓交渉ルートの変化

日本列島における原生国家（小国）群の成立から古代国家形成への動向、あるいは五世紀以降の倭国の急速な文明化において、朝鮮半島南部諸地域との交渉・交易が果たした役割はきわめて大きい。二世紀後半から三世紀初頭と想定される倭の国家形成、すなわち倭国の成立をうながしたものが、弁辰すなわち後の加耶の鉄資源、さらに各種の先進文物の入手ルートの支配権をめぐる列島内の諸地域勢力間の確執にあったことはほぼ誤りなかろう(1)。また四世紀後半以降の倭国の急速な東アジア化、すなわち文明化の契機が、高句麗の南下という東アジア情勢の激動の波が日本列島に及んだ結果にほかならないこともまた疑いなかろう(2)。

ところで、こうした弥生時代以降の倭と韓の交渉・交易において、最も重要なルートが狗邪韓国以来の弁韓諸地域と伊都国・奴国など玄界灘沿岸地域の間の、いわば「『魏志』倭人伝ルート」であったことはいうまでもない。もちろん海の道は何処にでも通じているから、出雲、あるいは丹後など日本海沿岸諸地域と韓との直接交渉もあったことは確かであろうし、その解明は興味深い課題である。ただ当時の航海技術の水準からも、対馬・壱岐を経由する『魏志』倭人伝ルートが最も安全で有利な交渉ルートであったことはいうまでもなかろう。韓側では狗邪韓国、後の金官加耶国、倭側では伊都・奴両国を中心的窓口とする交易ルートが、弥生時代以来の倭・韓交渉の大動脈であったことは疑う余地がないのである。このルートの海上交通の安全などを祈る沖ノ島の祭祀が、四世紀後半以降、国家的な規模で行われるのもこのためにほかならない。

ただ五世紀中葉以降、この玄界灘沿岸~洛東江河口地域を中心とする倭・韓交渉ルートに大きな変化が生じる。洛東江河口地域への新羅勢力の進出などもあって、加耶の東よりの地域がかつて対倭交渉に果たした役割をまっとうできなくなり、その結果、韓側では加耶でも西よりの地域や、さらに西方、現在の全羅南道地域が韓・倭交渉の中心的役割を果たすようになる。五世紀後半から六世紀前半における全羅南道諸地域での前方後円墳の造営という考古学的事実も、このことと決して無関係ではない。

一方、この加耶でも西よりの地域から全羅南道地域との交渉・交易の倭国側の窓口としては、それまでの玄界灘沿岸地域の諸勢力にかわって、有明海沿岸地域の勢力が中心的役割を果たすようになったことが窺われる。ここでは五世紀中葉ころを境に、『魏志』倭人伝ルート、すなわち「加耶~玄界灘ルート」にかわって、倭・韓の基幹的交渉・交易ルートとなったと想定される「全南〜有明海沿岸ルート」と、その変化の歴史的意味について、私の考えをお示ししてご批判を仰ぐことにしたい。

なお五世紀中葉以降になっても、彼我の実際の海上通交のメインルートが、玄界灘沿岸から壱岐・対馬を経由して韓国の南岸に至るものであったことはいうまでもなかろう。真の意味での構造船もまだ造りえない低い造船・航海技術の段階では、最も安全なこのルートを使わなかったなどとは考え難いからである。ここで私が問題にしたいのは、そうした狭い意味での航路の問題ではなく、このルートを使って実際の交渉・交易活動を担った倭・韓それぞれの中心的荷担勢力の問題である。またこの時期にあっても倭国側で、玄界灘沿岸勢力が倭・韓の交渉・交易にタッチしなかったなどとは考え難い。ここでの主題は、あくまでも倭・韓の実際上の交渉の中心的窓口の役割を果たした勢力如何という問題にほかならない。

2　全南〜有明海ルートの盛行

五世紀中葉以降の「全南〜有明海ルート」の盛行、すなわち韓側では全羅南道の勢力が、倭国側では有明海沿岸の勢力が彼我の交渉・交易の窓口として重要な役割を果たしたことを何よりも明確に物語るのは、全羅南道西部を中心に相次いで確認されている朝鮮半島の「前方後円墳」である。なおこれを「前方後円形墳」などと呼ぶ向きもあるが、以下にも述べるようにそれが日本列島の前方後円墳の影響下に成立したものであることは疑えないから、考古学的にこれを別の用語で呼ぶのは適当ではなかろう。私は、日本列島における前方後円墳の造営は、基本的には首長連合としてのヤマト政権の政治秩序と関連するものと理解している。しかしそれは考古資料の分布のあり方などにもとづく一つの解釈であって、そうした解釈を前提に考古学的用語の概念規定を行うのはまったく本末転倒の議論であろう。朝鮮半島の前方後円墳は、倭国の首長連合体制とは明らかに無関係であるが、それはやはり「前方後円墳」なのである。

朝鮮半島では、現在一二基の前方後円墳が確認されているが、その分布が基本的には全羅南道西部の栄山江流域とその周辺であることは明確である。一二基のうち一基だけは、全羅南道の北側の全羅北道西南部の七岩里古墳であるが、これも全羅北道のなかでは全羅南道にきわめて近いところにある。さらにそれらの造営時期が五世紀後半から六世紀前半を中心とするきわめて限られた時期に限定されていることも、多くの研究者の一致した見解である。

それらは、全羅南道西半部からその北の全羅北道にかけての比較的広い範囲に分布が認められるにもかかわらず、光州市光山地区の月桂洞1・2号墳の二基を別にすると、それぞれの地域に基本的には一基ずつ営まれているにすぎず、ほぼ一世代というきわめて限られた期間に限定できる。それにもかかわらず、全羅南道西半部の比較的広い範囲にその分布がみられることがあらためて注目されるの

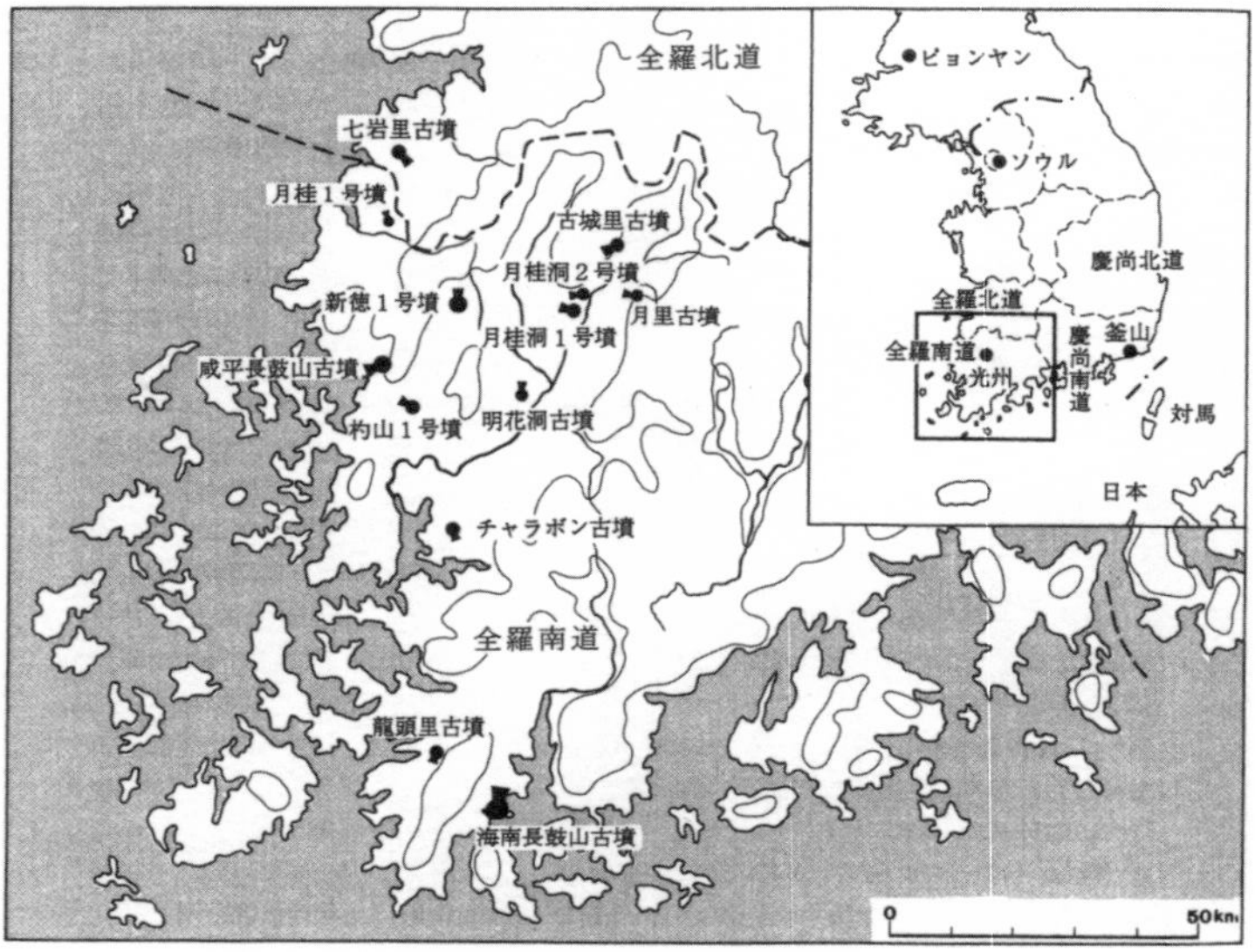

図25　韓国全羅南道地域における前方後円墳の分布

である。

　これら、全羅南道西半部を中心とする地域の前方後円墳のなかには、光州市月桂洞1号墳、同2号墳、同市明花洞古墳など、明らかに日本列島の古墳の円筒埴輪と同じ形態の埴輪が樹立されているものがある。さらにこれらの前方後円墳の埋葬施設には、日本列島の北部九州の横穴式石室にきわめてよく似た形態の石室がみられる。これらの事実もまた、前方後円形の墳丘形態自体が倭の前方後円墳の存在を抜きにしては説明し難いこと、すなわちこの地域の前方後円墳が日本列島の前方後円墳の影響を受けて成立したものにほかならないことを如実に物語っている。

　この全羅南道から一部全羅北道にかけて

の地域の前方後円墳の歴史的位置づけについては、すでにさまざまな見解が発表されている。ただ墳墓の造営が、それぞれの地域の人びとの歴史的伝統を踏まえたきわめて保守性の強い行為であること、さらにこうした前方後円墳の造営が、それまで倭人たちときわめて密接な関係を持っていた、より東方の加耶地域ではまったくみられないことなどを重視すると、その造営者を短絡的に在地首長、あるいは渡来倭人のいずれかと想定するだけでは問題は解決しない。そうした意味では、この時期の全南地域の在地勢力と百済・倭との政治史的諸関係をも踏まえて提起されている二つの説が興味を引く。

その一つは在地首長説の立場に立つものであるが、五世紀後半のこの地「慕韓」の勢力が、百済の進出に対抗して倭との政治的関係を明確に示すための「政治的アピール」として造営したというもので、田中俊明氏や柳沢一男氏らが主張する。(3) いま一つは、倭人説の立場に立つもので、百済がこの地域の領有化を進めるためにこの地に派遣した百済王臣下の倭人の有力者であろうとする山尾幸久氏や朴天秀氏の説である。(4)

めまぐるしく変化する東アジアの国際情勢の中で、まさにこの地が百済に併せられる直前の、ごく限られた時期に出現する前方後円墳の意味については、考古学的な事実の確認とともに、複雑なこの地域の在地勢力と百済・倭の政治関係を踏まえた解釈が不可欠であり、現在の私にはそれぞれの説についての当否を判断することは出来ない。ただ重要なことは、この時期のこの地域が、倭国ないし倭人ときわめて密接な関係を持っていたことを前提にしなければ、そのうちに円筒埴輪や倭系の横穴式

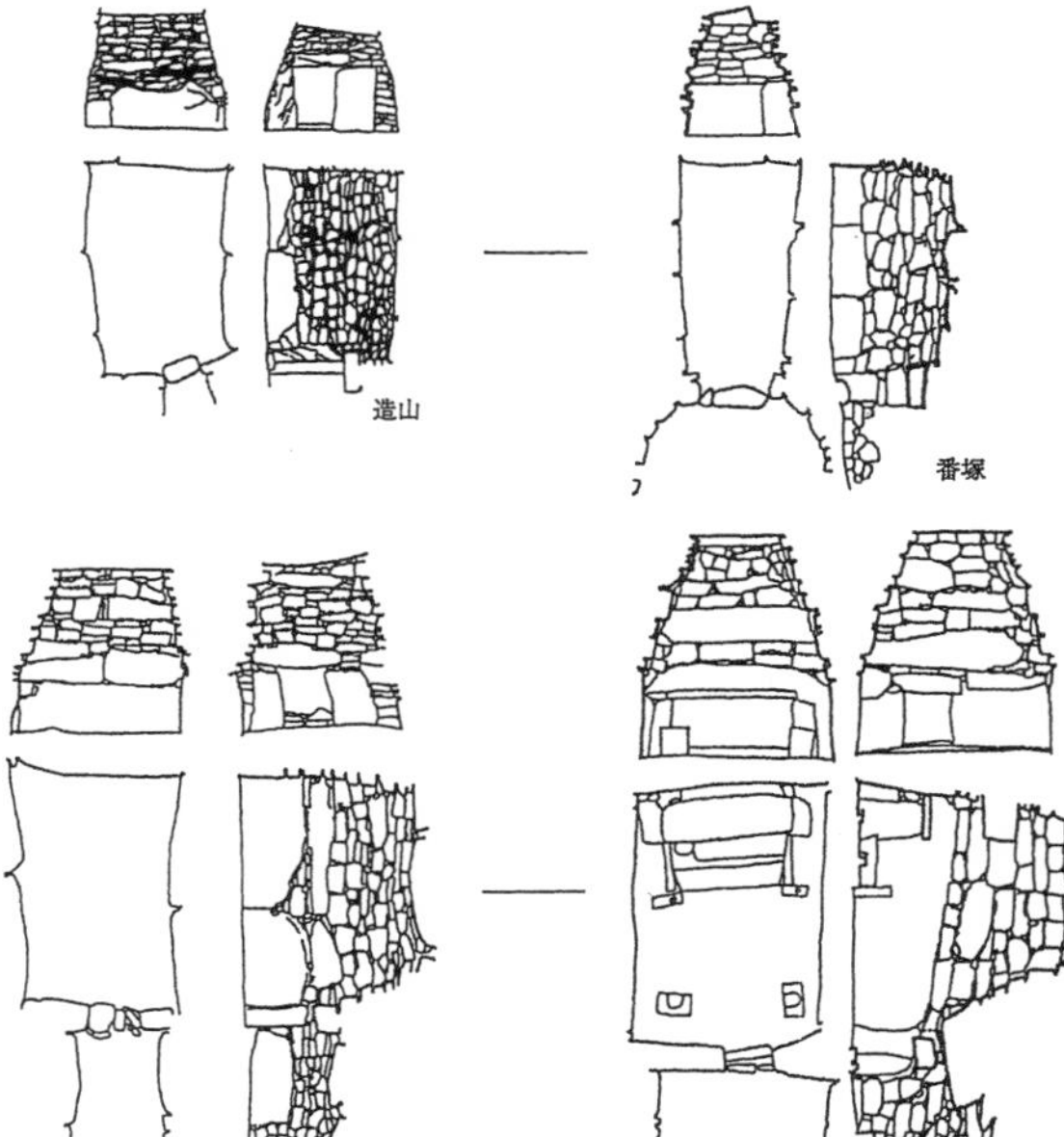

図26　柳沢一男氏の想定する北部九州の影響を受けた栄山江流域の横穴式石室

石室をもつものさえみられるこの地の前方後円墳の造営は、まったく理解出来ないという点である。

それでは、こうした前方後円墳の造営からも想定される、この時期の全南地域が密接な関係を持った倭の勢力は、倭のいずれの地域のそれであろうか。この問題を具体的に検討する上で重要な手がかりを与えてくれるのは、これら全南の前方後円墳やこの時期のこの地の他の古墳に採用されている横穴式石室である。この問題についてはすでに柳沢一男氏がすぐれた研究を公にしておられる(5)。

柳沢氏は、この地の前方後円墳やこの時期の他の古墳に採用されている倭系の横穴式石室を栄山江型石室と名付け、九州の北部九州型と肥後型横穴式石室を祖形とするものと、その発展型式からなるものにほかならないとしておられる。氏が具体的に、直接的な関連性を指摘された福岡県番塚古墳と全南造山古墳、福岡県王塚古墳と全南伏岩里3号墳、熊本県臼塚古墳と全南鈴泉里古墳などが、氏が想定されたように直接的な影響関係をもつかどうかについては、さらに詳細な検討が必要と思われる。ただ全体として九州系、特に佐賀市関行丸古墳例など柳沢氏のいう北部九州型に属する石室に近いものが多いことは明らかである。それを玄界灘沿岸のものか、あるいは筑後川流域を含む有明海沿岸のものかを明確にするのは難しいが、後者の地域の影響が大きかったことは疑いないと思われる。

3　交渉ルート変化の背景

全羅南道西半部の前方後円墳や同時期の古墳の横穴式石室に、北部九州系の横穴式石室が少なからずみられることからも明らかなように、五世紀後半から六世紀前半には全南地域と北部九州の間には、きわめて密接な関係、すなわち両地域の人びとが頻繁に往来するような関係が恒常的に保たれていたことは疑いない。さらに、この時期の肥後型横穴式石室、石棺式石室や石屋形、あるいは肥後の三つの地域で製作された刳抜式舟形石棺などの本州各地への拡散などから想定される有明海沿岸地域の活発な水運活動を通じた列島各地との深い交流関係を考えると、全南地域と密接な交流関係を持っていたのは、玄界灘沿岸よりはむしろ有明海沿岸の諸地域であったことは間違いないものと考えられる。

このことを裏付ける一つの材料は、この時期に本格的な彩色をともなう装飾古墳を生み出すのが、まさにこの有明海沿岸地域であったという事実である。日本列島の装飾古墳はすでに前期の段階から石棺に鏡や直弧文など辟邪の図文を彫刻したものが現われ、中期にはさらにそれに武器・武具が加わり、それらは肥後型の横穴式石室に特徴的にみられる石障にも施されるようになる。そうした日本の装飾古墳の展開・発展過程の中で、決定的に重要な画期は、熊本県井寺古墳や同千金甲1号墳などの石障の図文に、赤だけでなく白、黄、青など複数の彩色を施したものが現われることである。それ以後あまり時間を経ないで、横穴式石室の内部の壁面に直接彩色壁画を描いた本格的な装飾古墳が、有明海沿岸から筑後川流域に盛んに営まれるようになるのである。

こうした、複数の彩色を施した装飾古墳の出現の背景には、朝鮮半島の壁画古墳の影響があることは否定できないと思われる。それはいわゆる刺激伝播であって、彼の地の壁画古墳と同様のものが造られるわけではない。彼の地にたびたび渡っていた九州の人たちが、彼の地の壁画古墳にヒントをえてそのアイディアだけを取り入れたものにほかならないと思われる。それが玄界灘沿岸ではなく、この有明海の肥後の地に最初に出現することを重視すべきであろう。

菊池川中流域に所在する、江田船山大刀の出土で知られる熊本県江田船山古墳の三代にわたる被葬者の副葬品の中に、大加耶系の遺物とともに百済系の金銅製装身具がみられることもまた、有明海沿岸の勢力が倭国と百済との外交や交易活動を実際に担当していたことを物語る考古学的な資料にほかならない。彼らが、大加耶や百済との交渉・交易を実際に担当していたことは疑いなかろう。私は、江田船山大刀は、朝鮮半島諸国との実際の外交・交易を担当していた肥後の首長に対して、ヤマト王権の中で外交を統括する有力な中央豪族の族長であるムリテが与えたものであろうと想定している[6]。まさに倭国の外交・交易活動を実際に担当していたのは、有明海沿岸の首長たちにほかならなかったと思われるのである。

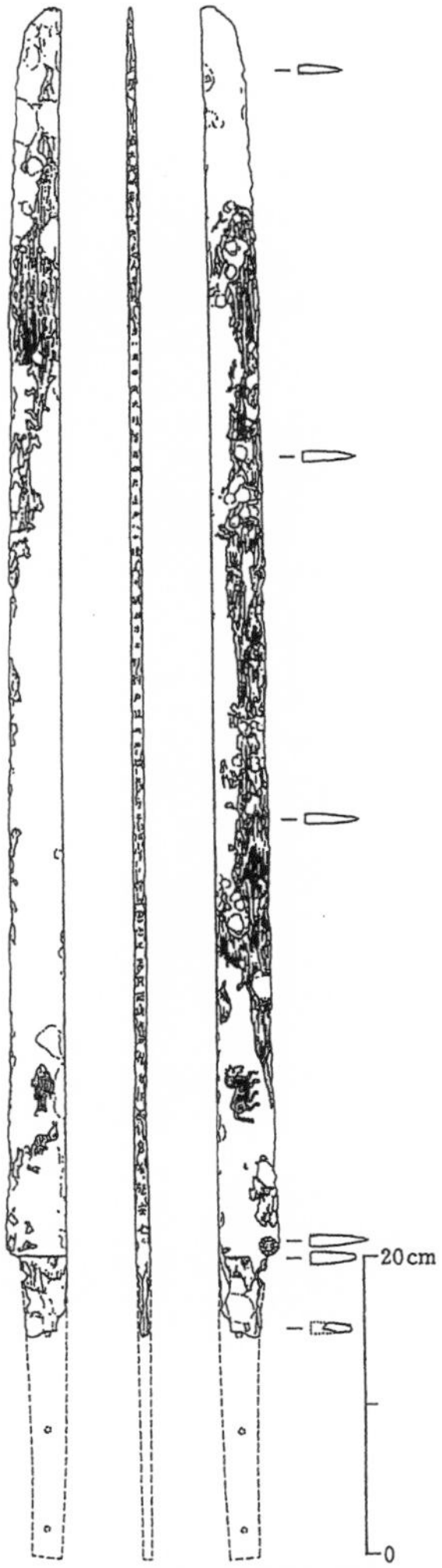

図27　熊本県和水町江田船山古墳出土の江田船山大刀

さらにこのことをより具体的に伝えているのが、百済に仕えた日羅を「火葦北国造刑部靫部阿利斯登の子」とする『日本書紀』の敏達紀の記載であろう。この記載から、百済に高官として仕えていた日羅は、有明海南部の肥後の葦北の首長が、おそらく現地の女性との間に儲けた男子にほかならなかったと思われるのである。この史料もまた有明海沿岸各地の首長層が、朝鮮半島諸国との外交・交易活動を担当していたことを具体的に示すものにほかならない。なお、この日羅が大伴金村を「我が君」と呼んでいることもまたきわめて興味深い。

彼らの外交活動を中央で統括していたのが大伴氏であり、その族長と彼ら有明海沿岸各地の首長層の間には、一種の君臣関係にも近い、きわめて親密な主従関係が成立していたことが窺われるのである。

朝鮮半島の影響を受けて出現したことの明らかな初期横穴式石室が、四世紀末葉にまず玄界灘沿岸地域に現われるのに対し、やはり朝鮮半島の影響により成立する彩色をともなう本格的な装飾古墳が、五世紀中葉前後に有明海沿岸の肥後地域にまず現われることはきわめて象徴的である。このことは、倭の内部で朝鮮半島との交渉・交易を中心的に担当する勢力が、五世紀前葉から中葉を境に玄界灘沿岸から有明海沿岸に変化したことを窺わせるものにほかならない。本来、玄界灘沿岸と加耶を結ぶルートの守り神であった宗像沖ノ島の神の祭祀に、有明海沿岸の水沼君が関わるようになるのも、こうした変化を反映するものであろう。

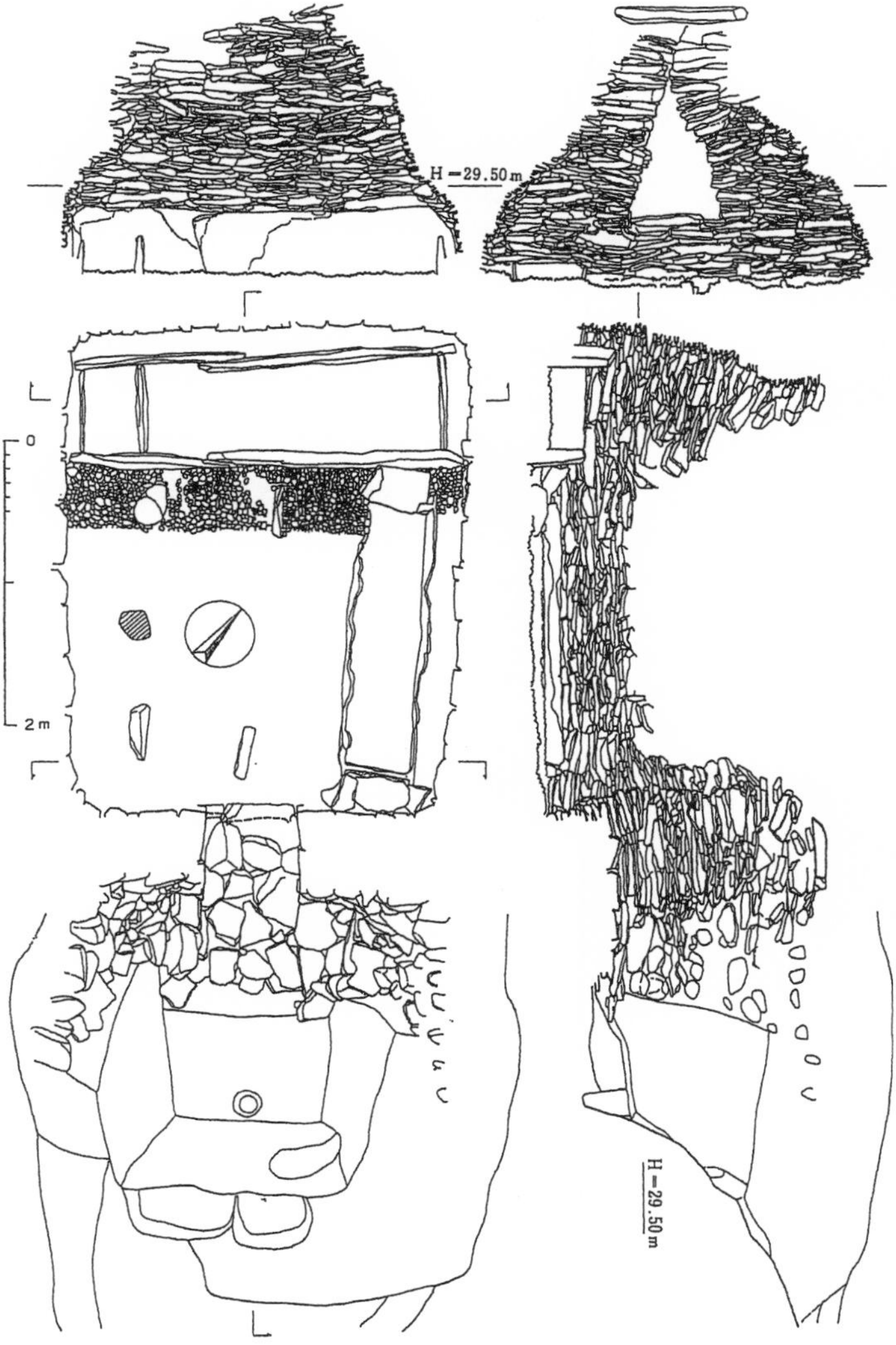

図28　玄界灘沿岸の初期横穴式石室（福岡市鋤崎古墳）

このように、日本列島と朝鮮半島の間の交渉・交易を担当する中心的勢力が、五世紀前半から中頃を境に、倭国側では玄界灘沿岸勢力から有明海沿岸勢力へと、韓側では洛東江流域の加耶から、全羅南道の西半部の勢力へと大きく変化したことはあやまりないと思われる。その背景には、朝鮮半島においては洛東江流域への新羅の進出があり、一方倭国側でも、特に九州における筑後・肥後勢力の伸張といった動きがあった。

また全南地域のすぐ北方に位置する百済との交渉の活発化も大きく作用したものと思われる。いずれにしても、韓国の前方後円墳の問題をはじめとする五～六世紀の倭・韓関係の諸問題を正しく理解するには、この倭・韓の交渉・交易を実際に担った双方の中心的勢力の交替という大きな変化を正しくとらえる必要があることを強調したい。

〔付記〕

小論の骨子は、二〇〇二年二月に開催された歴博国際シンポジウム「古代東アジアにおける倭と加耶の交流」で発表した報告がもとになっている。さらに同年一二月一四日の熊本古墳研究会・肥後考古学会の共催シンポジウム「古墳時代の日韓交流―熊本の古墳文化を探る―」でも報告の機会を与えられ、有明海沿岸を研究フィールドとする熊本県の古墳時代研究者の方々からさまざまなご教示や示唆を受けることができた。熊本古墳研究会の各位に厚くお礼申しあげたい。その後それらを踏まえたより詳細な論考を「もう一つの倭・韓交易ルート」と題して『国立歴史民俗博物館研究報告』第一一〇集（二〇〇四年）に投じているので、併せてご覧いただければ幸いである。

[註]

(1) 白石太一郎「倭国誕生」『倭国誕生』日本の時代史1、吉川弘文館、二〇〇二年
(2) 白石太一郎「弥生・古墳文化論」『岩波講座日本通史』岩波書店、一九九三年
(3) 田中俊明「韓国の前方後円墳の被葬者・造墓集団に対する私見」『朝鮮学報』一七九、朝鮮学会、二〇〇一年、柳沢一男「全南地方の栄山江型横穴式石室の系譜と前方後円墳」『朝鮮学報』一七九、朝鮮学会、二〇〇一年
(4) 山尾幸久「五、六世紀の日韓関係―韓国の前方後円墳の一解釈―」『朝鮮学報』一七九、朝鮮学会、二〇〇一年、朴天秀「栄山江流域における前方後円墳の被葬者の出自とその性格」『考古学研究』四九―二、考古学研究会、二〇〇二年
(5) 柳沢一男「全南地方の栄山江型横穴式石室の系譜と前方後円墳」(前掲)
(6) 白石太一郎「有銘刀剣の考古学的検討」『新しい史料学を求めて』吉川弘文館、一九九七年

五　古墳の終末と古代寺院の造営

はじめに

三世紀の中葉すぎ以来、北と南をのぞく日本列島の各地で数多くみられた大規模な前方後円墳の造営は、六世紀末葉ないし七世紀初頭をもって終息する。それは、まさに推古朝の出来事であった。またそれと前後して、六世紀末には大和南部に飛鳥寺が、七世紀に入ると斑鳩《いかるが》に法隆寺、難波に四天王寺が営まれるなど本格的な仏教寺院の建設が始まる。こうしたことから、一般に古墳の終末と古代寺院の造営は関連させて理解されることが多い。それまで古墳の造営にあてられていたエネルギーが寺院の造営に振り向けられるようになった結果、古墳の造営が終焉を迎えるようになったと説く人もいる。

確かに、巨視的にみれば大規模な古墳、特に前方後円墳の終焉と古代寺院の造営の始まりはほぼ一致しており、こうした解釈も成り立たなくはない。ただ、大型古墳の終焉と古代寺院の造営が、倭国の政治・社会史、あるいは倭人たちの宗教・精神史の上でストレートに連続する出来事であるかどうかについては、いま少しきめ細かい分析が必要であろう。とくにそれは、概括的な一般論としてではなく、それぞれの古墳や古代寺院の造営主体である個々の氏族ごとに検討してみる必要があると思われる。

　こうした観点から、ここでは大王家、蘇我氏、東国の地域豪族、さらに南河内の渡来系氏族のそれぞれについて、大型古墳造営の終息と古代寺院造営の始まりの実際について若干の検討を試みてみることにしたい。

1　古墳はどのようにして造られなくなったのか

　個々の氏族ごとの検討に入る前に、古墳の終末のあり方についての私の考えを整理しておこう。畿内における最も新しい時期の前方後円墳は、橿原市五条野丸山古墳、桜井市珠城山《たまきやま》3号墳、葛城市平林古墳、平群《へぐり》町烏土塚《うどづか》古墳など、いずれも須恵器編年のものさしでいえば、ＴＫ43型式期である。京都市太秦《うずまさ》蛇塚古墳が若干新しくなる可能性は否定できないが、他にはこれより新しい時期の前方後円墳はまったくみられない。また、それに続くＴＫ209型式期の古い段階には、それまで前方後円墳を営んでいた支配者層がそれに替えて大型の方墳や円墳を造営したことが、桜井市赤坂天王山古墳（方墳）、広陵町牧野《ばくや》古墳（円墳）などの出現から裏付けられる。まさに六世紀末葉～七世紀初頭を境に畿内の支配者層は、三世紀中葉すぎ以来三世紀以上にわたって続けられた大型前方後円墳の造営と訣するのである。

一方、東日本の関東地方などでは、最後の大型前方後円墳は群馬県高崎市八幡観音塚古墳や千葉県木更津市金鈴塚古墳などＴＫ209型式の古段階に並行する時期のもので、畿内の場合より若干新しくなる。ただその差はごくわずかで、せいぜい十数年であろう。このように畿内では六世紀末葉、関東など東日本でも七世紀前半の早い段階で、ほぼ一斉に前方後円墳の造営が停止されることは、とりもなおさず前方後円墳の造営について強力な規制が出されたことを示すものであろう。それが推古朝の早い段階の出来事であることはほぼ疑いなかろう。

この前方後円墳の造営停止を古墳終末の第一の画期とすると、その第二の画期は七世紀中葉における大王墓の八角墳化であろう。畿内の八角墳で最も遡るものは、桜井市の段ノ塚古墳（現舒明陵）で、これが舒明陵であることはほぼ疑いなかろう。それ以降八世紀初めの文武陵と想定される明日香村中尾山古墳まで、即位した大王の墓はいずれも八角墳として営まれたらしい。それら八角形の大王墓も、最初は方形壇の上に八角の墳丘を載せた比較的大規模なものであったが、七世紀の第４四半期になると方形壇を省略した小規模なものになる。

畿内における古墳の終末の第三の画期は、七世紀の第３四半期と第４四半期の境頃の、畿内の有力豪族層が顕著な古墳を営まなくなる時点に求めることが出来よう。前方後円墳の造営停止以降、畿内の有力豪族層が営んだ方墳や円墳の規模は次第に小型化していたが、それでも七世紀の第3四半期には、天理市峯ヶ塚古墳、平群町西宮古墳など切石造りの横穴式石室をもつ、一辺ないし径三五m程度の古墳が営まれていた。ところがその第4四半期になるとそうした古墳もみられなくなってしまう。おそらく大王家やごく一部の支配者層を除き、畿内の豪族層も顕著な古墳を営まなくなるのであろう。私はこの変化を、壬申の乱による天武の支配権掌握と、畿内豪族層に対する規制強化の結果ととらえている。

このように、古墳の終末の過程については、畿内の場合は六〜七世紀の交わり頃の前方後円墳の造営停止、七世紀中葉の大王墓の八角墳化、七世紀の第3四半期終わり頃の豪族層の顕著な古墳の造営停止という三つの大きな画期を経てその終末を迎えるものと整理できる。

このうち第三の画期の時期には、畿内の多くの群集墳でもある程度の規模の墳丘をもつ「古墳」の造営は終息し、それ以後はきわめて小規模な墳丘に小石室ないし木棺直葬の簡単な埋葬施設をもつ小墳丘墓が営まれるにすぎなくなる。この時期以降は、高松塚古墳などに象徴されるように、大王とその一族や新しい律令的支配の頂点に立つような一部の支配者層が古墳の伝統を引く墳丘墓を営むにすぎなくなる。その意味から、少なくとも畿内における古墳の終末の時期は、この天武朝の成立期に求めるのが妥当であろう。

2　古墳の変質と古代寺院の造営

次に、個々の古墳や古代寺院の造営主体であるいくつかの氏族を取り上げて、それぞれの古墳の終末ないし変質と古代寺院の造営のあり方について検討してみよう。

大王家の場合

まず大王家の場合は、欽明陵と考えられる五条野丸山古墳（墳丘長三一八ｍ）がおそらく最後の前方後円墳であろう。欽明陵については、これを明日香村の平田梅山古墳をあて、五条野丸山古墳を蘇我稲目の墓とする説が提起されている。しかし、あくまでも大王の権威を借りて一族の勢力の伸張をはかるこの段階の蘇我氏と大王の関係からも、それは考え難い。文献史料上では平田梅山古墳＝欽明陵説が有利とみえるのは、残されている史料に何らかの混乱があるためであろう。

また敏達陵と考えられる太子町太子西山古墳については、五条野丸山古墳ではすでにみられなくなっている円筒埴輪を伴うことなどからも、母の石姫皇后の墓に合葬されたとする『日本書紀』の記載が事実を伝えている可能性が大きいと考えられる。したがって、大王墓として最後の前方後円墳は、やはり五条野丸山古墳でよかろう。

欽明のあとは、崇峻が蘇我氏に殺されて即日大和倉橋に葬られ、用明が大和に葬られてのちに河内磯長に改葬されるなど特殊な事情が続く。推古も最初大和の大野岡に葬られ、後に河内磯長に改葬される。改葬された用明、推古の墓については現在の宮内庁による比定を特に疑う必要はなかろう。

さらにこの時期の大王墓の変化で重要なのは、舒明の墓が最初の八角墳として造営されることであろう。これは、それまで規模は大きくても一般の豪族層と同じ前方後円墳、あるいは方墳に葬られていた大王が、はじめて大王に固有の特別な墳墓を創り出したことを意味する。一般の豪族から超越した存在である大王の地位を、墳墓の上に於いても明確にしたものであり、大王の権力の確立過程でもきわめて重要な出来事であろう。

一方、大王家の寺院の造営に関しては、七世紀初頭に上宮王家による法隆寺（斑鳩寺）の造営があるが、大王家の族長である大王の主導による寺院造営は、舒明一一（六三九）年の百済大

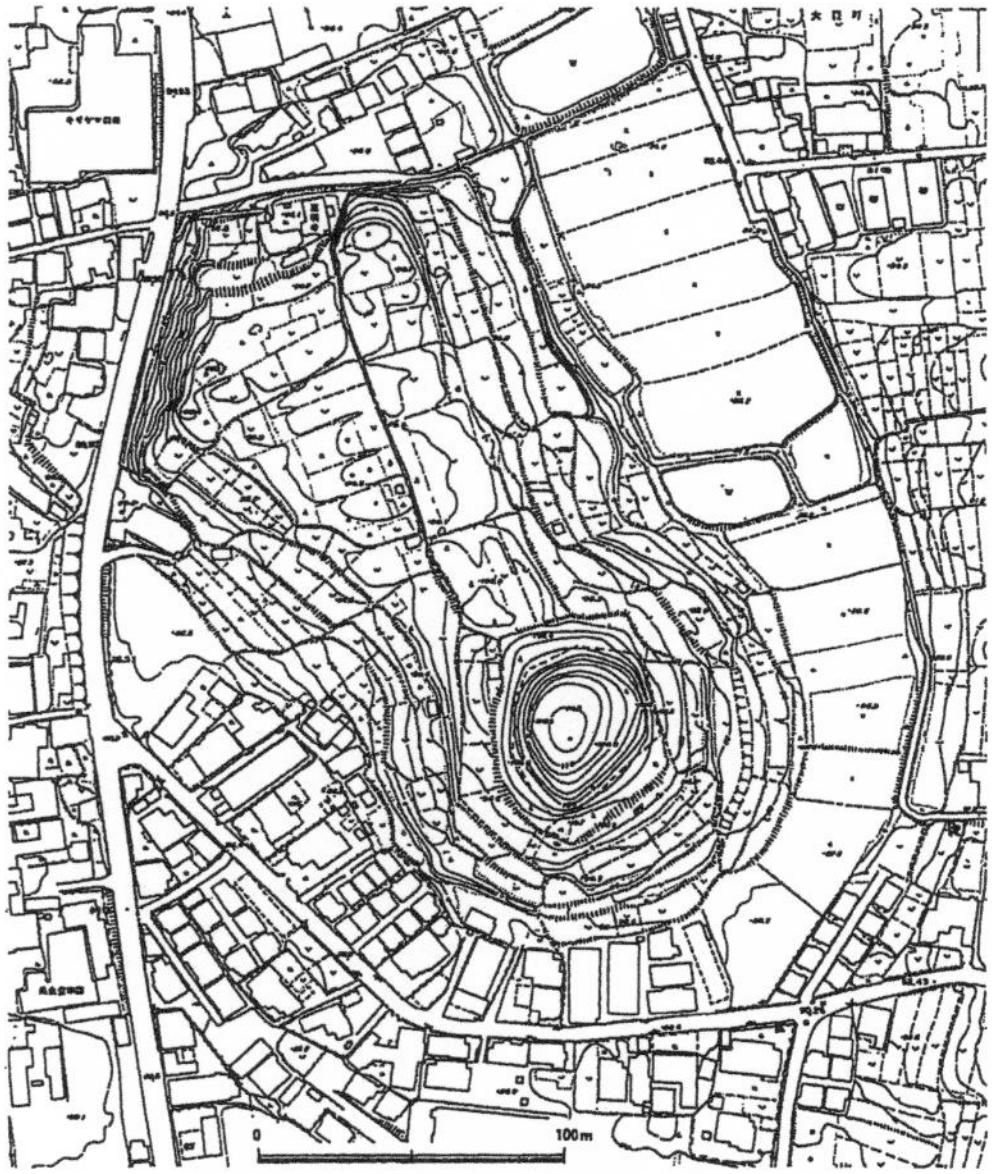

図29　奈良県橿原市五条野丸山古墳

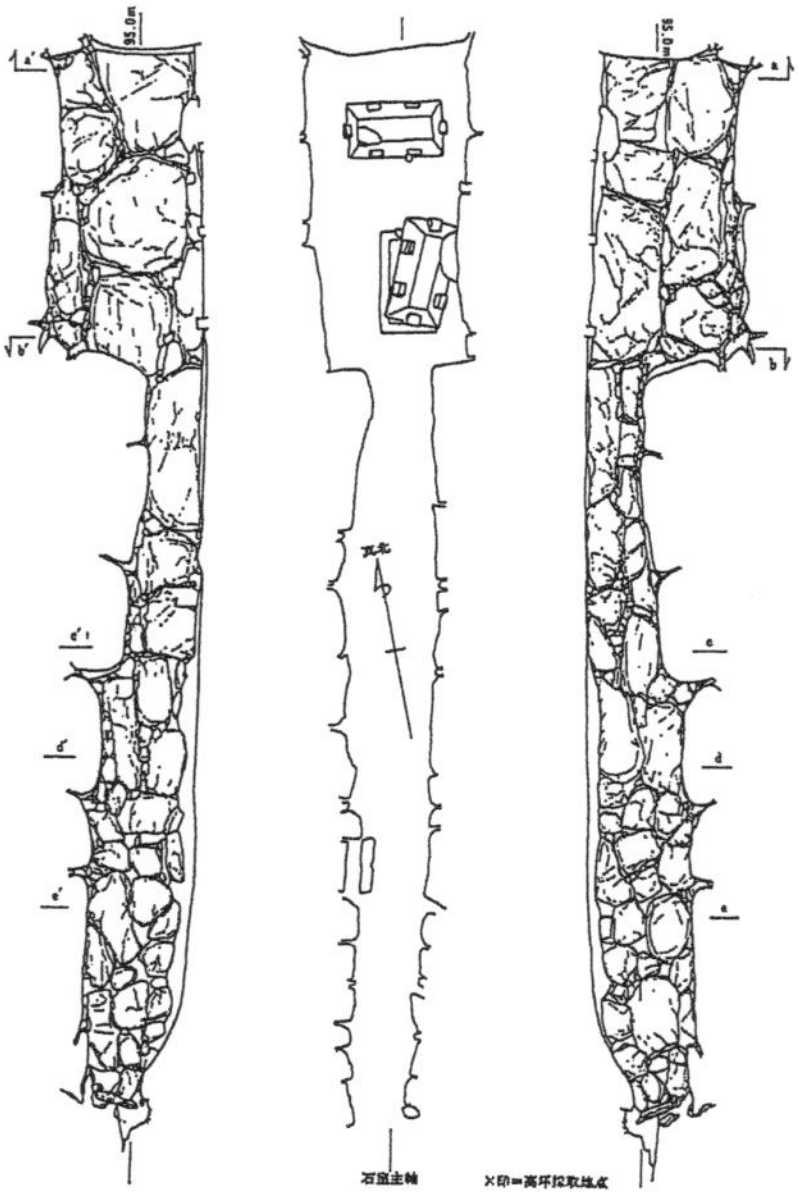

図30　奈良県橿原市五条野丸山古墳の横穴式石室（『宮内庁書陵部紀要』45による）

寺の造営を待たねばならない。この百済大寺については長くその実態が不明であったが、ようやく最近の調査によって桜井市吉備池廃寺がこれにほかならないことが明らかになった。ここでは東に金堂、西に塔を配する巨大な伽藍が発掘調査によって確認されているが、その塔の基壇の規模からは、高さ七〇m前後の巨大な九重塔であったと想定されている。

この寺は、後に香久山の南に移転して高市大寺となり、さらに大官大寺と改められることからも明らかなように、官の大寺、すなわち最初の国営寺院の性格をも兼ねた、まさに大王家の氏寺にほかならない。それは国内的には明らかに蘇我氏の飛鳥寺を意識したものであろう。また対外的にはその巨大な九重塔の造営からもうかがえるように、やはり大規模な九重塔をもつ新羅の慶州皇龍寺、百済の益山弥勒寺などを強く意識したものであった。

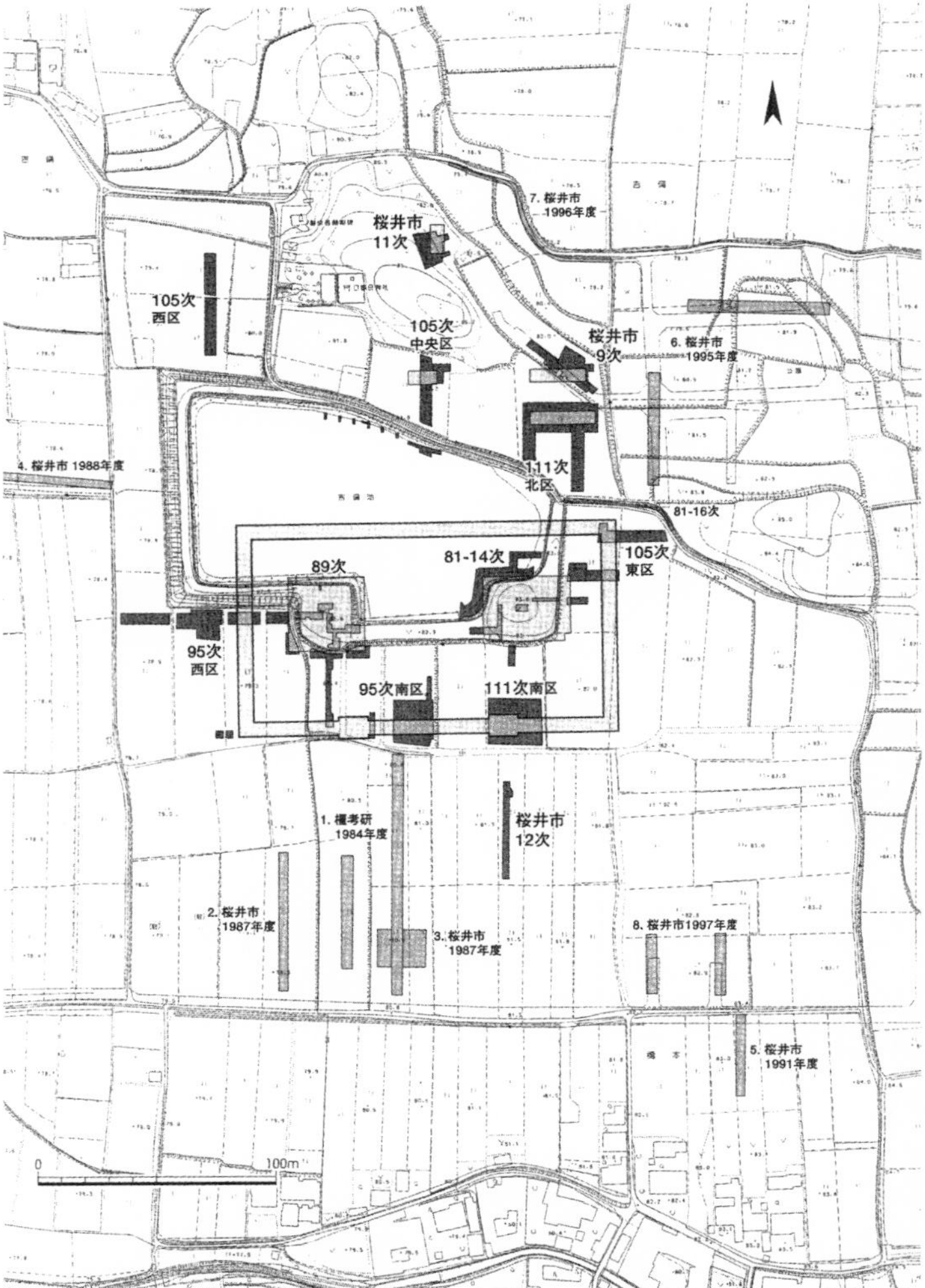

図31　奈良県桜井市吉備池廃寺

このように大王家の氏寺というべき百済大寺の造営は、舒明朝を待たなければならなかった。大王家の一族の中には早くから寺院の造営を行った、蘇我氏に近い上宮王家のような存在もあるが、非蘇我系の敏達―押坂彦人大兄―舒明系の大王家が寺院を建設するのは、蘇我氏より四〇年近くも遅れるのである。対外的には新羅、百済に、国内では蘇我氏に対抗して巨大な寺院の造営をはじめた舒明の墓が、最初の八角墳であることはきわめて興味深い。

それを企画したのが誰かはわからないが、飛鳥寺に比較してはるかに大規模な百済大寺の造営と合わせて考えると、大王にのみ固有の八角墳の造営の意図が舒明その人、ないしそれに近い人たちによるものであったことは疑いなかろう。

なおこの百済大寺の軒丸瓦には、飛鳥寺系の素弁の蓮華文の文様ではなく、「大王家の紋章」ともいうべき、まったく新しい単弁蓮華文の瓦が採用されている。これも蘇我氏の飛鳥寺に対する対抗意識をうかがわせるものにほかならない。

蘇我氏の場合

蘇我氏の本宗家の族長の古墳で最後の前方後円墳は、明日香村平田梅山古墳（現欽明陵、墳丘長一三八m）であろう。これを欽明の墓にあてる説もあるがさきに述べたようにそれは考え難い。この時期、蘇我氏と覇を競った物部氏の族長墓が、天理市石上古墳群の別所大塚古墳など墳丘長一二〇m前後の前方後円墳と想定されることとも矛盾しない。稲目の子の馬子の墓は古くから想定されているよ

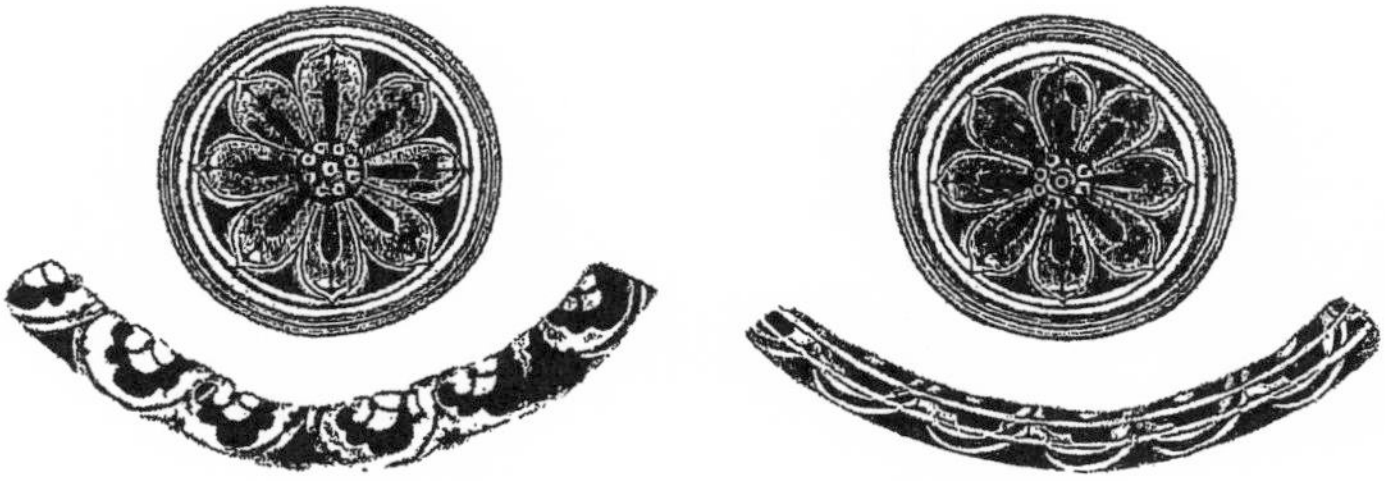

図32　吉備池廃寺の軒丸瓦と軒平瓦

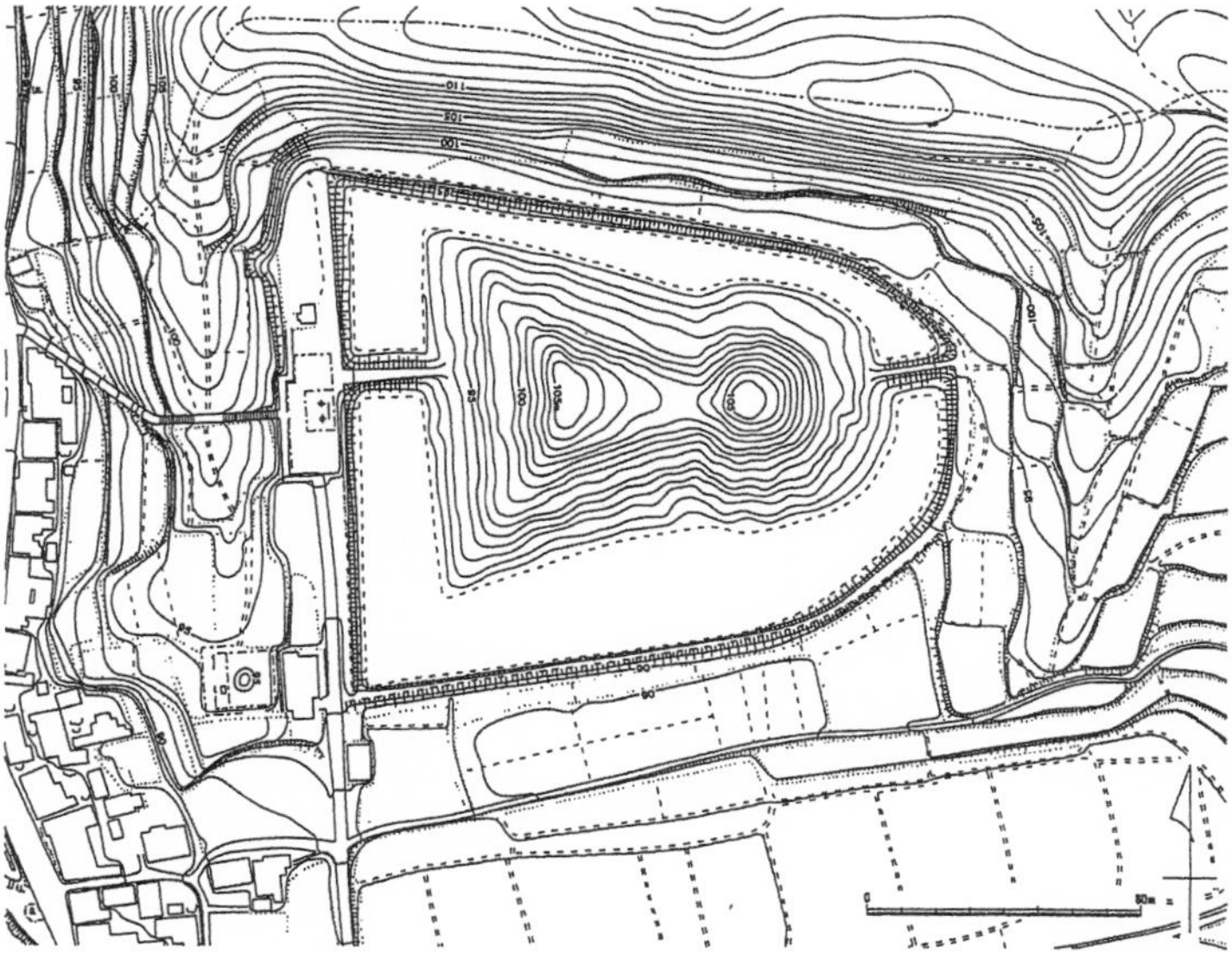

図33　奈良県明日香村の平田梅山古墳（現欽明天皇陵）

うに明日香村石舞台古墳（一辺約五〇ｍの方墳）であろう。その邸宅跡と想定される遺構が石舞台古墳の隣接地から検出されていることも、これを裏付けるものであろう。

蘇我氏の最初の氏寺である僧寺としての飛鳥寺に対し、馬子の子の蝦夷が建てた尼寺が豊浦寺であることはよく知られている。この飛鳥寺の造営時期を境に、それ以前の稲目の墓が前方後円墳であり、それ以後の馬子の墓が方墳に転換していることからも、蘇我氏の場合、前方後円墳の造営停止と寺院造営が関連しているようにとれないことはない。ただ石舞台古墳もその周濠や外堤を含むとその規模は大きく、その造営に要した労力は相当大きなもので、古墳造営のエネルギーを振り変えて寺院造営にあてたとは言い難い。

なお、蘇我氏の一族の蘇我倉山田石川麻呂が、舒明の百済大寺の造営開始に遅れること二年の舒明一三（六四一）年に、その氏寺山田寺（浄土寺）の造営を開始している。この山田寺に採用された軒丸瓦が、王家の紋章ともいうべき単弁蓮華文の文様を持つものであったことは、乙巳《いっし》（六四五）年のクーデターでの石川麻呂の立場と関連してきわめて興味深い。

東国豪族――印波国造の場合

次に東国の在地豪族の一例として、下総の印波《いんば》国造家の場合を紹介しておこう。千葉県印旛郡栄町には、龍角寺と呼ばれる寺院が今もあり、白鳳期の薬師如来座像がのこっている。この寺院は変則法起寺式の伽藍をもち、百済大寺式（かって山田寺式と呼ばれたもの）の単弁蓮華文の軒丸瓦が出土する。

この瓦はこの様式のものの中でも山田寺出土の古いタイプのものに近く、七世紀第3四半期でも古い時期のものと想定されている。

この龍角寺のすぐ南には、龍角寺古墳群と呼ばれる六～七世紀の大古墳群が展開する。この古墳群

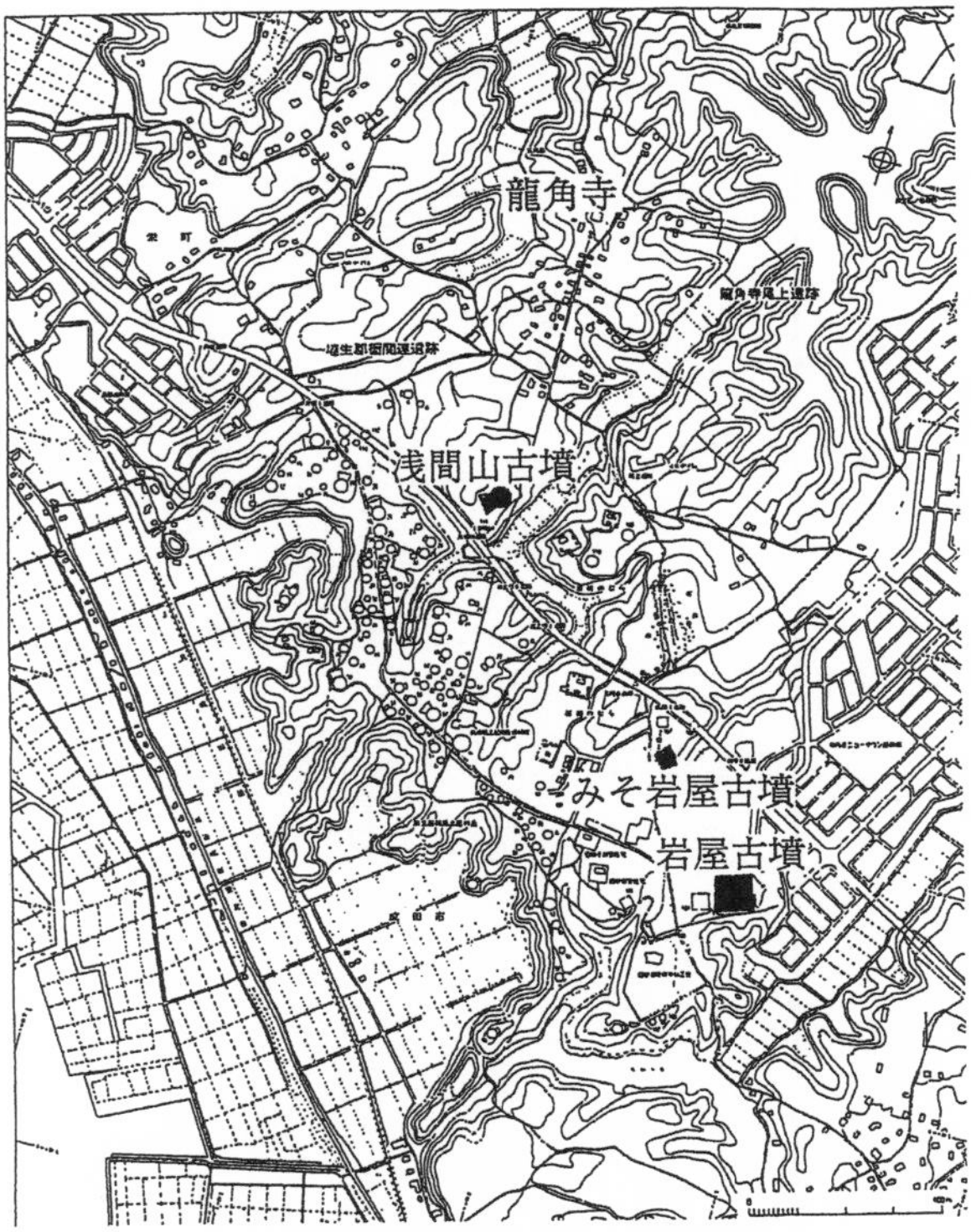

図34　千葉県栄町龍角寺古墳群と龍角寺

では、七世紀初頭頃に浅間山古墳と呼ばれる墳丘長七八mの前方後円墳が営まれ、次いで七世紀のおそらく第1四半期には一辺八〇mの大方墳龍角寺岩屋古墳が造営される。さらにその中葉頃には、一辺三五mの方墳みそ岩屋古墳が営まれる。このうち龍角寺岩屋古墳は、古墳時代終末期の七世紀のものとしては、日本列

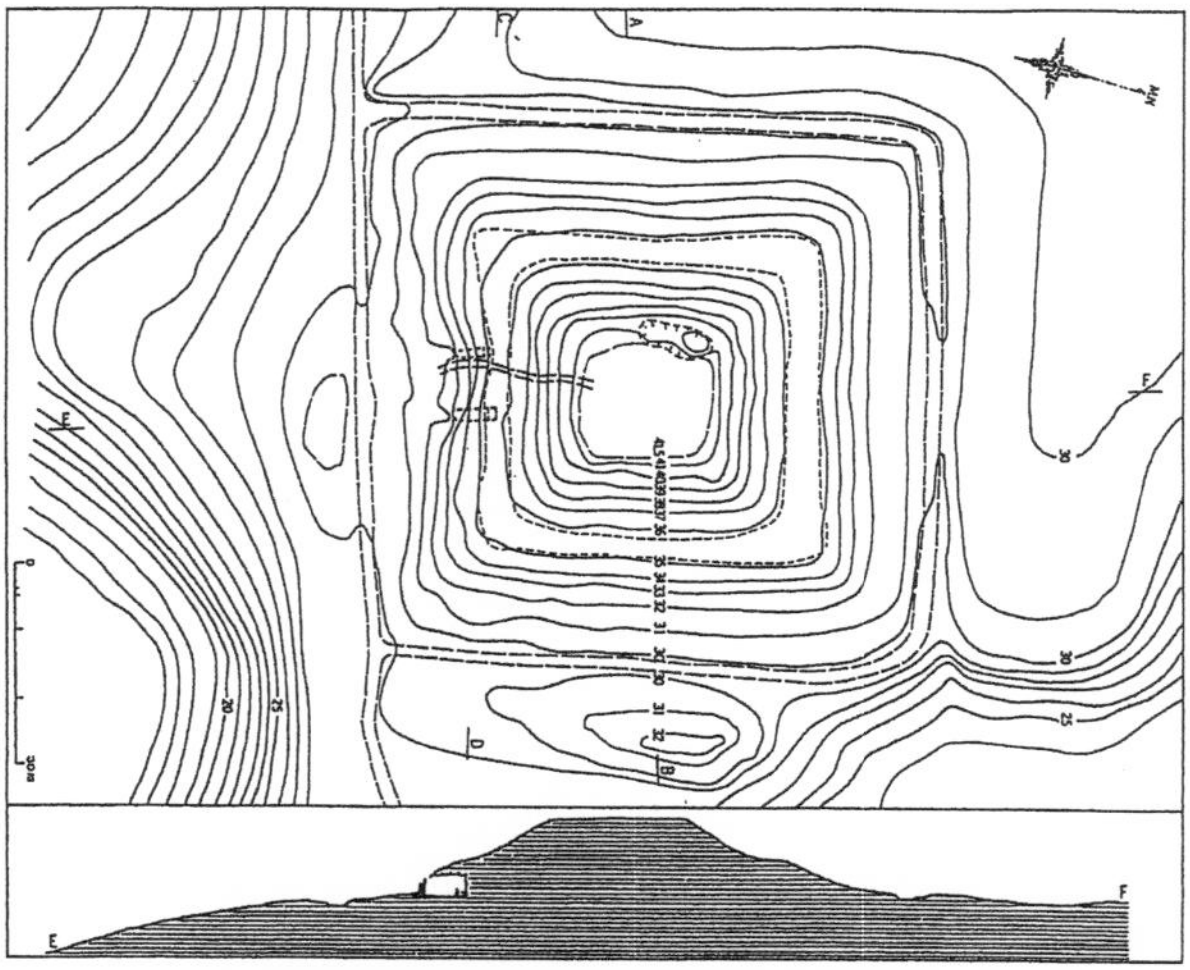

図35　千葉県栄町龍角寺岩屋古墳

島最大の方墳で、ほぼ同時期の大王墓と想定される河内磯長谷古墳群の春日向山古墳（現用明陵）や山田高塚古墳（現推古陵）を凌駕する。

関東地方では、前方後円墳の造営停止後にこうした大型の方墳やあるいは円墳が営まれる例は少なくないが、それらがいずれも国造制の国を単位に一ヶ所ずつ認められるところから、私は七世紀になって新しく国造に任じられた在地豪族の営んだものと想定している。この想定からも、龍角寺岩屋古墳やそれに続くみそ岩屋古墳は、印波国造家の二代にわたる族長が営んだものであろう。

ところで、この龍角寺や龍角寺古墳群は下総国埴生郡に属するが、平城京出土の木簡から、埴生郡の郡司が大生直《おおみぶべのあたい》（大生部直）であったことが知られている。印波国造になった在地豪族がヤマト王権に直結する大生部を在地で管掌する大生部直であったことが、関東地方でも最大の方墳の造営を可能にし、また特に早い時期に本格的な古代寺院を造営出来た理由であろう。またこの大生部については、上宮王家との関係を考える研究者が多いが、龍角寺の軒丸瓦が百済大寺式であることからも、印波国造の大生部直に関しては、むしろ敏達—押坂彦人系の大王家と関係が強いことが予想される。

東国の在地豪族の場合も、ヤマト王権との関係が深い豪族については、七世紀前半にきわめて大規模な方墳ないし円墳を造営し、また七世紀中葉前後に大規模な寺院を造営していたことが知られる。

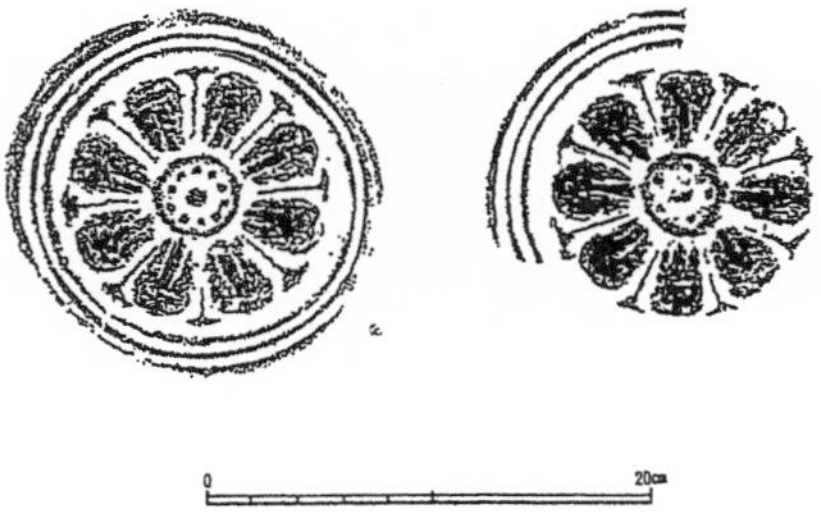

図36　龍角寺の軒丸瓦

龍角寺古墳群の場合、龍角寺の営まれる七世紀中葉頃には方墳も小規模になるが、古墳の規模の小型化と寺院造営の間に因果関係を想定することは困難である。なぜなら、関東地方ではこの段階にまだ寺院造営が認められない多くの地域においても、古墳の小型化の趨勢は明らかであるからである。

南河内の渡来系氏族の終末期古墳と寺院

最後に、南河内の渡来系氏族の終末期古墳と初期寺院のあり方についてみておこう。古市古墳群やその周辺には、古い渡来人と考えられている西文氏《かわちのふみうじ》系の西文氏、武生氏《たけふ》（もと馬氏）、蔵氏、六世紀に百済から渡来した王辰爾の後裔氏族である葛井《ふじい》（もと白猪）、船、津らの

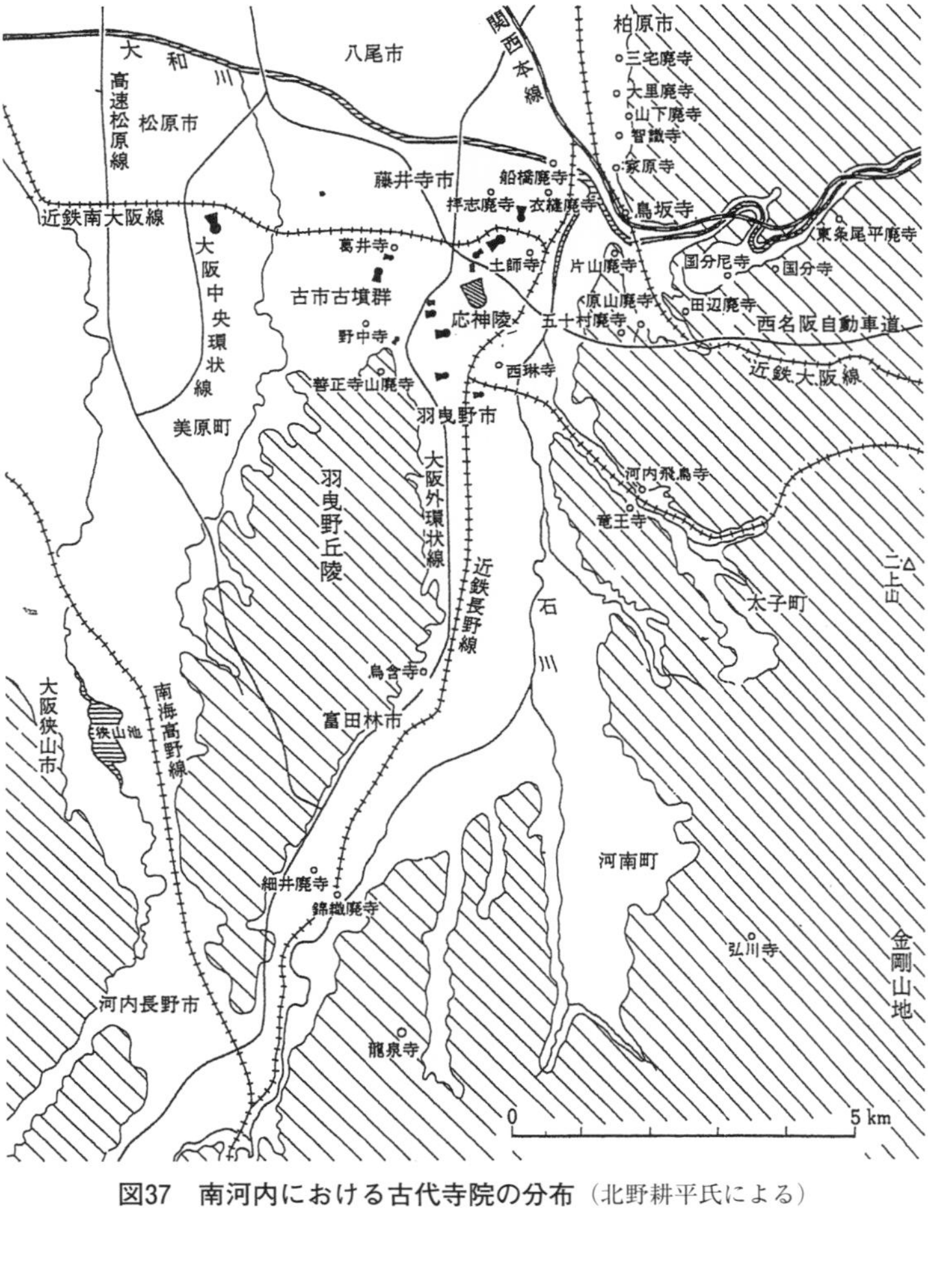

図37　南河内における古代寺院の分布（北野耕平氏による）

諸氏が近接した地域に居住し、互いに密接な精神的・生活的関係を保持していたことが、早くに井上光貞氏により明らかにされている。(1) これらの渡来系氏族のうち西文氏が西琳寺《さいりんじ》、葛井氏が葛井寺《ふじいでら》、船氏が野中寺《やちゅうじ》などの氏寺を営んだことが知られている。

この古市古墳群周辺は、大和の飛鳥地方とともに古代寺院の分布が最も濃密な地域として知られている。この地域の古代寺院の中で、出土する瓦からみてその創建が七世紀中葉以前にさかのぼると考えられているのは、船橋廃寺、衣縫《いぬい》廃寺、新堂廃寺、土師寺跡などである。このうち新堂廃寺から七世紀前半でも古い段階の素弁蓮華文の各種の軒丸瓦が出ており、この地域で最古の寺院と考えられている。この寺跡のすぐ西北の池がヲガンジ池と呼ばれ、百済の烏含寺と共通するところから、百済系の渡来人集団が営んだ寺院跡と考えられている。この新堂廃寺のすぐ西の丘陵上にはお亀石古墳と呼ばれる横口式石槨をもつ七世紀前半の古墳がある。この古墳では、この新堂廃寺の平瓦が横口式石槨のまわりに積み上げられていたことから、被葬者がこの寺院を造営した人物であった可能性が大きい。ここでは、それ以前の古墳はみられないから、寺院と古墳がともに七世紀前半に造営されているのである。

船橋廃寺、衣縫廃寺については、その造営氏族を想定するのは難しい。また西文氏の西琳寺、葛井氏の葛井寺、船氏の野中寺などについては、いずれも百済大寺式の単弁蓮華文軒丸瓦の時期から本格的造営が始まったと考えられる。

『日本後紀』の延暦一八（七九九）年の条によると、王辰爾の後裔氏族の葛井、船、津の三氏が野中寺の南の寺山に彼らの先祖の共同墓地を営んでいたことがわかる。野中寺の南の丘陵上の善正寺山には埴生廃寺とも呼ばれる寺院跡があり、その隣接地には、小口山古墳、ヒチンジョ池西古墳などの横口式石槨の埋葬施設をもつ終末期古墳がある。それらが葛井、船、津氏らの祖先の墓である可能性は大きい。この記事や先の新堂廃寺とお亀石古墳の関係などからも、これら古式の横口式石槨をもつ古墳が、この地域の渡来人達によって生み出されたものであることは疑いなかろう。この種の横口式石槨は、七世紀の前半に、この地域の渡来人たちの間で生み出され、やがて七世紀の末葉から八世紀の初めには文武陵と想定される明日香村中尾山古墳など畿内の最高支配者層の古墳にも採用されるようになる。

古市古墳群周辺にこのように多くの渡来系集団が定着させられているのは、こうした巨大古墳の築造にはさまざまな先進的技術が投入される必要があり、さまざまな新技術をもつ渡来系集団を古墳群内に入植させた結果であろう。渡来系集団ではないが、やはり古墳造営に関わった土師氏がこの地に定着し、のちにこの地に土師寺が営まれるのも同じ理由によるものであろう。ただ、五、六世紀の段階では、彼ら渡来系集団の人びとが、大王家の墓域であった古市古墳群内にその墓を営むことは、基本的になかったものと思われる。

この地の渡来系集団の人びとが七世紀以前にどのような墳墓を何処に営んでいたかは明らかでない。

柏原市平尾山千塚古墳群などの巨大な群集墳は、こうした南河内や中河内の渡来人達の共同墓地であった可能性が大きいと思われる。ただ彼らのうちでも比較的高い地位の官人となった一部の人たちは、七世紀になると彼らの居住地である古市古墳群内やその周辺にも横口式石槨などの埋葬施設を持つ特異な古墳を営むようになる。その時期は彼らが氏ごとに寺院を営むようになる時期とほぼ同じであり、決して古墳に替えて寺院を営むわけではないのである。

まとめ

以上、七世紀におけるいくつかの氏族の古墳のあり方と古代寺院の造営の様相を瞥見したが、いずれの場合も古墳造営の終焉が即寺院造営の契機となっているわけでないことは明白である。前方後円墳の造営停止に始まる古墳の変質やその造営の終息の過程は、むしろ律令的古代国家の形成過程と表裏の関係にあるきわめて政治的な出来事であり、その変質過程は各集団に共通している。一方、寺院の造営についてもその政治的な契機は否定出来ないが、むしろそこでは各集団の個別の意志が強く作用しているものと思われる。あくまでも古墳造営と寺院の造営は別個の行為ととらえるべきであろう。

造塔銘や造像銘によると、日本における七世紀の造寺・造仏もまた、父母、さらに七世の父母などの菩提を願うものが多いことが知られる。その意味では、古代寺院も古墳と同じように、祖先崇拝ないし一族の同族結合の確認の場としての機能を持っていたことは否定できない。しかし、寺院を建立するかどうか、またその遅速は、その一族の仏教との距離や思想的・宗教的環境からもさまざまである。一律にヤマト政権の身分秩序を表現する機能をも持っていた古墳とは、そこに大きな相違点があるのではないかというのがこの小論の結論である。

〔註〕

（1）　井上光貞「王仁の後裔氏族とその仏教」『史学雑誌』五四―九

第Ⅲ部　近畿の古墳を考える

一　箸墓古墳の被葬者伝承

1　ヤマトトトヒモモソヒメの墓

『日本書紀』の崇神天皇一〇年九月の条には、有名な三輪山の神オオモノヌシとヤマトトトヒモモソヒメとの神婚譚に続けて、このヤマトトトヒモモソヒメが大市の箸墓に葬られたこと、さらにこの墓は昼は人が作り夜は神が作ったこと、大坂山の石を人びとが手逓伝《たごし》にして運んで造ったことなどが記されている。

同じ『日本書紀』の天武元年の壬申の乱に関する記事の中に、大海人皇子方の三輪君高市麻呂と置《おき》始連菟《そめのむらじうさぎ》が「上道《かみつみち》に当たりて箸陵《はしのはか》のもとに戦」い、近江方を大いに破ったことがみられる。この記事や前後の両軍の戦闘の状況と上ツ道にその後円部を接して位置する箸墓古墳の地理的位置関係との一致からも、崇神一〇年紀にみられる箸墓が、桜井市箸中に所在する巨大な前方後円墳の箸墓古墳そのものであることは確実であろう。

箸墓古墳の名称についてもこれを箸中山古墳と呼ぶ向きもあるが、「箸中山」の名称が何によるものか明らかでない。寡聞にして現地ではそのような名称は聞いたことがない。また五條市生蓮寺の永保元（一〇八一）年の大般若経には「箸墓郷内承暦寺御堂御経」の奥書がみられる。(1) このことからも「ハシナカ」の地名は、早くから指摘されているように「ハシハカ」が転訛したものであることは確かである。箸墓という、少なくとも書紀編纂時の奈良時代まで溯ることの確かな古墳の名称が地名として残っているのであるから、

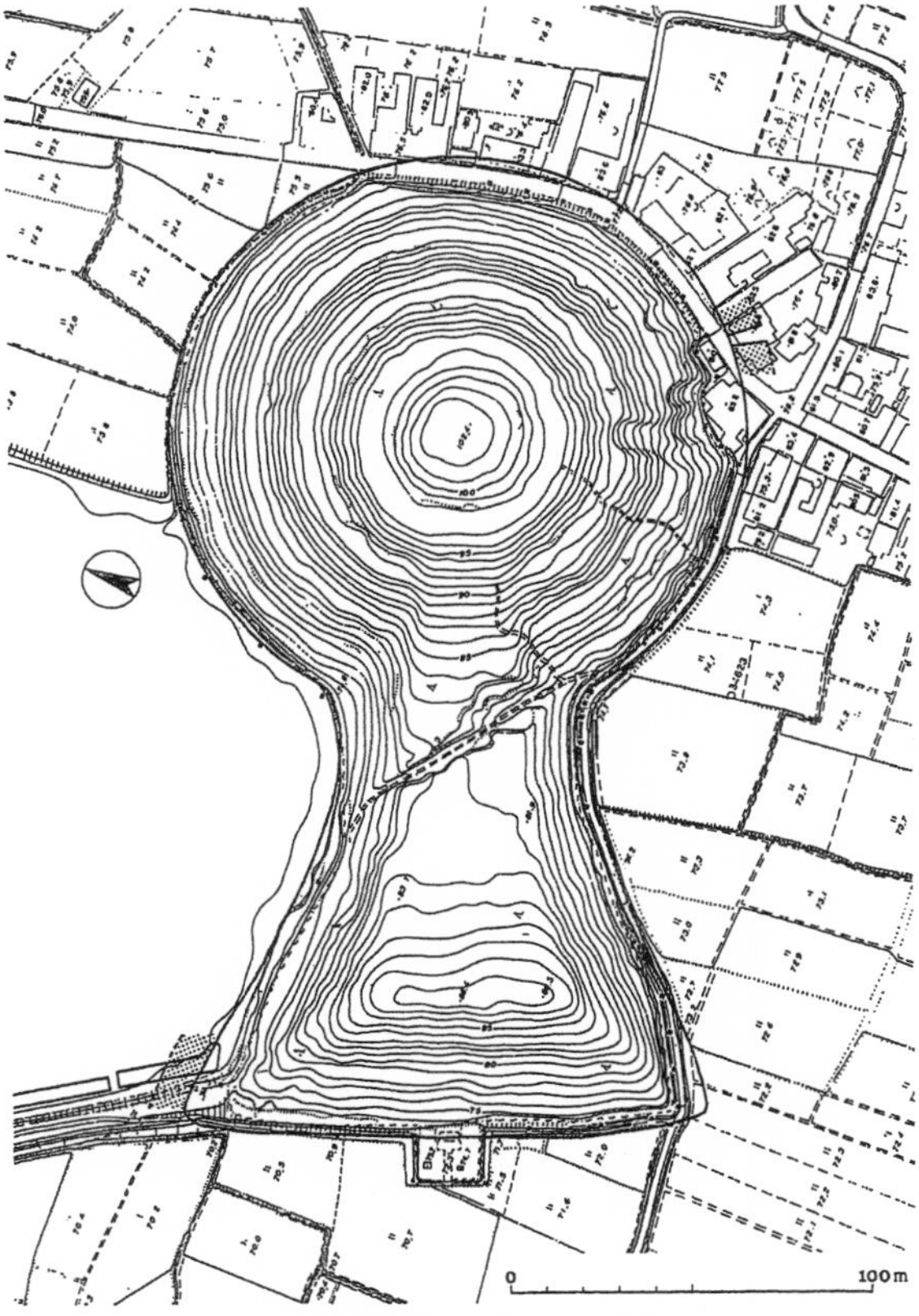

図38　奈良県桜井市箸墓古墳

この古墳の学問的名称は「箸墓古墳」で何ら問題なかろう。

ところでこの箸墓古墳は、その墳丘上から発見されている特殊壺形・特殊器台形埴輪や土師器壺の型式、さらに周濠の発掘調査によってその底部から布留0式と呼ばれる古式の土師器が出土していることなどから、定型化した大型前方後円墳としては最もさかのぼる時期のものであることが明らかである。さらに最近になって、こうした大型前方後円墳の出現の暦年代についての再検討が進んだ結果、箸墓古墳に代表される出現期の大型前方後円墳が、三世紀の中葉過ぎまでさかのぼる可能性がきわめて高くなってきた。

奈良盆地東南部の三輪山西麓付近には、古墳時代前期の前半から中葉過ぎにかけての墳丘長二〇〇m以上の巨大な前方後円墳が集中して営まれている。北から大和《おおやまと》古墳群の西殿塚古墳、柳本古墳群の行燈《あんどん》山古墳（現崇神陵）と渋谷向山古墳（現景行陵）、箸中古墳群の箸墓古墳、鳥見山古墳群の外山《とび》茶臼山古墳とメスリ山古墳の六基である。それらはおそらく箸墓→西殿塚→外山茶臼山→メスリ山→行燈山→渋谷向山の順に営まれたと考えられる。これら順次造営された六基の大型前方後円墳は、この時期の日本列島各地の古墳のなかでは隔絶した規模を持っており、それらが初期の倭国連合の盟主、すなわち倭国王の墓であることは疑いなかろう。

特に重要なことは、それらの中で箸墓古墳が最もさかのぼるものであることである。さらにその造営時期が三世紀中葉過ぎまでさかのぼる可能性が大きいとなると、それは、まさに最初の倭国王ともいうべき卑弥呼の墓である蓋然性がきわめて高いことを意味する。卑弥呼の死は、いわゆる『魏志』倭人伝によると正始八（二四七）年の記事に続けて書かれているから、おそらく二四七年かその直後のことであろう。箸墓古墳の造営年代を三世紀の中葉過ぎ、すなわち二六〇年前後とすると、一〇年あまりの年代差が存在することになる。ただこうした巨大な前方後円墳の造営は、倭国始まって以来の大土木工事であったわけであるから、当然その造営に十年余りの年月を要したものと考えるべきであろう。箸墓古墳を三世紀中葉過ぎのものと考えてよければ、その年代はまさに卑弥呼の墓の年代に合致するものとみられるのである。

筆者は、最近の古墳出現年代の再検討の結果から、箸墓古墳の年代は三世紀中葉過ぎに求めるべきであり、その当然の帰結として箸墓古墳の被葬者が卑弥呼その人である蓋然性はきわめて高いと考えている(2)。箸墓古墳の被葬者が卑弥呼である可能性が高いとなると、日本書紀がこの箸墓古墳をオオモノヌシに仕える巫女ヤマトトトヒモモソヒメの墓とする伝承を伝えていることがあらためて注目される。

古くに笠井新也氏や肥後和男氏が指摘しておられるように、『魏志』倭人伝の伝える卑弥呼像と書紀のヤマトトトヒモモソヒメ像は一致する部分がきわめて多い(3)。三世紀の古墳の被葬者像が、八世紀に編纂された書紀にほぼ正確に伝えられていることは大きな驚きでもある。ここでは、こうした『日本書紀』の箸墓の被葬者についての伝承がどのようにして伝えられたのかについて筆者の憶説を述べてみることにしたい。

2　箸墓古墳の造営年代

いうまでもなくこうした検討作業が意味をもつのは、あくまでも箸墓古墳の造営年代が三世紀中葉過ぎにさかのぼり、その被葬者が卑弥呼であるという蓋然性が大きいということが大前提となる。笠井新也氏は、すでに戦前の段階で卑弥呼がヤマトトトヒモモソヒメにほかならず、またヤマトトトヒモモソヒメの墓と『日本書紀』が伝える箸墓こそが卑弥呼の墓にほかならないことを指摘しておられた。(4) 今日からみればまさに卓見であるが、ただ箸墓古墳なり、出現期古墳の年代に関する精緻な研究が進まないその段階では、それはあくまでも単なる仮説の域を出るものとは評価されなかったのである。ここで『日本書紀』の箸墓の被葬者に関する伝承の検討に入る前に、今一度、箸墓古墳の造営年代を三世紀中葉過ぎと考える筆者の根拠を整理しておくことにしよう。

箸墓古墳に代表される出現期古墳の年代を考える上に最も有力な材料となるのは、三角縁神獣鏡である。この鏡は日本列島では五〇〇面以上も出土しているが、中国や朝鮮半島からは一面も出土していない不思議な鏡である。かつては、その大部分の精緻な製品は中国の魏の鏡とされ、卑弥呼が魏から下賜された銅鏡百面もこの鏡であろうと考えられていた。ところが、中国で一面も出ない鏡を中国鏡と考えるのはおかしいという疑問が森浩一氏によって提起され、また中国の考古学者王仲殊氏もこれを呉から倭国に渡った工人が日本列島で製作した鏡とする説を出された。もちろんこれを魏鏡とする研究者も少なくなく、この三角縁神獣鏡の製作地論争は現在も続いている。

ただここ十数年の間に、特に若い研究者によって三角縁神獣鏡の型式学的研究が著しく進展した。とくに最近の研究は鏡の断面形の変化などにも注目し、徹底してその型式学的研究を進めようとしているところに大きな特徴がある。その結果、最近では従来中国から舶載された三角縁神獣鏡と考えられていた様式の鏡が、それぞれ製作時期を異にする四段階程度に区分されるようになっている。

三角縁神獣鏡の新しい型式編年にもとづいて、前期初頭の出現期古墳における三角縁神獣鏡の出土状況をみてみると、例えば神戸市の西求女塚《にしもとめづか》古墳のように第一・二段階の三角縁神獣鏡しか持たない古墳と、京都府椿井大塚山古墳のように第一から第四段階までの各段階の鏡を持つ古墳があることがわかる。このうち多量の三角縁神獣鏡を持ちながら第三・四段階の

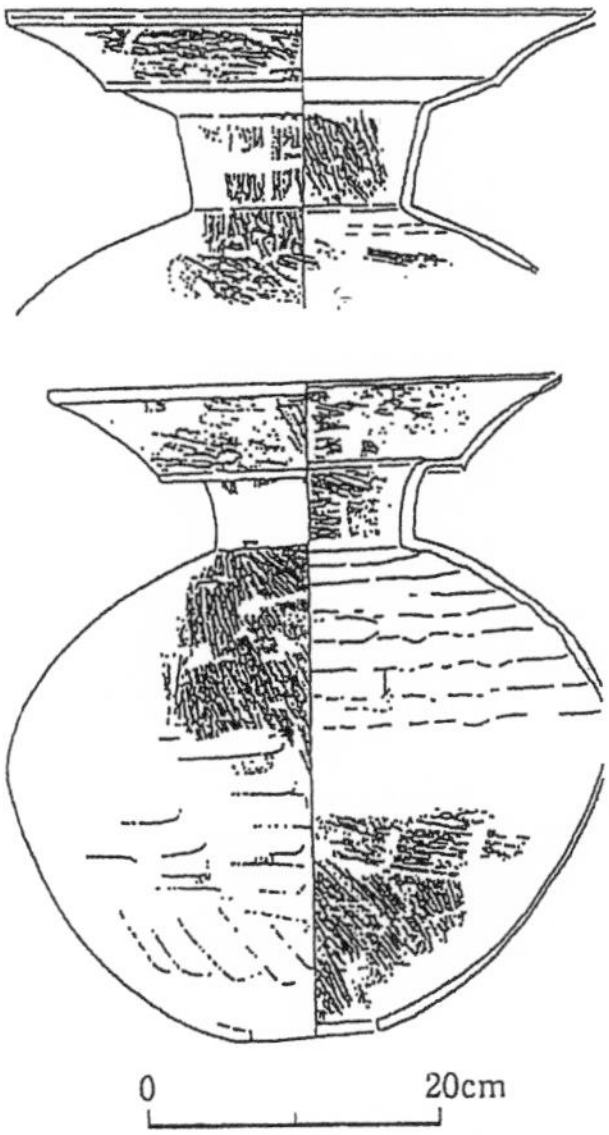

図39　奈良県箸墓古墳出土の土師器壺（『宮内庁書陵部紀要』27による）

ものを含まない古墳は、まだ第三・四段階の三角縁神獣鏡が出現していないか、あるいはまだ出回っていない段階のものととらえることが可能である。出土する三角縁神獣鏡の組合せによって、出現期古墳も古い段階のものと新しい段階のものに区分することが可能になってきたのである。

これら第一から第四段階の三角縁神獣鏡のそれぞれが製作された暦年代を明らかにすることは難しいが、そのうち第一段階のものには、魏の景初三（二三九）年や正始元（二四〇）年の年号銘を持つものがあり、二四〇年前後のものであることが知られる。この年号銘を疑う研究者もないわけではないが、中国における神獣鏡の型式変遷観から、その製作地がどこであろうとも、その年代観に大きな矛盾はないものと判断される。

第二段階以降の三角縁神獣鏡の正確な年代は不明であるが、その断面形の大きな変化などからも、第一から第四段階までの年代幅は半世紀程度はあるものと考えられる。この想定に大きな誤りがなければ、第二段階の鏡は二五〇年すぎ前後ということになるから、少なくとも第一・第二段階の三角縁神獣鏡しか持たない、出現期でも古い段階の古墳の年代は、三世紀の中葉過ぎということになるのである。

こうした、三角縁神獣鏡による出現期古墳の年代観は、最近の年輪年代法による弥生時代中期末の年代、あるいは古墳時代中期における須恵器の初現年代の遡上とも整合する。大型前方後円墳の出現年代を四世紀初めに求めていた古い年代観は大きな修正を求められているのである。こうした根拠によって、筆者らは定型化した大型前方後円墳の出現時期を三世紀半ば過ぎと考えている。

ただ問題の箸墓古墳は発掘調査も行われておらず、三角縁神獣鏡の存在も知られていない。しかし、箸墓古墳の前方部の頂上部に並べられていた底部を穿孔した土師器の壺を椿井大塚山古墳のそれと比較すると、明らかに箸墓の方が古いことが判る。椿井大塚山古墳は三角縁神獣鏡の組合せから出現期でも新しい段階のものであるのに対し、箸墓古墳は出現期でも古い段階のもの、すなわち三世紀中葉過ぎのものであることが知られるのである。

筆者は、このような根拠にもとづいて箸墓古墳など出現期でも古い段階の前方後円墳の暦年代を、二五〇年までは遡らず、また二七〇年までは下がらないものと考えている。こうした年代観は筆者だけではなく、多くの古墳時代研究者の共通理解になりつつあるようである。もちろん異論がないわけではなく、また学問的真理が多数決で決まるものでないことはいうまでもないが……。

3　箸墓伝承の性格

このように箸墓古墳の造営年代を三世紀の中葉過ぎと考えてよいとすると、さきに述べたようにその被葬者が卑弥呼である蓋然性はきわめて大きくなる。一方、『日本書紀』はその被葬者を三輪山の神オオモノヌシに仕える神の妻、すなわち巫女のヤマトトトヒモモソヒメと伝えているわけであるが、問題は両者の整合性がきわめて高いことである。

『魏志』倭人伝によると卑弥呼は「鬼道を事とし能く衆を惑わす。年すでに長大なるも夫婿なし。男弟ありて佐《たす》けて国を治める」とある。鬼道については、新来の中国系の宗教とする説もあるが、むしろこれはシャーマンとしての卑弥呼の性格を表現したものであろう。巫女としてオオモノヌシに仕え、その意志を天皇に伝えるヤマトトトヒモモソヒメの像とほぼ完全に一致するのである。

ヤマトトトヒモモソヒメは孝霊天皇の皇女、すなわち崇神の大伯母となっているが、本居宣長が『古事記伝』で指摘するように孝元天皇の皇女ヤマトトトヒメをヤマトトトヒモモソヒメと同一人物であるとすると崇神の伯母ということになる。孝霊や孝元天皇が七世紀末～八世紀初頭の天皇の公式称号であるオオヤマトネコという和風諡号を持つことからも書紀の編纂時にきわめて近い時期に造作された天皇であり、こうした詮索はあまり意味がない。ただいずれにしてもヤマトトトヒモモソヒメが、天皇の女のキョウダイと位置付けられていることが重要である。箸墓を卑弥呼の墓とすると、これをヤマトトトヒモモソヒメの墓とする書紀の伝承を介して、笠井新也氏や肥後和男氏の「卑弥呼すなわちヤマトトトヒモモソヒメ」とする説も、これを一概に否定することが困難になってくるのである。

脇田晴子氏は、その最近の著書『女性芸能の源流』（角川選書、二〇〇一年）の中で、箸墓古墳の造営された三世紀中頃～後半期と書紀の編纂された八世紀の間の四百年という隔たりを考えると、書紀の箸墓説話そのものが、『魏志』倭人伝の記述を踏まえて書かれた可能性も捨てきれないとされている。実証的な歴史学者としては当然の疑問である。

書紀の編者が『魏志』倭人伝の存在を知っていたことは、神功皇后摂政三九年条の分註に「魏志云」として卑弥呼の魏への遣使の事実を記していることからも疑いない。ただし、書紀の編者が卑弥呼を神功皇后に擬していることはこの分註の記載からも明らかである。またヤマトトトヒモモソヒメが巫女として男王の政治を輔けたというその基本的な性格はともかく、書紀に記されるヤマトトトヒモモソヒメの具体的な祭祀行為は『魏志』倭人伝の記事とまったく連関していない。したがって箸墓伝承を『魏志』倭人伝にもとづいた記述と考えるのはいささか無理であろう。

なお、清水真一氏も「箸墓」を「土師墓」とする土橋寛氏の説[5]によりながら、野見宿禰が殉死にかえて埴輪を創作したとする書紀にみられる土師氏の祖先伝承を、土師氏が『魏志』倭人伝の卑弥呼の墓の殉葬記事にヒントをえて創作したものと考えておられる[6]。ただ、この埴輪起源説話が作られた時期の土師氏が『三国志』を読んでいたかどうかははなはだ疑問である。

いずれにしても、箸墓古墳の被葬者やその造営にまつわる『日本書紀』の記載を、『魏志』倭人伝の卑弥呼の墓に関する記述にもとづいて書かれたものとみるのはやはり困難であろう。秀麗な三輪山の西麓に横たわる巨大な箸墓古墳のあり方からは、その墓主を三輪山の神に仕えた偉大な巫女と伝える書紀の箸墓伝承は、何の不自然さもなく理解できるものである。これを『魏志』倭人伝の記載にもとづいて創作したとする解釈の方がどうも無理なように、私には思われるのである。

4　祖先伝承を伝える古墳

『日本書紀』にみられる箸墓の被葬者を三輪山の神に仕える偉大な巫女とする伝承は、どのようにして四〇〇年近くもの時を経て奈良時代まで伝えられたのであろうか。この三輪山の神オオモノヌシとヤマトトトヒモモソヒメの神婚譚や彼女の墓に関する記載は、おそらく大神神社の祭祀に関わっていた三輪氏の祖先伝承によったものであろう。問題は、こうした三輪氏の祖先伝承が、どのようにして四〇〇年近くも伝えられたのかということである。

筆者はこの点に関して、『日本書紀』の持統五年八月条に大三輪氏以下十八の氏に「その祖等の墓記を上進せしむ」とみられる記事に注目したい。坂本太郎氏はこれを当時進行中の書紀編纂の史料とするために各氏の祖先伝承を上進させたものとしておられる。(7)興味深いのは、この各氏の祖先伝承が「墓記」とされていることである。このことは、こうした各氏族の祖先伝承がその墓、すなわち古墳に掛けて伝承されていたこと、すなわち墓が各氏の伝承を伝える機能を持っていたことを想定させるのである。

古墳や殯宮でのさまざまな儀礼が、一族の系譜を回想し確認する場でもあったことは、持統二年に天武の殯宮で諸臣が「各己が先祖等の仕えまつれる状」を誄《しのびごと》するとともに、当麻真人智徳が「皇祖等の騰極の次第」すなわち「日嗣《ひつぎ》」を誄していること、推古二〇年の堅塩媛《きたしひめ》の桧隈大陵改葬に際して境部臣摩理勢が「氏姓之本《うじかばねのもと》」を誄していることなどからも明らかである。そしてこうした各氏の祖先系譜や祖先伝承が墓記とよばれていることは、これらの祖先伝承が筆録される以前においては、各氏の墓すなわち古墳がそうした祖先系譜・祖先伝承を伝える機能を持っていたことを裏付けるものであろう。

持統五年に墓記の上進を命じられた十八氏の筆頭に大三輪氏がみられることも、この際きわめて興味深い。オオモノヌシとヤマトトトヒモモソヒメの神婚譚や箸墓に関わる伝承、あるいは大田田根子に関わる伝承などは、この大三輪氏の墓記に含まれていた可能性が大きいと思われる。特に箸墓を「昼は人が作り、夜は神が作った」とする伝承や大坂山の石を「人民相踵《つ》ぎて、手遞伝《たごし》にして運ぶ」という伝承は、これがまさに墓に掛けて伝承されたものであることを、物語っているのではなかろうか。

なお、箸墓古墳の膨大な量の葺石は、付近の纏向川や初瀬川から採取された川原石である。ただこの付近の柳本古墳群や大和古墳群の前期古墳の竪穴式石室の石材には、いずれも大和と河内の国境の大坂山に近い大阪府羽曳野市から同太子町にかけての春日山の輝石安山岩や同柏原市の芝山の玄武岩が運ばれてきていることが知られている。

七世紀末に古代律令国家が出来上がると、陵墓には「陵戸」ないし「守戸」が置かれて管理にあたるようになったが、当然その前身として、大規模な古墳にはその管理と古墳に関わる伝承を伝える語り部のような役割を担った人びとが置かれていたのではなかろうか。古墳がその被葬者やその氏族の伝承を伝える機能を持っていたと考えることによってはじめて、三世紀中葉に亡くなった最初の倭国王である箸墓古墳の被葬者にかかわる伝承が、大きな変形をこうむりながらも八世紀の『日本書紀』に伝えられたことが了解できるのである。

ただ、具体的に古墳がどのようにして、そうした伝承を伝える機能を果たしたのかは、さらに検討を要する大きな課題である。残された問題は多いが、与えられた紙数も尽きたのでひとまず擱筆する。

［註］

（1）（財）元興寺文化財研究所の稲城信子氏の教示による。
（2）白石太一郎『古墳とヤマト政権』文春新書、一九九九年
（3）笠井新也「卑弥呼即ち倭迹迹日百襲姫命」『考古学雑誌』一〇―七、一九二四年、肥後和男「倭姫命考」『日本神話研究』一九三八年
（4）「卑弥呼の冢墓と箸墓」『考古学雑誌』三二―七、一九四二年
（5）土橋寛「箸墓物語について」『古代学研究』七二号、一九七四年
（6）土橋寛「魏志倭人伝と土師氏伝承」『東アジアの古代文化』一〇〇号、一九九九年
（7）坂本太郎「纂記と日本書紀」『史学雑誌』五六―七、一九四七年

二　六世紀前半の倭国における今城塚古墳

はじめに

今城塚古墳が六世紀前半の継体大王の墓であることは、すでに第二次世界大戦以前に文献学的・歴史地理学的研究から指摘され、それは戦後の考古学的調査・研究の成果からも裏付けられている。ここでは考古学の立場から、この継体大王墓である今城塚古墳の畿内の大型前方後円墳の中での位置、さらに六世紀前半の日本列島の古墳の中で占める位置を検討することによって、新しい王統としての継体朝成立の歴史的な意味やその性格を検討してみることにしたい。

1　畿内における今城塚古墳の位置

『古事記』『日本書紀』『延喜式』などの史料によると、奈良時代以前の大王墓のほとんどは畿内地

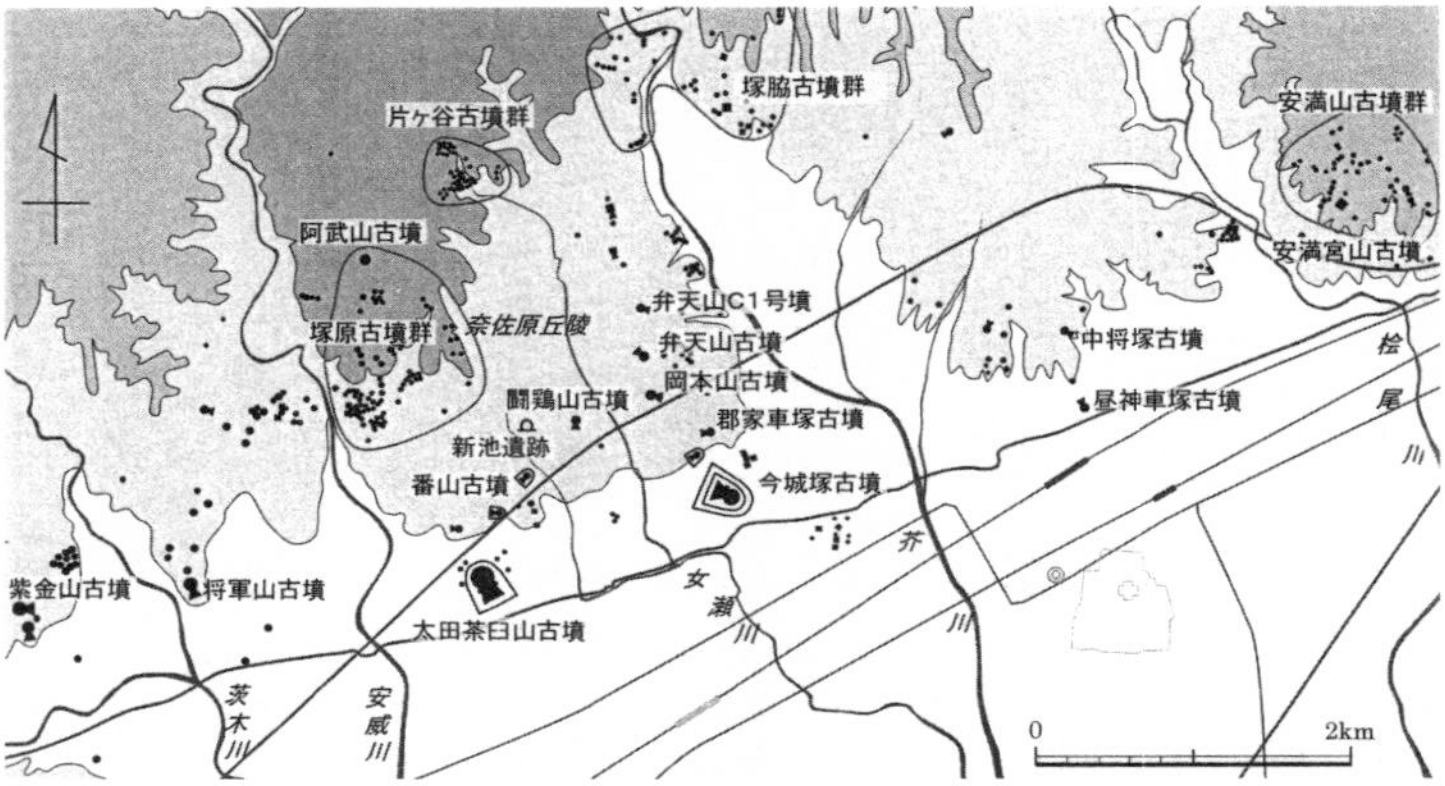

図40　三島古墳群分布図

域でも南の大和と河内に位置する。その中で天智の山科陵とともにもう一つの例外が継体大王の墓であり、それは摂津の三島にある。奈良時代以前の大王墓が、基本的には大和と河内に営まれたことは考古学的な検討からも裏付けられる。三世紀中葉以降六世紀末葉までの大型前方後円墳の中でも、それぞれの時期で他と隔絶した規模を持つ大型前方後円墳は、いずれも大和ないし河内に営まれているのである。このことから、私は三世紀後半から少なくとも五世紀末葉に至る時期のヤマト王権の本来的な基盤は畿内地域でも南部の大和と河内（和泉をも含む）、すなわち大和川水系であり、畿内でも北の摂津と山背、すなわち淀川水系は含まれていなかったと考えている。

　このことを明確に物語るのは、さきに指摘した三〜六世紀の大型前方後円墳の分布状況である。この時期の墳丘長二〇〇m以上の大型前方後円墳の分布状況をみると、

図41　大阪府高槻市今城塚古墳

大和には大和《おおやまと》・柳本古墳群、佐紀古墳群、馬見古墳群などを中心に二一基、河内（和泉を含む）には古市・百舌鳥両古墳群を中心に一二基もみられるのに対し、摂津には三島古墳群に一基だけであり、ヤマト王権の大王たちの地域的基盤が大和・河内にほかならなかったことを如実に物語る。

さらにこの状況は、初期ヤマト王権の成立時期にまで遡る。古墳時代前期初頭の出現期古墳の分布をみると畿内でも北の淀川水系では、摂津の三島野に弁天山Ａ1号墳、北河内の交野に森1号墳、山背北部の乙訓に元稲荷古墳、山背南部には椿井大塚山古墳などの墳丘長一〇〇ｍクラスないしこれを上回る規模の大規模な古墳が要所々々に営まれている。これに対し南の大和川水系では、この時期の古墳は箸墓古墳をはじめとしてすべて奈良盆地東南部の〝やまと〟の地に集中しており、次の段階に大型古墳が出現する奈良盆地北部の曾布の地にも、同西南部の葛城の地にも、また大阪平野の河内南部にもほとんどみられない。わずかに河内南部の柏原市玉手山9号墳が出現期の前方後円墳としてあげられるが、その規模は淀川水系の出現期の前方後円墳には遠く及ばないのである。三世紀後半の段階では、淀川水系では要所々々に有力な政治勢力が割拠していたのに対し、大和川水系はすでに一つの政治領域となり、その中での〝やまと〟の覇権が確立していたためにほかならないと、私は考えている。

初期ヤマト王権が、そのまま邪馬台国の政治勢力につながるものであることは疑いないから、私は邪馬台国の本来の基盤も後の畿内全域ではなく、その南の大和川水系の大和・河内にほかならなかったと考えている。このような想定が許されるなら、ようやく五世紀中葉頃になって初めて、この摂津三島の地に大型前方後円墳の太田茶臼山古墳（現継体陵）が現われ、次いで六世紀前半に継体大王の墓である今城塚古墳が造営されることがあらためて注目されるのである。

継体大王の出自は明らかでないが、その妃の出自などから近江、尾張など畿内東辺の勢力がこれを擁立したものと考えられている。このことは考古学の立場からも充分支持できる。ただ私は、それまで畿内地域でも、南の大和川水系の勢力に押さえられ、王権に関与できなかった北の淀川水系の勢力、なかでも三島の勢力が、五世紀中葉以降、次第に畿内の政治勢力の中でも発言権を増し、この勢力が山背など淀川水系の諸勢力や近江・尾張など畿内東辺の勢力と結びついてヤマトの王権を掌握したものにほかならないのではないかと考えている。

継体の墓が三島に営まれたことは疑いないが、その後はまた河内や大和の地に大王墓が営まれるようになる。これは継体が受け継いだヤマトの王権それ自体が、大和・河内に基盤を置く政権であり、その政治的、軍事的、経済的、生産的な基盤が大和・河内にあったからにほかならない。ただこの継体の時期から摂津・山背もまた大和・河内とともに王権をささえる基盤としての〝畿内〟の仲間入りをはたすことになったものと考えたい。

2　六世紀前半の倭国における今城塚古墳

今城塚古墳が造営された六世紀前半という時期は、この畿内北部の三島の地以外の地域でも、古墳のあり方に大きな変化が生じた時期として捉えることができる。それは、それまで墳丘長一〇〇mを大きくこえるような古墳がまったく営まれることのなかった北部九州の筑紫の地に福岡県八女市岩戸

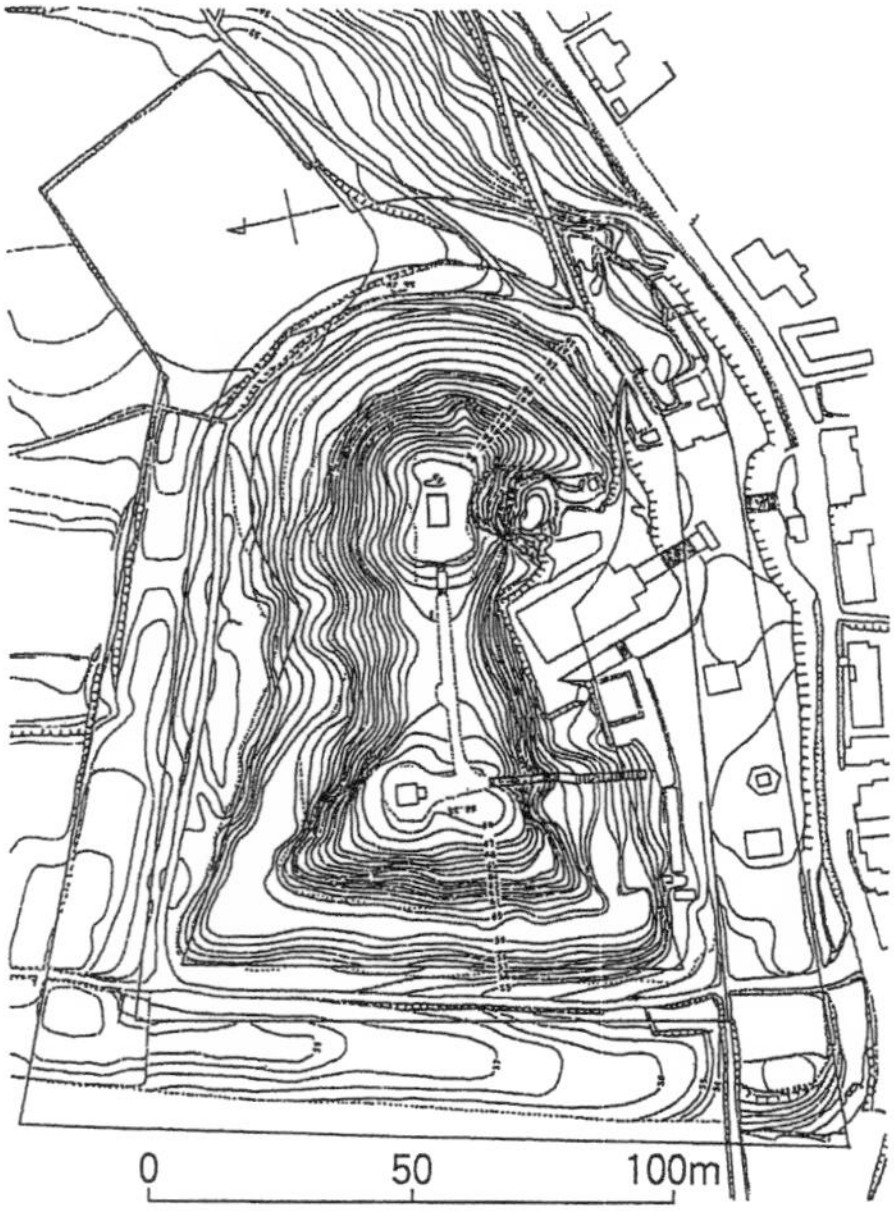

図42　福岡県八女市岩戸山古墳

山古墳（墳丘長一四〇m、図42）が出現し、これまたあまり大規模な前方後円墳が営まれることのなかった尾張南部の地に名古屋市断夫山《だんぷさん》古墳（一五〇m、図43）が出現することである。六世紀に入ると列島各地の前方後円墳の規模は急速に小型化し、その造営数もきわめて少なくなる。そうした中で墳丘長一四〇m、一五〇mの前方後円墳というのは、きわめて大きなものである。

断夫山古墳については、継体の妃の一人で安閑・宣化の二人の大王を生む目子媛《めのこひめ》の父、尾張連草《おわりのむらじくさ》香《か》の墓に擬する説がある。その想定年代からもその可能性は少なくないと思われ、さらに目子媛自身もこの古墳に合葬されている可能性が大きいと思われる。この尾張南部の地は、古墳時代前期・中期にもあまり大きな古墳が営まれなかった地域である。私は、この地が三世紀中葉に邪馬台国（やまと国）と争った狗奴国の本拠地であったことと、広大な生産基盤をもつにもかかわらずこの地に長く大規模な古墳が営まれなかったことは関わりがあると考えている。尾張南部もまた摂津とともにヤマト政権のなかでは必ずしも大きな位置をしめることがなかった地域であり、それが継体の擁立を機に結びついたのであろう。

一方の岩戸山古墳については、継体王権と争った筑紫君磐井の墓と考えられている。これまた『筑後国風土記』の記載などからも、疑いないものと思われる。『風土記』の記載などからも、この古墳は磐井の在世中に営まれていたものと考えるほかない。これまた四世紀にあまり大きな古墳が営まれることのなかった筑紫の地に、五世紀に入って福岡県広川町石人山古墳が、ついで六世紀に入って岩戸山古墳が出現するのは筑後の勢力が次第に大きな力を持つようになったことの現われにほかならないと思われる。特に六世紀としては畿内以西で最大の規模をもつ岩戸山古墳の規模からは、磐井もまた尾張連草香と同じように、近江の勢力などとともに継体の擁立に一定の役割を果たした結果で、そ

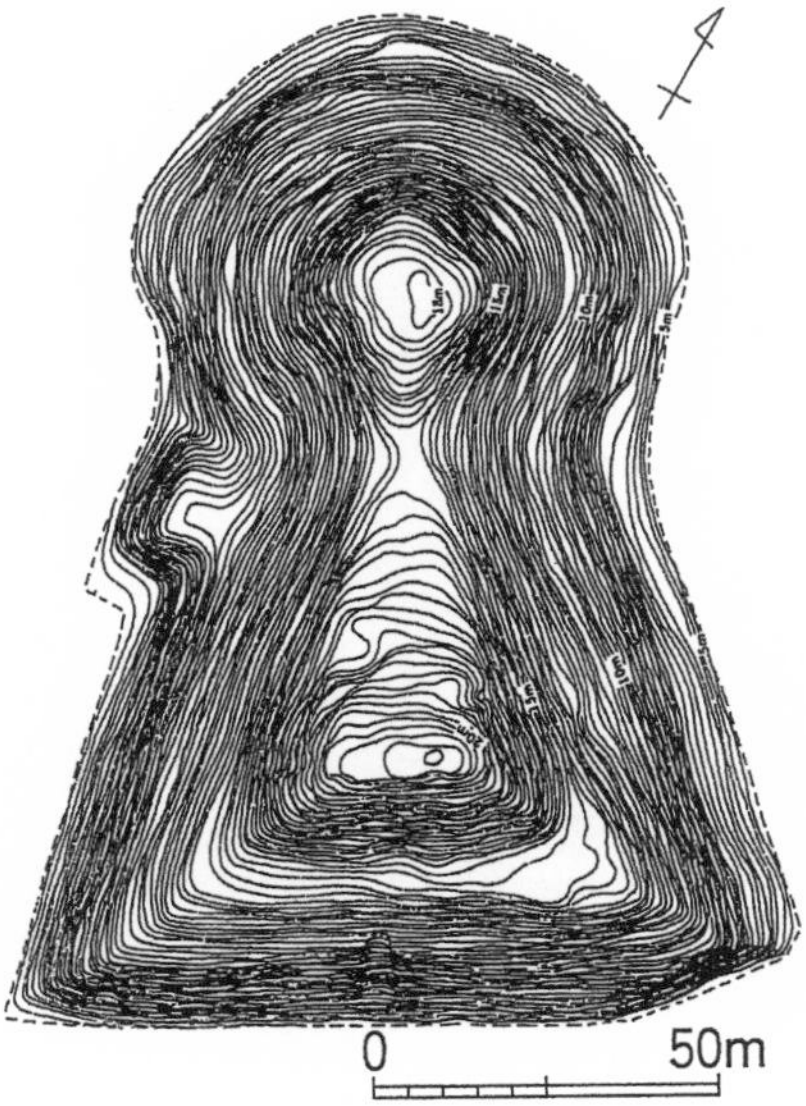

図43　名古屋市断夫山古墳

の墓は生前から造営が始まっていたのであろう。磐井が継体の派遣した朝鮮半島遠征軍の将軍近江毛野に対して「昔は吾が伴《ともだち》として、肩《かた》摩《す》り肘《ひじ》触《す》りつつ、共器《おなじけ》にして同食《ものくら》ひき」と言ったという『日本書紀』の記載はその意味からも興味深い。

さらに六世紀前半には、関東の上毛野や武蔵の地にもこの時期としては群を抜いた大型前方後円墳が営まれる。それは群馬県藤岡市の白石《しろいし》古墳群の七輿山古墳（一四六ｍ）と埼玉県行田市のさきたま二子山古墳（一三八ｍ）である。七輿山古墳は断夫山古墳以東の後期の前方後円墳としては最大の墳丘規模をもつ古墳であり、その埴輪の型式などから六世紀前半の古墳であると想定される。また二子山古墳もさきたま古墳群中ではさきたま稲荷山古墳に次いで営まれた六世紀前半でも早い段階の古墳である。

白石古墳群は、四世紀後半の白石稲荷山古墳をはじめ上毛野西半部では古墳時代を通じて最大の政治勢力が営んだものであり、また、さきたま古墳群も五世紀後半以降では武蔵で最大の政治勢力が残した古墳群である。こうした六世紀前半の関東での、この時期としてはきわめて大規模な前方後円墳の造営が、畿内での政治的動向と無関係になされたものと考えることは無理であろう。

これら関東の上毛野や武蔵の有力首長層をも味方に引き込むことに成功したことが、継体の王権掌握を可能にしたのであろう。畿内と関東の間にあって尾張の勢力が果たした役割も小さくなかったと思われる。この時期以降、尾張をも含めて他の地域での前方後円墳の造営が急速に後退する中にあって、ひとり関東各地では後期末葉の七世紀初頭まで、比較的大規模な前方後円墳（墳丘長六〇～一二〇m）が数多く造営される。このことからうかがえるヤマト王権と東国、それも関東地方の首長層との特別な関係は、この継体朝にはじまるとみてさしつかえなかろう。

三　磯長谷古墳群の大王墓——敏達・石姫合葬墓の問題を中心に

はじめに

大阪府南河内郡太子町の磯長谷《しながたに》に展開するいわゆる磯長谷古墳群については、そのうちに用明と推古の二代の大王墓や厩戸皇子の墓が含まれているところから、七世紀前半を中心に蘇我系の大王や皇子の墓が営まれた古墳群と理解されている。ただ、記・紀や延喜式などの史料によると、この磯長の地に最初に営まれた大王墓は蘇我氏と血縁関係を持たない敏達大王のものであり、しかも敏達はその母である欽明妃石姫皇女の墓に合葬されているのである。

敏達も蘇我稲目の娘、堅塩媛《きたしひめ》の生んだ豊御食《とよみけ》炊屋姫《かしきやひめ》、すなわち後の推古を大后としているのであるから蘇我氏にとっては女婿であり、この古墳群に葬られたのであろうとする説[1]もある。しかし敏達はその死の六年後の崇峻四（五九一）年に蘇我氏と無縁の石姫皇女の墓に追葬されているのであるから、この説には無理があろう。

したがって、磯長谷古墳群を単純に蘇我系の大王やその一族の墓の営まれた古墳群ととらえることには、大きな問題が残されている。ここでは、この磯長谷古墳群に営まれたと想定される石姫と敏達の合葬墓の問題を手がかりに、六世紀から七世紀前半頃の大王墓のあり方、ひいてはこの時期の王権の性格の一端について若干の検討を加えてみることにしたい。

1　磯長谷の大王墓

『日本書紀』や『延喜式』によると、磯長谷には敏達、用明、推古、孝徳の四代の大王墓が営まれている。そのうち最初に営まれた敏達の墓については、『日本書紀』の崇峻四（五九一）年四月条によると「譯語田《おさだ》天皇を磯長陵に葬りまつる。是、其の妣《はは》の皇后の葬られし陵なり」とある。一方『古事記』には「御陵は川内科長に在る也」とあり、また『延喜式』は敏達陵を「河内磯長中尾陵」、石姫墓を「磯長原墓」としている。『延喜式』はまた『日本書紀』が「河内磯長陵」とする用明陵を「磯長原陵」としており、これらの陵墓名に混乱があることは明らかである。ただその名称に混乱があるとしても、これらの史料から石姫と敏達の合葬墓が河内の磯長、すなわち磯長谷古墳群に存在することはまず信じてよかろう。

石姫は宣化と仁賢の女橘仲皇女の間に生まれた皇女で、欽明の妃となり、夭折したと思われる箭田《やたの》

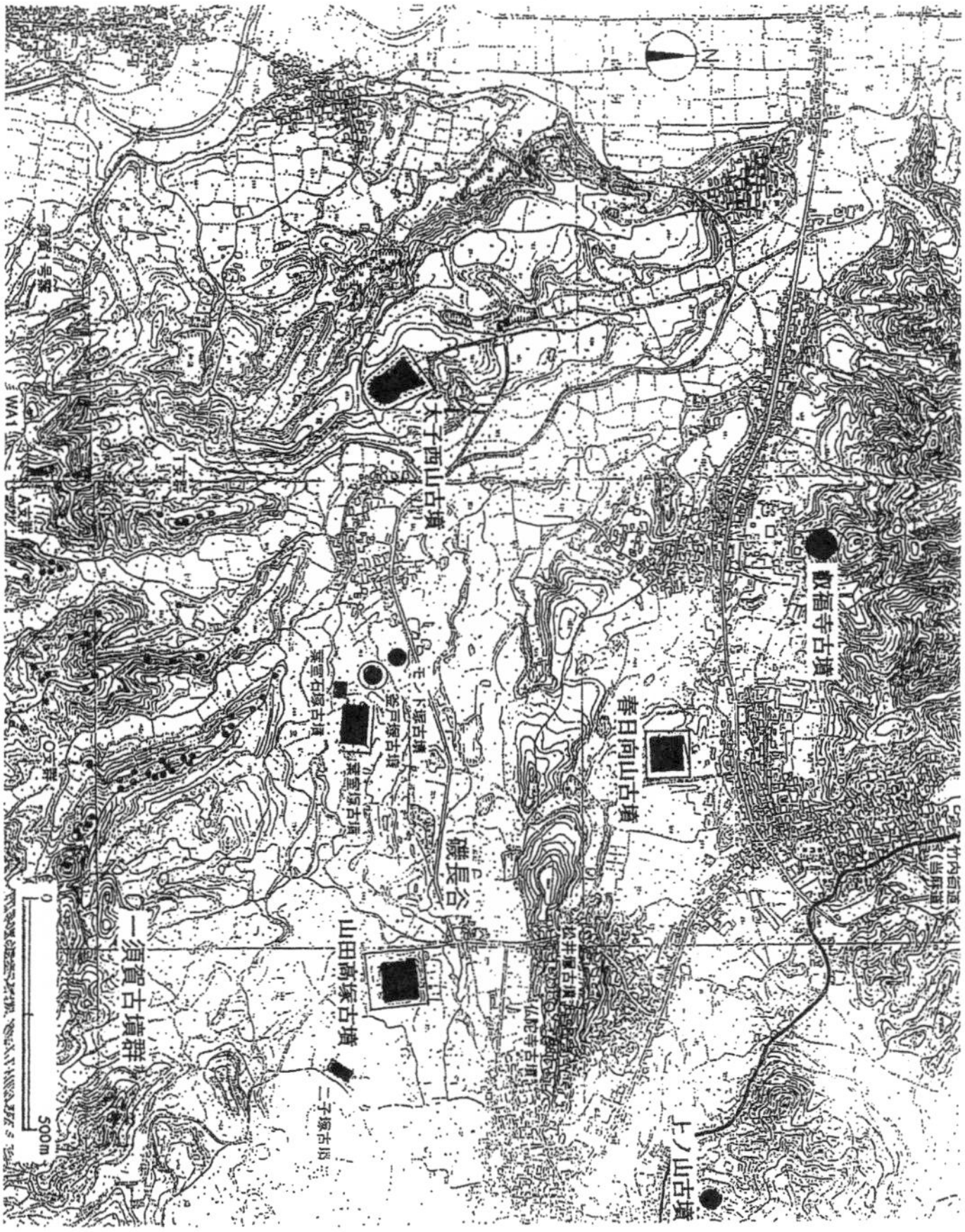

図44　大阪府太子町磯長谷古墳群

珠勝大兄《たまかつのおおえ》皇子と敏達と笠縫《かさぬい》皇女を生んでいるが、その没年は不明である。同じく欽明の妃である蘇我稲目の女堅塩媛や小姉君よりは早くに欽明の妃になったものと想定され、欽明と同じくおそらく六世紀後半でもそれほど下らない時期に没した可能性が大きいと思われる。一方、磯長谷古墳群で六世紀後半に遡るある程度の墳丘規模の古墳は、現在宮内庁が敏達陵・石姫墓に比定している太子西山古墳以外には見いだし難い。

この古墳は、墳丘長約九三mの、前方部を北北西に配した前方後円墳である。後円部と前方部の高さがほとんど同じで、さらにその間の鞍部もまたきわめて高くなった墳丘の形態からも、古墳時代後期でも後半の前方後円墳であることはまず疑いなかろう（図45）。V期の円筒埴輪が伴うこともまたこれを裏付けている。くびれ部の東側と西側双方のやや前方部よりのところに、それぞれ大きな造出しをともなうことが注目される。ほぼ同時期の奈良県葛城市二塚古墳(2)例と同じように、くびれ部にも横穴式石室が営まれているのかも知れない。

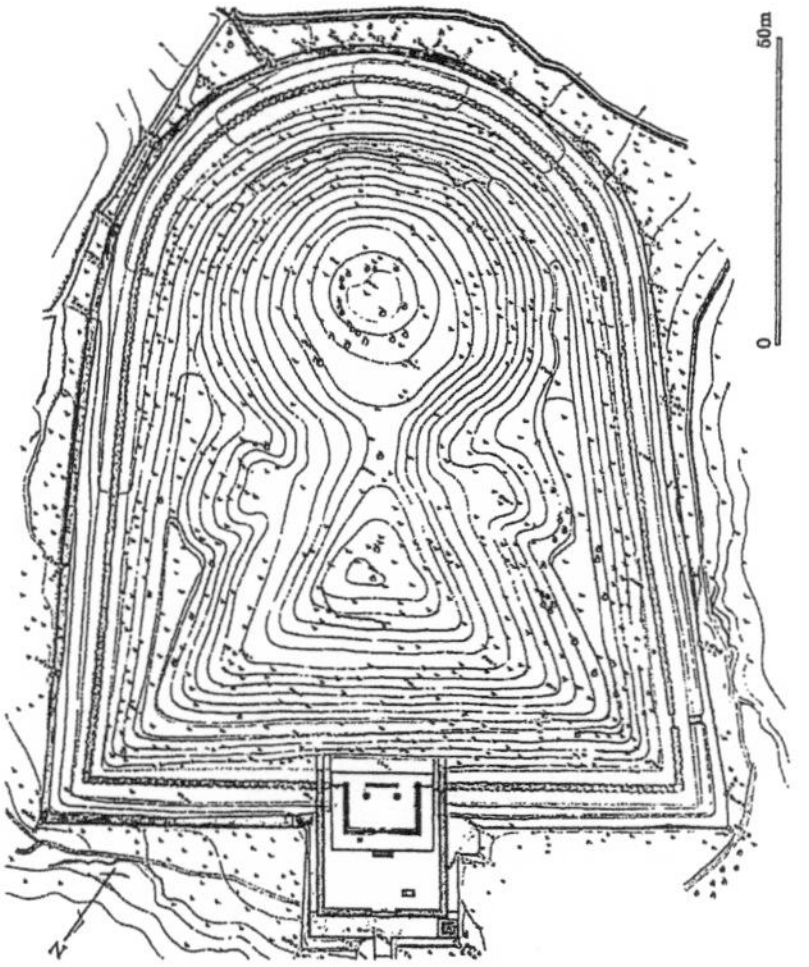

図45　大阪府太子町西山古墳（現敏達天皇陵）（宮内庁書陵部提供）

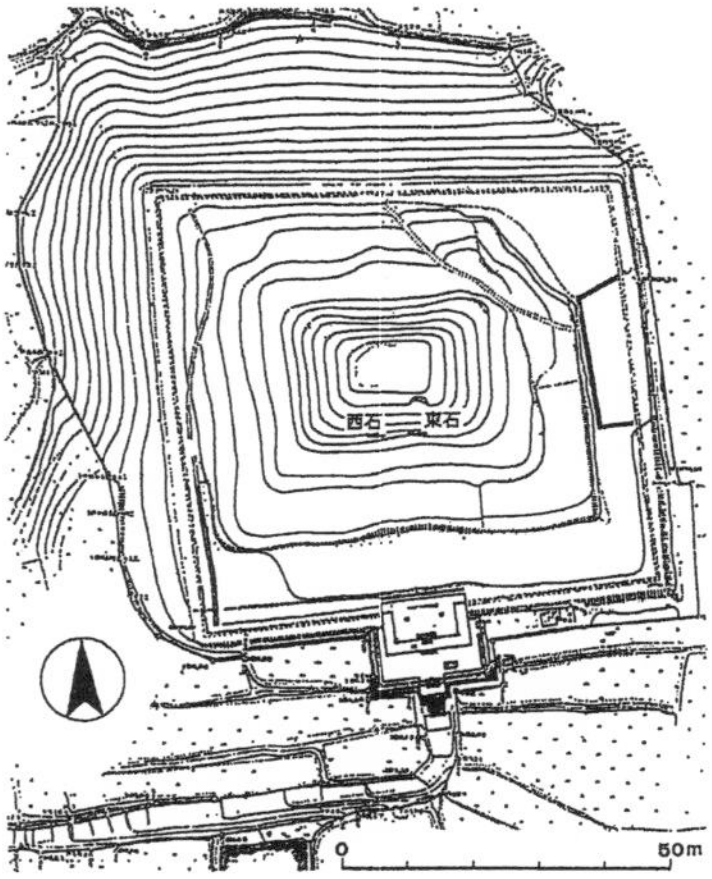

図46　大阪府太子町山田高塚古墳（現推古天皇陵）（宮内庁書陵部提供）

こうした前方後円墳の形態などから六世紀でも後半の古墳である可能性が大きいと想定される。磯長谷には他にこの時期の大型古墳がみられないところからも、この古墳が石姫とその子敏達の合葬墓である蓋然性はきわめて高いと考えられる。

磯長谷の大王墓のうちで敏達・石姫合葬墓とともに、ほぼその被葬者を確定できるのは推古の墓である。推古の墓については『日本書紀』の推古三六（六二八）年九月条に「竹田皇子の陵に葬る」とあり、『古事記』も「大野岡の上にありしを、後に科長の大陵に移す也」とし、『延喜式』はこれを「磯長山田陵」としている。これらの史料から、推古は没後間もなく大和の大野岡にあった竹田皇子の墓に合葬され、後に磯長に改葬されたことが知られる。改葬後の墓は『延喜式』の陵名から磯長の山田にあったことが明らかである。山田の地名は今も大字として残っているが、この山田の地で七世紀前半頃の大王墓と考えられるような古墳は、現在宮内庁が推古陵としている山田高塚古墳以外に見いだすのは困難である。『古事記』は、磯長に移された推古の墓を「科長《しなが》大陵」と呼んでいるが、この山田高塚古墳は丘陵の西北隅に構築されており、西方や北方からみると丘陵端部を加工した基盤部

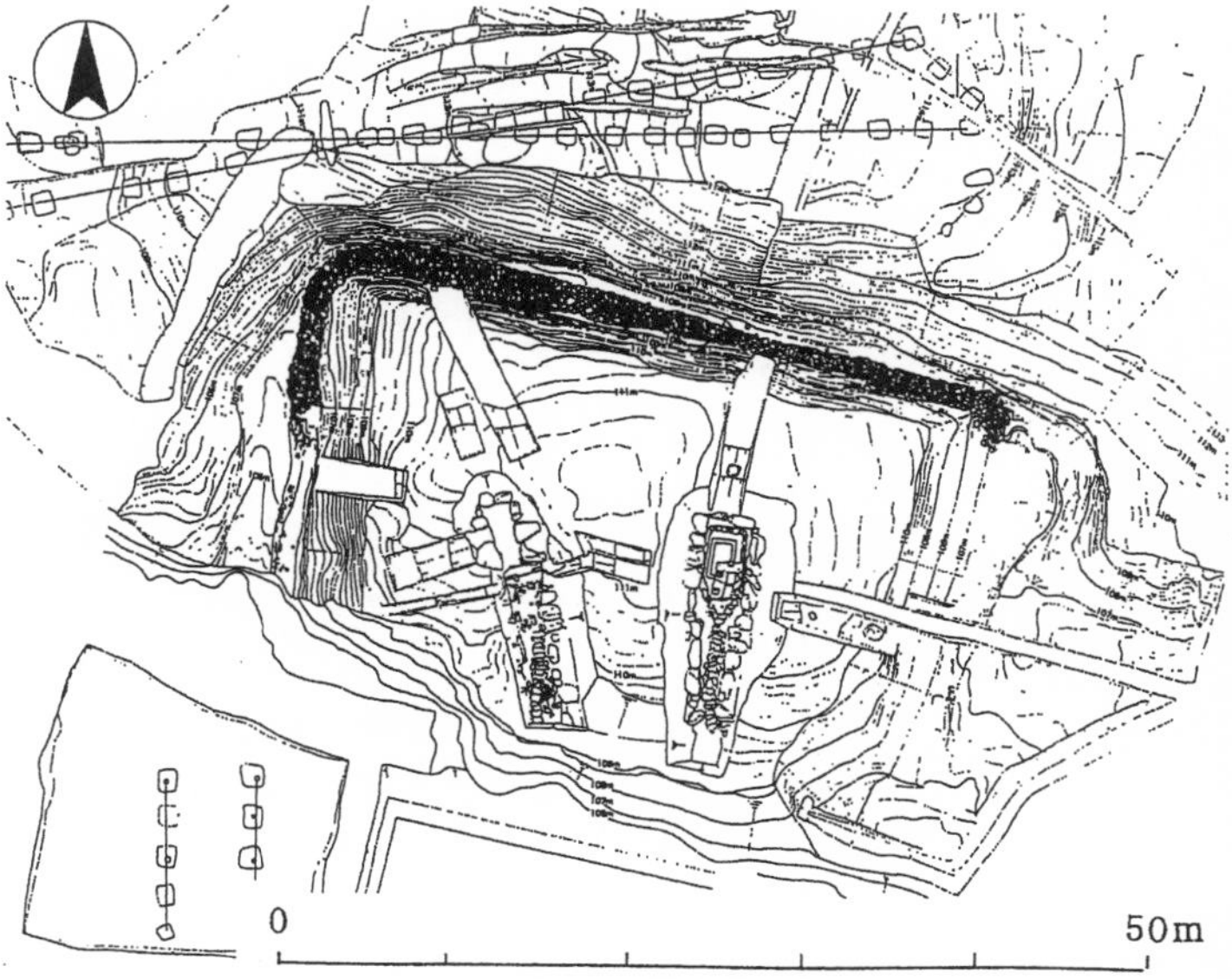

図47　奈良県橿原市植山古墳

を含めてまさにピラミッドのようなきわめて高く巨大な墳丘にみえる。こうした「大陵」と呼ぶのがふさわしい景観の古墳は磯長谷では他にみられないから、この点からも山田高塚古墳を推古の墓とする想定はまずあやまりなかろう。

　山田高塚古墳は、東西約六四m、南北約五八mの東西にやや長い長方墳で、墳丘は三段に築成されている。また墳丘の南側の前面には、磯長谷から一須賀古墳群の展開する山塊を介して南の平石谷に営まれたシシヨツカ古墳、アカハゲ古墳、ツカマリ古墳などで[3]確認されているような一～二段の方形壇を墳丘の南側に造成していることはほぼ疑いなかろう。この方形壇の最下段の東西の一辺は一〇〇m

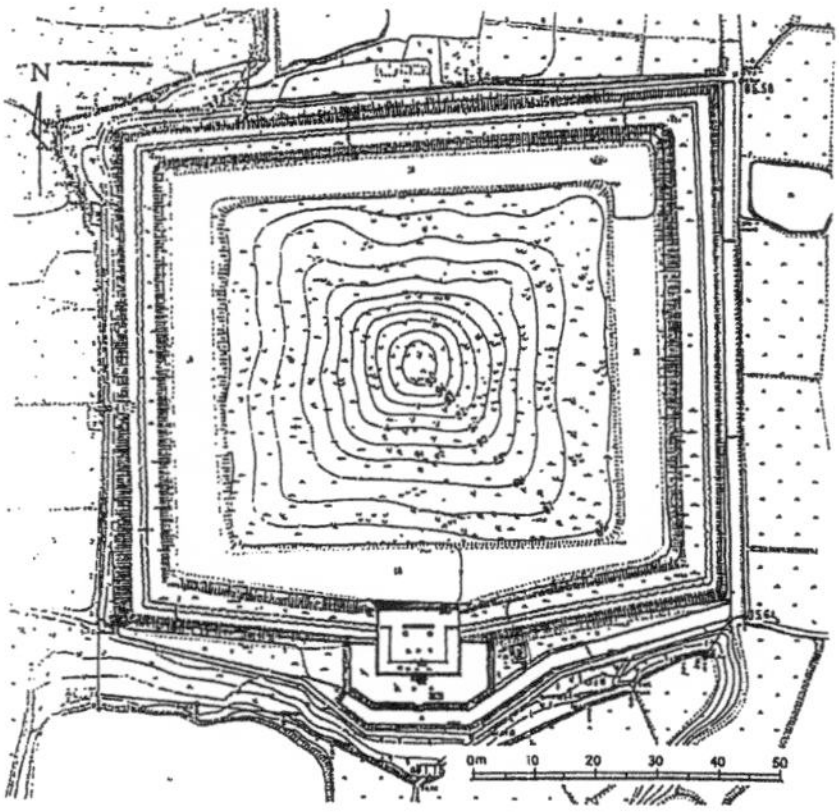

図48　大阪府太子町春日向山古墳（現用明天皇陵）（宮内庁書陵部提供）

を超える長大なものと想定される。この点もまた「大陵」と呼ばれるにふさわしいものといえよう。

墳丘の三段目の南斜面の下方には、墳丘の南北中軸線の東西に約四mの間隔を隔ててそれぞれ横穴式石室の羨門の天井石と想定される二つの巨石が一部が露呈している(4)。このことからこの古墳には、第一段のテラスと同じ高さの床面をもち、東西に並ぶ南向きの横穴式石室二基が計画的に配されていることは疑いなかろう。なお近世の記録からは、このうち東側の石室に東西に並列する二基の石棺が置かれていたらしい(5)が、現在確認することはできない。

数年前に奈良県橿原市で確認された植山古墳は、東西三〇m、南北約二〇mの長方墳であり、筆者のいう平林式の横穴式石室に六世紀第4四半期頃の阿蘇石製の家形石棺を納めた東石室と、七世紀初め頃と想定される天王山式の横穴式石室である西石室の二基の大型横穴式石室をもつ(6)。この古墳が、一般に大野岡《おおののおか》と想定されている明日香の甘樫丘から西に拡がる丘陵の西端部の一角に位置するところから、これが大野岡に営まれた竹田皇子と推古の合葬墓である可能性が考えられる。まさに山田高塚古墳は、この大野岡の推古と竹田皇子の合葬墓と想定される植山古墳を、大王の墓にふさわしく一回り大きくしたものとみることが可能であり、これまた山田高塚古墳推古陵説を補強するものであろう。(7)

なお、山田高塚古墳のすぐ東南方に位置する双方墳の二子塚古墳を推古と竹田皇子の墓に擬する説がある。しかし、この二子塚古墳の二基の横穴式石室は、筆者のいう岩屋山亜式の横穴式石室よりさらに新しい型式のもので、それぞれの家形石棺もまた最終末段階のものである。七世紀でも第4四半期に下る可能性が大きく、推古の没後あまり時を経ないでともに磯長に改葬されたと思われる推古と竹田の墓とすることは困難であろう。

用明の墓については、『日本書紀』には用明二（五八七）年の条に「秋七月の甲戌の朔甲午に磐余池上陵に葬る」とあり、『古事記』には「御陵は石寸の掖上に在りしを、後に科長の中の陵に遷しき」としている。さらに『日本書紀』の推古元（五九三）年の条には「秋九月に、橘豊日天皇を磯長陵に改葬す」とあり、『延喜式』はこの天皇の陵を「河内磯長原陵」とする。これらの史料にみられる陵名については、先にも述べたように敏達・石姫の合葬墓との間に混乱がみられるが、いずれにしても用明もまた、大和の磐余から後に河内の磯長に改葬されたことが知られるのである。

現在宮内庁が用明陵に比定している春日向山古墳は太子町春日に位置し、東西六六m、南北六〇mの大型方墳である。磯長谷古墳群の中での用明の墓の所在をさらに限定する材料はないが、先にのべたように山田高塚古墳を推古の墓と想定することが可能だとすると、これとほぼ同規模の墳丘をもつ大方墳である春日向山古墳もまた大王墓、すなわち用明の墓である可能性は否定し難いように思われる。

このように、磯長谷には六世紀後半にまず敏達の母の石姫の墓と想定しうる前方後円墳の太子西山古墳が営まれ、やがてこれに敏達が合葬される。さらに『日本書紀』の記載を信じれば、六世紀末葉になって大和にあった用明の墓が、また推古の没後にやはり大和にあった推古と竹田皇子の合葬墓がここ河内の磯長に移されて、ともにこの地に大型の方墳として造営されたものと想定できるのである。このほか、磯長の地には孝徳大王や厩戸皇子の墓が営まれたことが知られる。この二人の墓については、検討を要する問題も多く、改めて考察したいのでここでは詳しい検討は省くが、敏達、用明、推古の墓とともに二人の墓がここ河内磯長の地に営まれたことは、磯長谷古墳群を評価する際には記憶されなければならない点であることはいうまでもない。

2　石姫・敏達合葬墓の問題

前節では、磯長に営まれた大王墓のうち敏達の墓については太子西山古墳（現敏達陵）が、推古の墓については山田高塚古墳（現推古陵）がそれに当たる蓋然性が大きいことを文献史料と考古学的な検討結果との合致などから論じた。また用明の墓についても春日向山古墳（現用明陵）がそれに当たる可能性が少なくないことを述べた。次にここでは、こうした検討結果、すなわち太子西山古墳が石姫・敏達の合葬墓であり、山田高塚古墳が推古の、春日向山古墳が用明の墓と想定してよかろうとの前提に立って、この磯長谷古墳群の成立の問題、いいかえればこの古墳群で最初に営まれた大型古墳である太子西山古墳、すなわち敏達と石姫の合葬墓の問題について検討を加えることにしたい。

敏達がなぜ母の墓に合葬され、自らの墓を営まなかったのかは、きわめて興味深く、かつ難しい問題である。奈良時代以前の歴代の大王で、大王が自らの墓を営まずに母の墓に合葬された例は少なくとも史料上ではまったく見いだせない。この敏達の墓の問題に関して最近高橋照彦氏は、明日香村平田に所在する梅山古墳（現欽明陵）が、敏達のために造営された古墳にほかならないのではないかとするきわめて興味深い仮説を提起しておられる(8)。この新説については、最近多くの研究者が賛同している梅山古墳欽明陵(9)説を否定し、橿原市五条野（見瀬）丸山古墳が欽明陵にほかならないというところまでは私もまったく賛成である。

特に、欽明の墓の陵名である「桧隈坂合陵《ひのくまさかあい》」の「坂合」が「境」に通ずること、懿徳《いとく》記の「軽境《かるのさかい》崗宮《おかのみや》」、孝元紀「遷都於軽地。是謂境原宮《さかいはらのみや》」、『続日本紀』天平八年一一月条の「軽界原大宮御宇天皇曾孫建内宿禰」などから「境（坂合）」が五条野丸山古墳の前方部の位置する軽の地にあたるとの指摘は重要である。しかし桧隈の梅山古墳を敏達のために営まれたものとする想定については、もちろんその可能性を全面的に否定することも困難であるが、史料の証拠能力の限界をこえた仮説であり、私にはこれを採ることは出来ない。

私はこの敏達と石姫の合葬問題については、敏達の父欽明の異母兄弟である安閑と宣化がそれぞれ妃の春日山田皇女《かすがやまだこうじょ》、橘仲皇女《たちばなのなかつこうじょ》と合葬されていることなど、この時期、すなわち六世紀の大王墓における夫婦合葬のあり方とあわせて検討する必要があるのではないかと考えている。『日本書紀』の安閑二年一二月是月条には「天皇を河内の舊市高屋丘陵《ふるいちたかやのおか》に葬る。皇后春日山田皇女及び天皇の妹神前皇女を以て、この陵に合せ葬る」とあり、同書の宣化四年一一月条には「天皇を大倭国の身狭桃花鳥《むさつき》坂《さか》上陵に葬る。皇后橘皇女及びその孺子を以て是陵に合葬する」とある。

古墳時代の倭国においては、とりわけ倭人の間では基本的に夫婦の合葬は行われていなかったと、私は考えている。それは大王墓においてもこの安閑・宣化以前には、夫婦合葬例がまったくみられないこと、また田中良之氏が追求された古墳の合葬人骨の形質人類学的検討の結果からも、本来日本の古墳では合葬は血縁関係、同族関係を原理とするものであって、五世紀後半以降にならないと配偶者の合葬が始まらないことからも明らかであろう(10)。私は、おそらく、五世紀以降渡来した渡来人の間での夫婦合葬の風習が、次第に倭人たちの間にも広がっていったものと想定している(11)。

安閑、宣化が、当時の埋葬原理に反してそれぞれの妃と合葬されたのは、渡来人の風習が次第に倭人たちの間にも拡がった結果ではなく、継体朝における王統の交替という歴史的事実と密接な関係があろう。継体の出自は明らかでないが、少なくとも彼の王権継承が畿内をはじめとする各地の首長層に認められたのは、それ以前の王統を受け継ぐ仁賢の娘の手白香《たしらか》皇女との婚姻の結果であったことは疑いなかろう。

『古事記』はこの間の事情を「天皇（武烈）既に崩りまして、日續知らすべき王無かりき。故、品太天皇の五世の孫、袁本杼命《をほどのみこと》を近淡海国《ちかつおうみのくに》より上り坐さしめて、手白髪命に合せて、天下を授け奉りき」と記している。王権の側から言えば、継体はあくまでも入婿にほかならなかったのである。『延喜式』によると継体妃手白香の衾田墓《ふすまだのはか》は大和国山辺郡に所在する。私は、継体がその妃の手白香によって王権継承の正統性が担保されていることを墳墓の造営において示すため、手白香の墓はその父仁賢の眠る古市古墳群にではなく、あえてヤマトの初期の大王たちの眠る奈良盆地東南部のオオヤマト古墳群内に造営されたのであろうと考えている。オオヤマト古墳群中の大和《おおやまと》古墳群（支群）の数多くの前期の前方後円墳・前方後方墳の中に一基だけ後期前半の前方後円墳である西山塚古墳がみられる。これが手白香の衾田墓である蓋然性は大きい(12)。

継体の大王位継承に問題があるとすると、継体と尾張連草香《おわりのむらじくさか》の娘目子媛《めのこひめ》の間に生まれた安閑と宣化の即位についてもまた問題がのこる。このため安閑の妃には手白香の異母姉妹の春日山田皇女が、宣化の妃には手白香の同母姉妹の橘仲皇女があてられたのであろう。また配偶者の血縁によってはじめて王権継承が保障されていることを墳墓においても示すために、ここでは安閑と春日山田皇女、宣化と橘仲皇女の合葬が行われたのである。当時の意識からいえば、それはむしろ春日山田皇女の墓へ

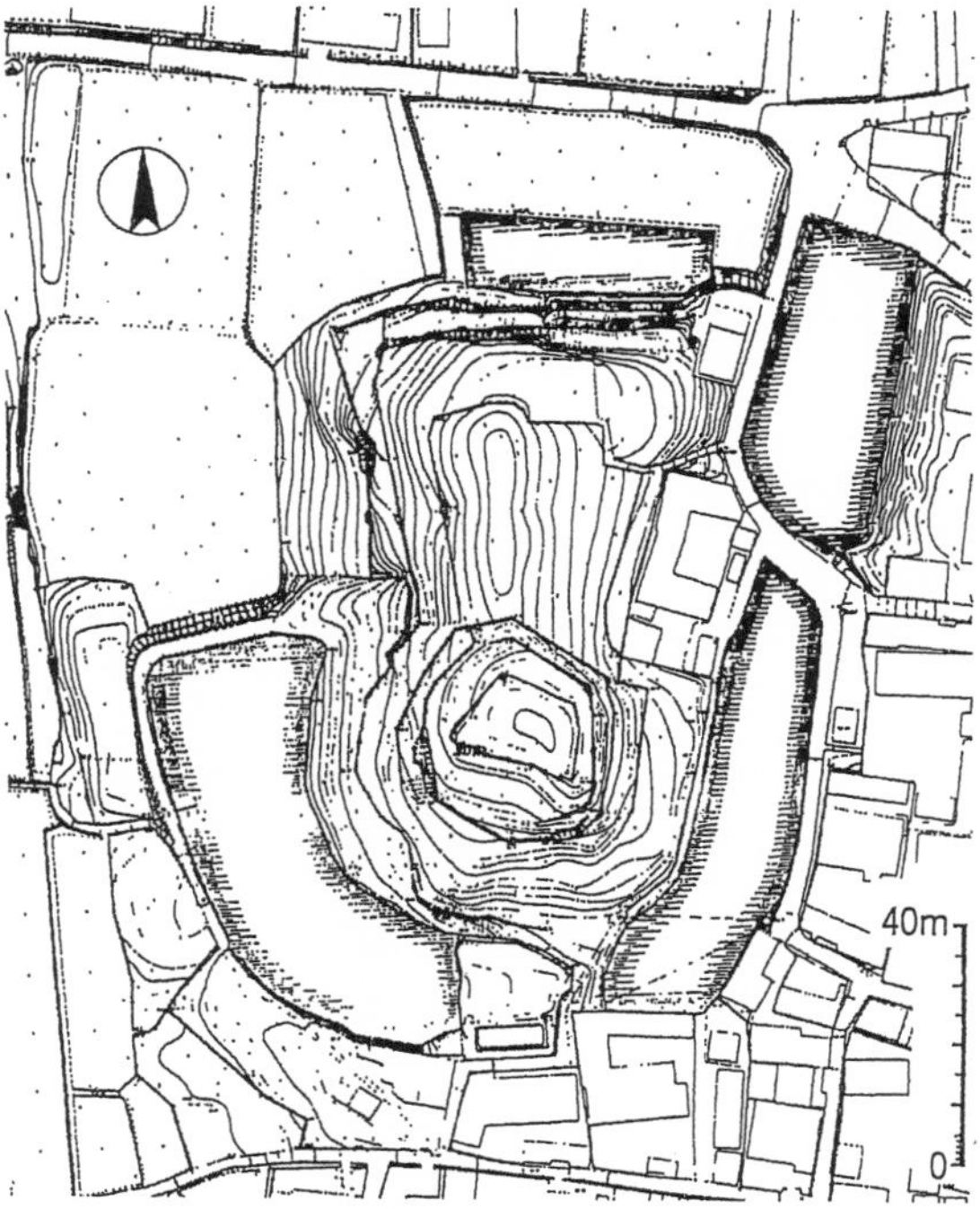

図49　奈良県天理市西山塚古墳

の安閑の合葬、橘仲皇女の墓への宣化の合葬にほかならなかったと思われる。

この点で、『日本書紀』の欽明即位前紀にみられる即位前の欽明が群臣に令したという「余、幼年にして識浅くして、未だ政事に閑はず。山田皇后、明かに百揆に閑ひたまえり。請ふ、就でて決めよ」との言葉がきわめて興味深い。もちろんこのように天子が即位に際してまず謙譲の意を示すのは通例ではあるが、この場合あえて前王の妃の春日山田皇女を推していることが注目されるのである。これによると春日山田皇女が直接「政事」にも関わっていた可能性も否定できないのである。

早くに岸俊男氏は、私部《きさ》の設置から六世紀末の敏達朝ころには后妃の地位が確立し、后妃の一人が

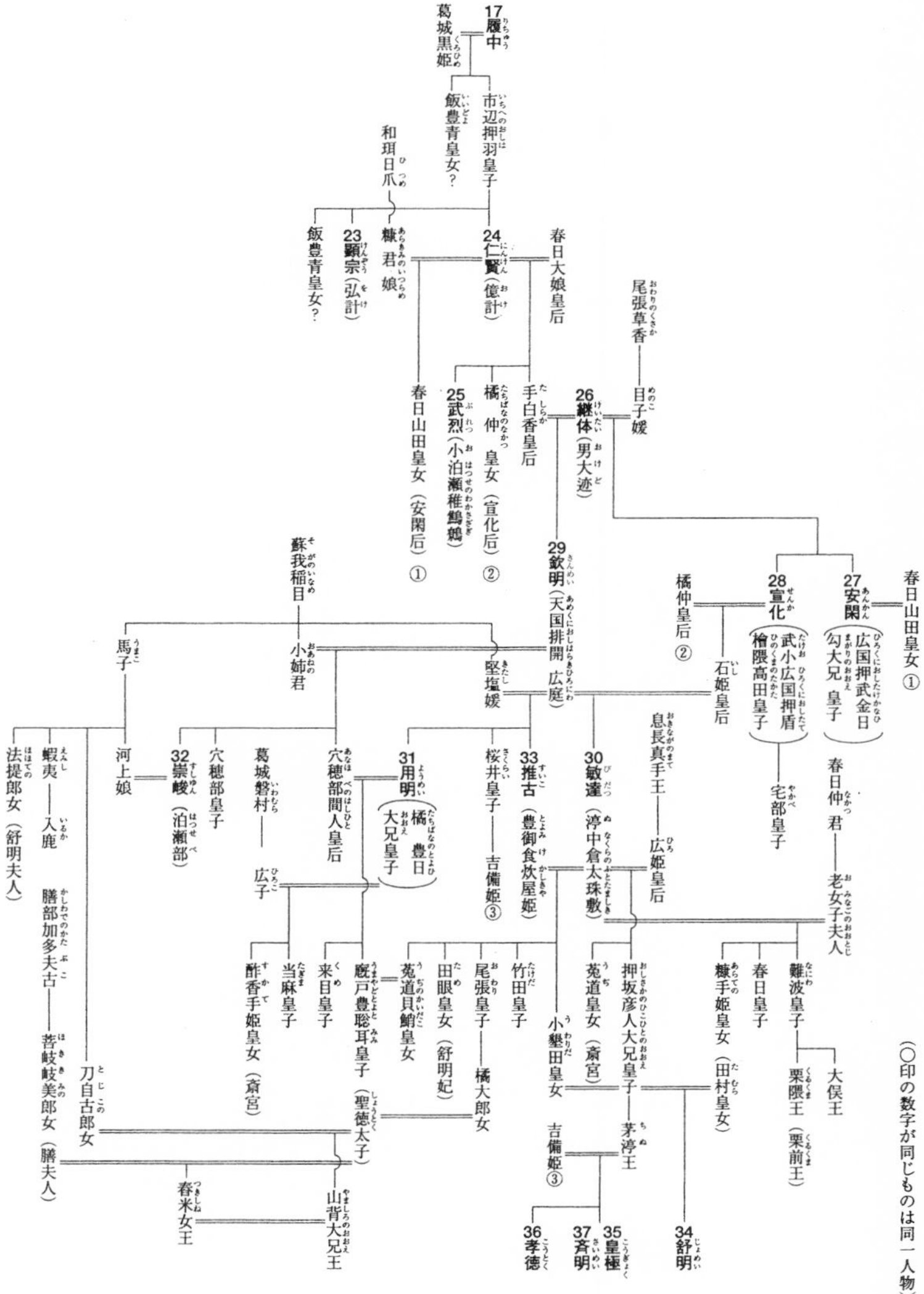

図50　日本書紀による大王の系譜（黛弘道編『年表日本歴史』1による，一部改変）

大后として特別の位置を占めるようになったことを明らかにされた(13)。こうした多くの后妃の中でも特定の妃が大后の地位を占めるようになるのは、先にみた継体の王位継承に際しての女系による王権の継承の正統性を担保するため特定の妃が大きな役割をはたしたことと関係あることはいうまでもなかろう。

このように、この時期の大王位の継承に大王の血を受け継ぐ王妃が決定的に重要な役割をはたしたことを重視するなら、むしろ大王権・大王位は女系で手白香《たしらか》皇女→春日山田皇女→橘仲皇女へと継承されたとみることも可能となろう。そして橘仲皇女の後は、橘仲皇女と宣化の間に生まれた石姫《いし》皇女に継承されたと理解することが出来るのであり、石姫の墓に敏達が合葬されるのはむしろこうしたこの時期の大王位継承のあり方からいえば、決して不自然ではなかったと考えられるのである。

敏達は、手白香の血を引く欽明の子であり、男系での皇位の継承には何ら問題はない。それにもかかわらず敏達が母石姫皇女の墓に合葬されたのは、この時期の大王位が、女系でこそ保たれているという意識が存在したためではなかろうか。日本古代社会が双系的性格を持つものであることは、多くの研究者の指摘するところである。大王権の継承もまた男系、父系の継承に限られるものではなかったととらえるべきであろう。少なくとも女系による継承によっても、王権の継承が社会的承認をえることが可能であったのである。

このように敏達の石姫皇女墓への合葬は、継体以降の大王権継承のあり方やこの時期の大王家の造墓の実態からは、必ずしも特異な出来事ではなかったものと考えられる。それは継体の王位継承以降生じた王権継承の正統性を女系によって担保する必要性があったこの時期の王権の特殊なあり方とも関連するものであろう。六世紀の王権の性格を考える上に石姫・敏達合葬墓のあり方は、きわめて大きな問題を提起するものといえよう。

結びにかえて――磯長谷古墳群の性格

最後に、何故石姫の墓が磯長谷に営まれたのかについて私の考えを述べてこの小論の結びにかえたい。ただ、その理由を明確にするのはきわめて難しく、筆者にも確固とした考えがあるわけではない。大王墓に限らず、一般の首長墓についても、古墳はその政治勢力の本貫地に営まれるのが原則であったことはいうまでもなかろう。大王墓については、少なくとも五世紀代まではこの原則は守られ、大王墓は大王権を握っていた大阪平野南部の勢力の本拠地の一角である古市古墳群ないし百舌鳥古墳群に造営されていた。ところが六世紀になると大王墓の造営地がたびたび移動するようになる。顕宗の墓が奈良盆地西部の葛城の傍丘磐杯丘《かたおかいわつきのおか》に、宣化の墓が奈良盆地南部の身狭の桃花鳥坂に、欽明の墓が奈良盆地東南部の桧隈《ひのくま》に営まれるのは、それぞれ葛城氏、大伴氏、蘇我氏など時の大王をささえた有力豪族の本拠地に大王墓が造営されるようになったことを物語る。これはある意味では大王権がその在地性を失ってしまったこと、それにもかかわらず大王の地位が首長連合の盟主として、神聖で簡単に他の勢力が取って代わることの出来ない特別な存在になったことを示すものであろう。

ただそうした中にあっても、四世紀末葉以来六世紀中葉ころまで代々の大王墓が営まれた河内南部の古市古墳群とその周辺は、大王の墓が営まれるべき地、大王の霊の鎮まるべき場所として人びとに意識されるようになっていたことは疑いなかろう。このことは大王家の有力メンバーと考えられたヤマトタケルの霊が白鳥となって舞い戻った地が、まさにこの古市であったことからもうかがえる。ある意味ではヤマトタケルと共通する性格をもつ征新羅将軍来目皇子の墓が、七世紀初頭にこの地に営まれるのも、こうした意識が七世紀になっても存在したことを示すものであろう。

春日山田皇女と安閑の合葬墓が古市古墳群に営まれたのは、まさにこの地が大王の墓が営まれるべき土地と意識されていたからであろう。それは、継体の即位にともなう王権の危機に際して、初期のヤマト王権の始祖王たちの眠る奈良盆地東南部のオオヤマト古墳群に継体妃の手白香の墓が造営されたことと軌を一にするものであろう。問題はそれが即位した大王の墓ではなく、その妃の墓であったところにある。

磯長谷古墳群には用明、推古、厩戸皇子の墓が営まれていることからもうかがえるように、この地への大王墓の造営に蘇我氏が関係したことはまず疑いなかろう。武内系譜では蘇我氏の祖先が蘇我石河宿禰であること、乙巳《いっし》の変以降、やがて蘇我臣が石川臣を名乗るようになることなどからも、蘇我氏の一族が南河内の石川流域に有力な基盤を持っていたことは疑いなかろう。ただ、磯長谷古墳群の形成の契機となった欽明妃の石姫皇女墓の造営については、欽明の墓が蘇我氏の本拠地である桧隈に営まれたのに対し、むしろ王統を護るべき役割を担ったその妃の墓として大王やその一族の霊の眠るべき土地としての古市やその周辺の南河内の地への人びとの特別の意識が作用したのではなかろうか。上述の考証からも、こうした想定は必ずしも的外れな解釈とはいえないのではなかろうか。

いずれにしても磯長谷古墳群形成の問題は、蘇我系の大王墓の造営地という解釈だけでは解けない大きな問題をかかえている。それはまた六～七世紀の王権それ自体の性格とも分かちがたく結びついた興味深い問題である。さらに検討を続けて磯長谷古墳群の性格とともに、この時期の后妃の役割をより明確にしたいと考えている。諸賢のご批判、ご教示をいただければ幸いである。

［付記］

小論の骨子は、二〇〇四年一〇月三〇日に大阪府美原町のみはら歴史博物館で開催された堺市・羽曳野市・藤井寺市・太子町・美原町の各教育委員会共催の二〇〇四年歴史街道ウォーク&トーク「古代王権の残影―古市から百舌鳥、磯長へ―」と題する歴史シンポジウムで報告したものである。小論作成の契機を与えていただいた太子町教育委員会の池田貴則氏をはじめ同シンポジウムの事務局を構成された各教育委員会の方々に厚く感謝申し上げる。

［註］

（1）黛弘道「河内石川と大和蘇我」『講演・河内飛鳥』第3集、河内飛鳥を守る会、一九八七年

(2) 上田宏範・伊達宗泰・北野耕平・森浩一『大和二塚古墳』奈良県史跡名勝天然記念物調査報告 第21冊、一九六二年

(3) 枡本哲「平石古墳群の調査成果」『今来才伎—古墳・飛鳥の渡来人—』大阪府立近つ飛鳥博物館、二〇〇四年

(4) 福尾正彦「推古天皇陵の墳丘調査」『書陵部紀要』第42号、一九九一年

(5) 上野竹次郎『山陵』上、山陵崇敬会、一九二五年

(6) 濱口和弘・横関明世「植山古墳の調査」『かしはらの歴史をさぐる』9、橿原市千塚資料館、二〇〇一年。なお筆者の横穴式石室の型式編年と暦年代観については、白石太一郎「終末期横穴式石室の型式編年と暦年代」『考古学雑誌』第85巻第1号、一九九九年を参照されたい。

(7) 白石太一郎「植山古墳の年代と性格」『古墳の語る古代史』岩波現代文庫、二〇〇〇年

(8) 高橋照彦「畿内最後の大型前方後円墳に関する一試論—見瀬丸山古墳と欽明陵古墳の被葬者—」『西日本における前方後円墳消滅過程の比較研究』平成一三〜一五年度科学研究費補助金研究成果報告書、大阪大学大学院文学研究科、二〇〇四年

(9) 小沢毅「五条野丸山古墳は誰の墓か」『季刊明日香風』82、二〇〇二年。和田萃「飛鳥の陵墓—桧隈坂合陵の再検討—」『古代を考える・終末期古墳と古代国家』吉川弘文館、二〇〇五年

(10) 田中良之『古墳時代親族構造の研究—人骨が語る古代社会—』柏書房、一九九五年

(11) 白石太一郎「山ノ上古墳と山ノ上碑—古墳の合葬原理をめぐって—」大塚初重・吉村武彦編『古墳時代の日本列島』青木書店、二〇〇三年

なお、日本の古墳における最も早い段階の夫婦合葬の例としては、大阪府柏原市高井田山古墳を挙げることができよう。この古墳は百済の影響を受けたと考えられる五世紀後半の横穴式石室をもつ古墳で、百済系の渡来人の営んだものであろう。夫婦合葬はこうした河内の渡来人集団の間でまず始まったものと思われる。安村俊史・

桑野一幸『高井田山古墳』柏原市文化財概報一九九五―Ⅱ、一九九六年

(12) 白石太一郎「后妃の古墳」『古墳の語る古代史』岩波現代文庫、二〇〇〇年

(13) 岸俊男「光明立后の史的意義―古代における皇后の地位―」『日本古代政治史研究』塙書房、一九九六年

第Ⅳ部　豪族の居館と神まつり

一　首長の水のマツリ

1　導水施設の埴輪

大型古墳の被葬者である豪族、すなわち各地の有力な首長たちは、神を祀る司祭者でもあった。そのことは、前期・中期の古墳の副葬品に、鏡や農工具などさまざまな神まつりの道具や腕輪形石製品など司祭者のシンボルが含まれていることからも疑いない。最近、こうした首長を葬った大型前方後円墳のくびれ部などから、水のまつりにかかわる祭場を表現した形象埴輪《けいしょうはにわ》が相次いで発見され、注目されている。

三重県松阪市の宝塚《たからづか》1号墳は墳丘長一二〇mをはかる、伊勢地方では最大の前方後円墳で、古墳時代中期前半の五世紀初め頃のものである。その北側に設けられた造出《つくりだ》しの周辺から、大刀・威杖《いじょう》・蓋《きぬがさ》などの立ち飾りを立てた船形埴輪《ふながたはにわ》とともに、囲形埴輪《かこいがた》に囲まれた覆屋《おおいや》の内部に、導水《どうすい》施設の水槽や井戸をもつ特異な埴輪が検出されている(1)。

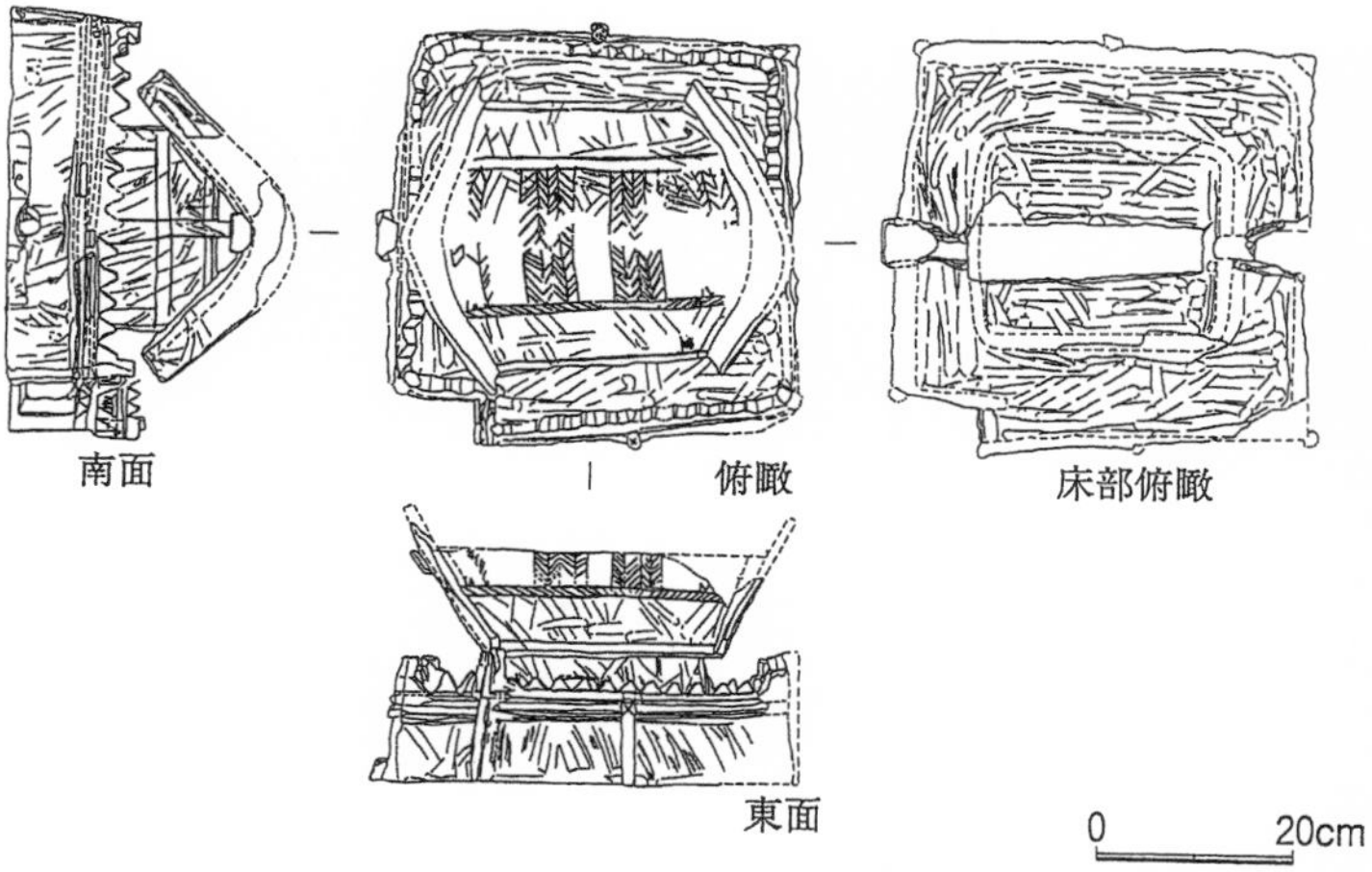

図51　大阪府八尾市心合寺山古墳出土の導水祭祀の埴輪

また古市《ふるいち》古墳群に含まれる大阪府羽曳野《はびきの》市の帆立貝式古墳である狼塚《おおかみづか》古墳のくびれ部からは、八個の囲形埴輪で囲まれた内部に玉砂利を敷き、その中央に導水施設のミニチュアを配した特殊な遺構がみつかっている。狼塚古墳は五世紀前半の大王墓である誉田御廟山《こんだごびょうやま》古墳（現応神陵《おうじんりょう》）の北に接して営まれており、その陪塚《ばいちょう》的な性格をもつ古墳である。同様な導水施設を覆屋内に設け、さらにこれを囲いで隠したと考えられる埴輪の組合せは、心合寺山《しおんじやま》古墳[2]（大阪府八尾《やお》市）、行者塚《ぎょうじゃづか》古墳（兵庫県加古川《かこがわ》市）など、五世紀初頭前後の各地の大型前方後円墳でも、相次いでみつかっている。

一方、こうした導水槽《どうすいそう》を覆屋内に設け、さらに周囲に垣根を巡らして遮蔽《しゃへい》した遺構の実物も、やはり五世紀の南郷大東《なんごうおおひがし》遺跡[3]（奈良県御所《ごせ》市）で検出されている。この遺構は、葛城《かつらぎ》山系から東に流れる小谷を堰《せ》き止め、木樋《もくひ》で谷水を覆屋内の木槽《もくそう》に導いたもので、周囲から刀形、さしば形、琴形などの木製形代《かたしろ》類が出土しており、水にかかわる祭祀が行われた遺構であることが知られる。こうした木槽に水を導き入れる導水施設をともなう祭祀遺構は、纏向《まきむく》遺跡（奈良県桜井市）、西ノ辻《にしのつじ》遺跡（大阪府東大阪市）、服部《はっとり》遺跡（滋賀県守山《もりやま》市）など弥生時代末から古墳時代にかけての各地の遺跡で検出されている。

なお、こうした各地で検出される古墳時代の木槽をもつ導水遺構から、多量の寄生虫卵が検出されていることから、これらの遺構をトイレと考える説がある。(4) さらに『古事記』にみられるアマテラスの宮でのスサノオの乱行の記事から類推して、祭祀施設へ糞尿を撒《ま》いた結果とする意見もある。後者の説はともかく、前者の解釈については、これらの遺構の実態や、それらの中にきわめて大規模なものがみられることからも、トイレと考えるのは無理であろう。これらの遺構の多くが長年にわたって施肥《せひ》が繰り返された水田下から検出されていることからも、こうした自然科学的な土壌分析による微小生物遺体の出土状況の解釈には、さらに慎重な態度と方法的な検討が必要であろう。

2　首長の水のマツリ

こうした水のマツリの場は、豪族の居館《きょかん》内でも認められている。群馬県高崎市の三ツ寺《みつでら》Ⅰ遺跡の豪族居館では、周囲を濠で囲まれた居館内が、南半のマツリゴトの空間と北半にある首長の日常生活の場に二分されている。そのうち南のマツリの場には濠の外部からわざわざ導水橋を設けて導かれた水を通す溝と、これを導き入れる石敷きのプール状の施設がみつかっている。さらにこれと主殿《しゅでん》を介して反対側には、八角の立派な上屋をもつ井戸が設けられていた。ここで居館の主が執《と》り行うマツリゴトが、まさに水にかかわるマツリにほかならなかったことを示しているのである。

五世紀前半頃の各地の大型前方後円墳の多くに、こうした水のマツリにかかわる導水施設や井戸のある祭祀場《さいしじょう》を表現した埴輪が伴っているということは、この時期の各地の有力な首長たちにとって、水の祭祀がきわめて重要なものであり、さらに彼らが共通の水のマツリを司るという、同じ祭祀的基盤を持っていたことを示している。

狼塚古墳が大王墓の陪塚であることを考慮すると、それは大王の場合も変わりなかったと思われる。水田稲作農耕を基盤とする古墳時代の首長たちにとって、水の安定的確保こそがマツリゴトの最も重要な課題にほかならなかったからである。

奈良県明日香村でみつかり、大きな関心を呼んだ酒船石《さかふねいし》遺跡(5)の亀形石槽《かめがたせきそう》を伴う湧き水祭祀の遺構もまた、こうした三世紀以来の水のマツリが、七世紀の大王によって執り行われていたことを示すものにほかならない。多くの研究者が指摘する道教との関わりを否定する必要はないが、その基本的性格は、あくまでも倭国の首長や首長同盟の盟主が執り行わなければならなかった伝統的な水の祭祀であった。

［註］

（1）前方後円墳である宝塚1号墳の北側のくびれ部に設けられた造出《つくりだ》しの周辺から検出された。取水口《しゅすいこう》と排水溝《はいすいこう》をもつ水槽を中央に据え、その上に切妻《きりづま》の屋根をもつ覆屋《おおいや》（祭殿《さいでん》）を設け、さらにその周りに出入口をもつ囲いを巡らす。出入口の上部には鋸歯《のこぎりば》のような連続山形の切り込みを施し、聖なる空間を悪しきものから護《まも》っている。

（2）心合寺山古墳は生駒山脈の西麓に位置する五世紀初頭ころの墳丘長一六〇mの前方後円墳である。その西側のくびれ部の造出しと後円部の間の谷状部分に大小の石を用いて設けられた区画内から、導水祭場を表現した埴輪が検出された。祭場は中央に導水槽《どうすいそう》を置き、その上に切妻屋根をもつ覆屋（祭殿）を設け、さらにその周囲には、上部に連続する山形の切り込みをもつ厳重な塀《へい》を設けている。導水槽は前後の樋《とい》で塀の取水口と排水溝につながっており、この施設が導水祭祀の場にほかならないことを示している。

（3）南郷遺跡群は、葛城《かつらぎ》山の東麓で検出された五世紀頃の遺跡群で、鉄器工房をはじめさまざまな金属器生産の工房跡を含む集落跡である。多くの韓式《かんしき》系土器の出土から、少なくない渡来人も生活していたことが知られる。大東遺跡はこの遺跡群の南端部で発見されたもので、葛城山からその東麓へ流れる小川を石積みの堰でせき止め、その水を長い木樋《もくひ》で大きな木槽《もくそう》に導き、さらに長い木樋で下流へ流すようにしている。水槽部の上には覆屋が設けられ、さらにその周囲には垣根を設けて遮蔽《しゃへい》していたらしい。木製のさしばや刀、琴などの形代《かたしろ》が出土し、この場で水にかかわるマツリが行われていたことを示している。

（4）金原正明「自然科学的研究からみたトイレ文化」『トイレの考古学』所収、東京美術、一九九七年

（5）酒船石のある丘陵の北裾《すそ》部で大規模な湧き水祭祀の遺構が発掘されている。丘陵裾から涌き出した清水を小判形の石槽《せきそう》に導き、これをさらに亀をデザインした円形の大きな石槽に導くものである。その周囲には石敷き広場

とその南北には石積みの雛壇《ひなだん》状の施設が設けられていた。古墳時代以来の伝統的な水の祭祀が、七世紀に国家的規模で行われたものであろう。

二　古墳時代の豪族居館

はじめに

古墳時代の城の問題ということで、豪族居館《きょかん》と呼ばれている遺跡について考えてみたいと思います。ただ、ここにいう豪族居館が、「城」というものに当たるかどうかということ自体も非常に大きな問題で、そのことを検討するのが課題ということになろうかと思います。

古墳時代というのは、日本列島の各地に大きな墳丘を持った墓が数多くつくられた時代で、一応三世紀の後半から七世紀の後半くらいまでの約四百年間を指しています。この時代は、律令的な古代国家が形成される前の時代に当たっており、この四百年の間に、統一的な日本の古代国家が次第に形を整えていって、ついに七世紀の終わりごろに完成するということになるのだと思います。したがって、この時代は日本の国家形成史の上ではきわめて重要な時代に当たっており、この時代をいかにとらえるかということは、日本の古代国家、さらに日本の国家そのものの成り立ちを考える上からも大切な問題で、この時代の城の実態がどういうものであるかということも、そういう問題を考える上に重要なテーマの一つとなるわけです。

文献史料では、この時代の城として、「稲城《いなぎ》」というようなものがあったことが『日本書紀』などにみられますが、「稲城」の実態というものもよくわかりません。わかりませんが、読んで字のごとく、稲を積み上げて防御施設をつくっていたということですから、後の戦国時代の城のような本格的な城郭とはおよそ違ったものであったことが推定できます。それ以外に、城郭といえるようなものの存在をはっきり示す材料は、『古事記』『日本書紀』などにもほとんど見られない。唯一、この時代の城郭的な性格を持った構築物として指摘できるのが、最近の考古学の調査で明らかになってきた「豪族居館」と呼ばれるものです。これから具体的にお話ししますが、この呼び方についても、「豪族居館」、「豪族の居宅」、あるいは「首長の居館」など、人によってさまざまです。ここでは、ごく一般的に用いられている「豪族居館」という言葉を使っておきたいと思います。

古墳時代の豪族居館といわれているものは、現在、日本列島の各地で二、三〇ヵ所見つかっていますが、それらの中でも規模が大きく、しかも調査がある程度進んでいて、実態の明らかなものということで、群馬県の高崎市三ツ寺I遺跡と、同じく伊勢崎市の原之城《げんのじょう》遺跡の豪族居館の例を少し詳しく見てみたいと思います。

1　群馬県三ツ寺Ⅰ遺跡の居館

まず、三ツ寺Ⅰ遺跡ですが、これは、群馬県の西部、榛名山の東南麓にある遺跡で、上越新幹線の建設に伴って発掘調査が行われた結果、周りに立派な濠をめぐらしたみごとな居館の跡が出てきました。図52が調査の結果を示す図で、南北に長く広く掘られている部分が上越新幹線の敷地に当たっています。この調査は基本的には上越新幹線の敷地内だけを掘ったもので、この館はさらに東の方に広がっていますが、この部分はごく一部しか調査が行われておりません。この三ツ寺Ⅰ遺跡は、古墳時代の大規模な居館の中では調査が行き届いて、内容がよくわかっているものですが、それでも全体の三分の一程度しか調査が行われていないわけです。全体像を知るにはデータが不足しているのですが、付近の地形とか一部の発掘調査などで、おおよその輪郭が明らかにされています。

調査の結果を総合すると、一辺が大体八六mの方形の居館であったらしい。周りには、幅が三〇mないし四〇m、深さが約四mの見事な濠がめぐらされ、濠の内側の斜面には人頭大の石が一面に葺かれている。さらに濠の内側には二重ないし三重に柵列がめぐらされています。そして、この濠と柵で囲まれた居館の敷地はさらに柵列で南北に大きく二つに分けられ、南側の区画の西寄りの部分には、東西が一四m、南北が一三・六mという、掘立柱の大きな建物が見つかっています。この周りを濠で囲まれた方形の居館には幾つか突出部があります。西側には少なくとも二ヵ所の突出部分があり、南側の一辺にも一ヵ所の突出部分がある。全体が発掘されていませんが、西側にある二つの突出部のうち、北側の突出部はさらに先端が北側に折れまがっています。この部分では、濠の北の外側にも突出

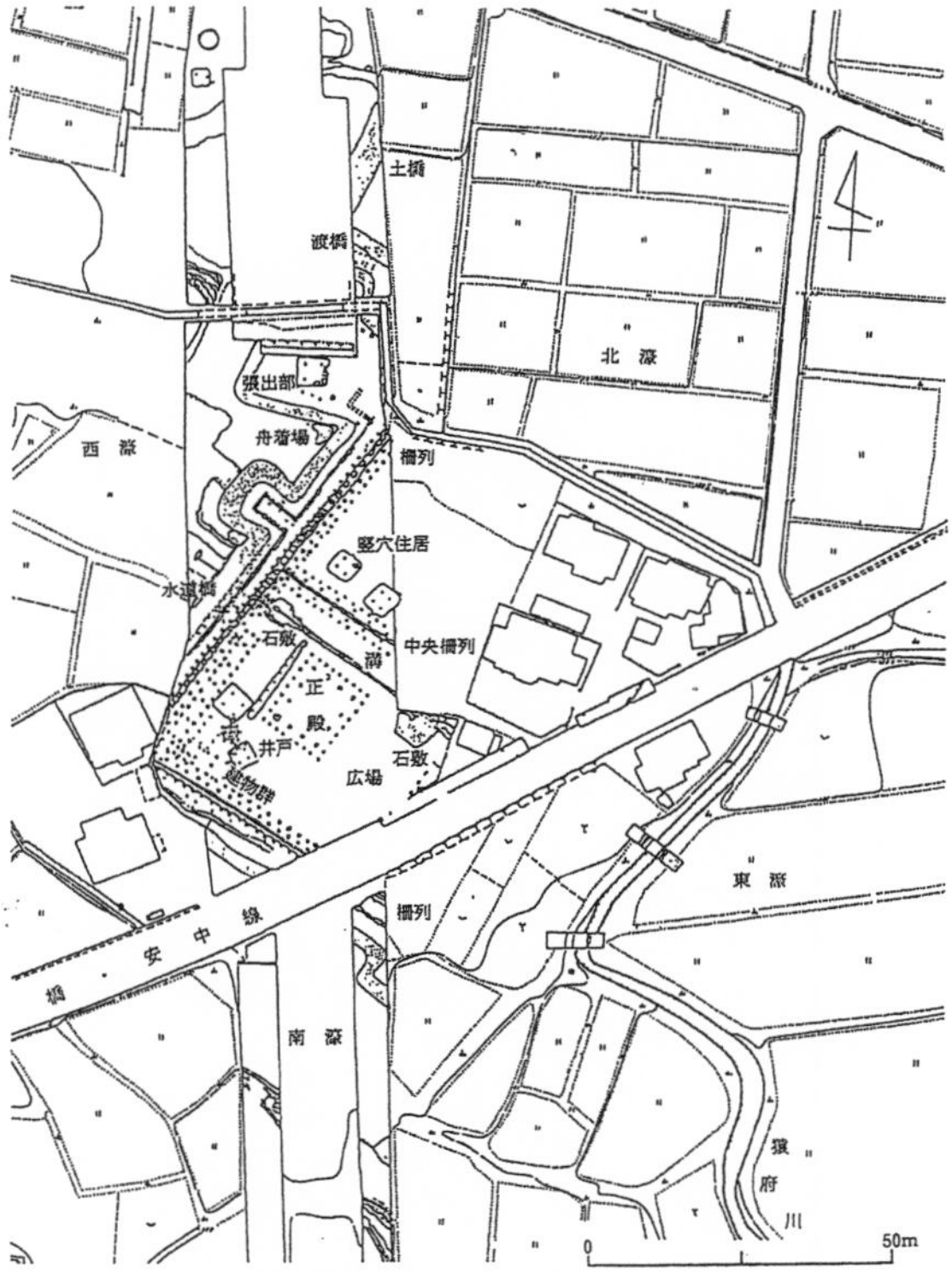

図52　群馬県三ツ寺Ⅰ遺跡調査図
（群馬県教育委員会ほか『三ツ寺Ⅰ遺跡』による）

部があって、その間の濠が細くなった部分に橋があったことがわかっています。したがって、この居館は、西北部の突出部から橋で外部につながっていたことがわかります。もう一ヵ所、その反対側の東南隅のところにも、そういう橋があったのではないかと想像

されていますが、これは将来の調査を待たないとよくわかりません。

南側の区画の西寄りで見つかった大きな掘立柱建物の北側の部分には、溝が東西に走っています。大きな建物の東北隅の前には石敷きの小さなプールのような部分があって、そこにこの溝が流れ込み、さらに東の方に流れ出るというような構造になっている。つまりこのプール状の部分に水を導入する施設があったということになります。また、大きな掘立柱建物の西南側には井戸があり、八角形の上屋を伴っていたことがわかっています。上屋を伴った立派な井戸が、大きな建物に接してつくられていたということになります。

この居館は、大体五世紀の後半から六世紀の初頭までの半世紀足らずの比較的短い間のものです。それでも半世紀近くは存続し、その間に何度か改造・改築が行われているのですが、全期間を通じて基本的には、この八十数m四方の敷地を南北に大きく分けて使っています。その北側の部分はごく一部しか調査が行われておりませんが、その西寄りで竪穴住居が二棟見つかっています。北側部分の全体像はよくわからないのですが、多くの復原図は、ここに何棟かの竪穴住居とともに、立派な掘立柱の建物、さらに高床式の倉庫といったものが配置されていたであろうということで描かれています。しかし、実際にはこの空間はそれほど広くはないわけで、ここに何棟もの竪穴住居、立派な掘立柱建物、さらに高床式の倉庫群をすべて入れるのは、少し無理なように思われます。居館の中に高床式の倉庫群があるかどうかということは大きな問題になるのですが、三ツ寺Ⅰ遺跡に倉庫群があったかど

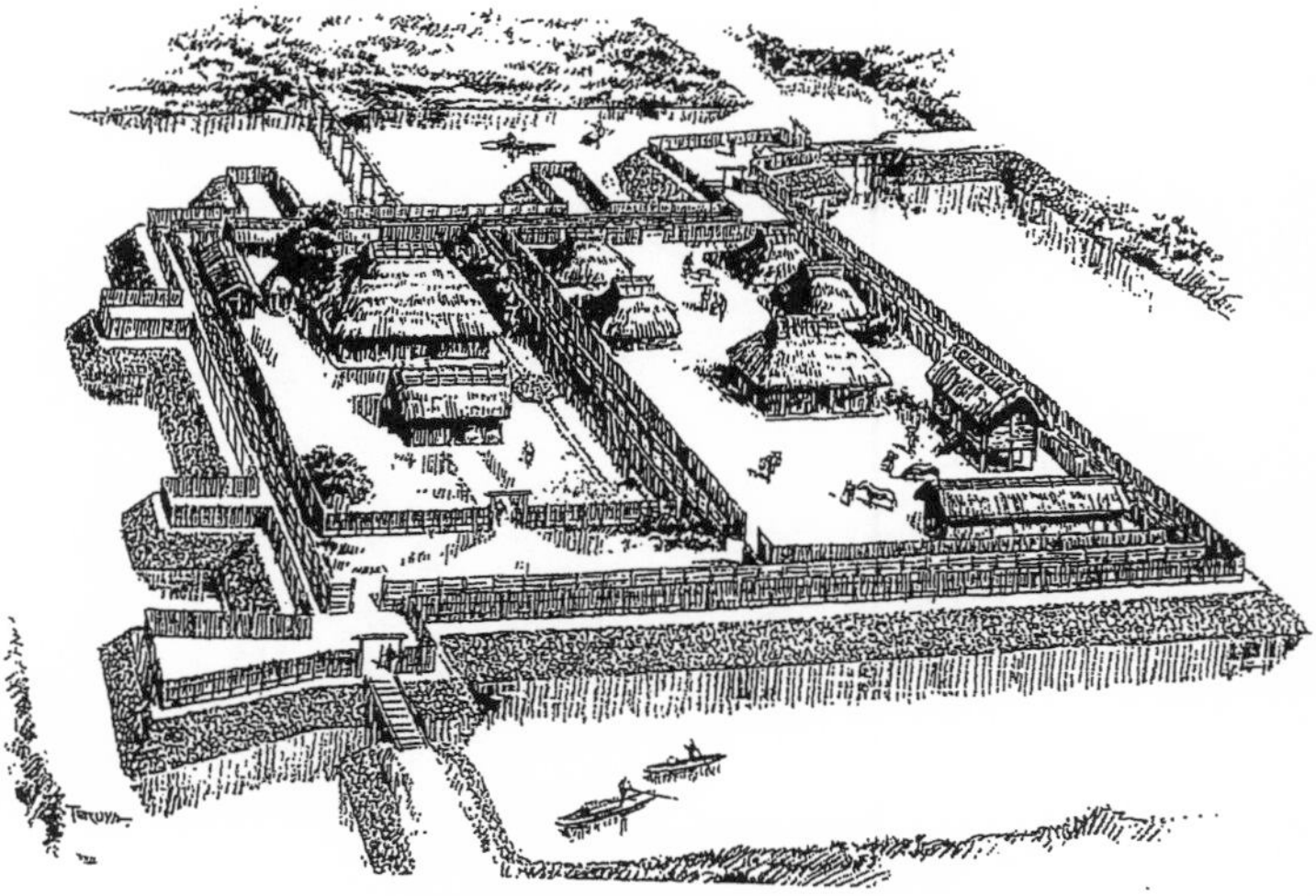

図53　三ツ寺Ⅰ遺跡居館復元図（イラスト・山本耀也氏）

うかは、残念ながらまだわからないのです。私は、一棟ぐらいはあった可能性はあると思いますが、一部の復原図に示されているように、四～五棟も掘立柱建物がここに並ぶということは考えにくいのではないかと思っています。この点についても今後の発掘を伴う調査を待つほかありません。南側の区画は前述の大きな立派な建物を伴っており、儀式などの行われる空間であった可能性が強い。それに対して北側の空間には竪穴住居などがあり、首長の日常生活の場であった可能性が強いことは、だれしも考えるところです。

そういう考え方に基づいて、画家の山本耀也さんにつくっていただいた復原画が図53です。三ツ寺Ⅰ遺跡の復原図は、研究者の検討の結果に基づいて何人かの方が書いておられ、何棟もの倉を復原している画もありますが、先に述べたように私は、そこにそれほど大きな倉庫群が入る余地はないと思っております。山本さんの復原図のように、首長の日常の生活空間としての母屋に当たるようなものと、簡単な倉庫、それに付属する釜屋とか、ちょっとした工房の類——これもまた各種の大規模な手工業生産が行われたとは考えにくい——などが北の空間にあったのでしょう。それに対して南の空間は儀式が行われる場であった可能性が大きいと思います。

北側の部分が首長の日常生活の場であろうということについてはあまり異論はないと思うのですが、この部分をどのように復原するかは、今後の発掘調査によらなければ結論は出ないのです。この遺跡が見つかって十年ほどになるのですが、その後本格的な調査は全く行われていません。周辺部は次第に開発されていっていますが、古墳時代の豪族居館を代表する重要な遺跡に対して何ら保存・活用の対策が講じられていないのは非常に残念なことです。

三ツ寺Ⅰ遺跡の周辺の状況を見ると（図54）、付近には井野川という大きな河川があり、大きくは井野川の流域に当たっていますが、もう一つ、井野川の東側に唐沢川という川があります。唐沢川は、図面上Bの地点で、猿府川と唐沢川とに分かれる。群馬県の埋蔵文化財調査事業団におられる能登健さんの研究結果では、Bの地点で唐沢川を人工的に分岐させて猿府川という川が新しく引かれているのは灌漑のためであるという。この付近の井野川流域のところが広大な水田地帯になっていますが、これは井野川によって灌漑された広大な水田地帯で、そこには、弥生時代以来の幾つかの水田遺跡が

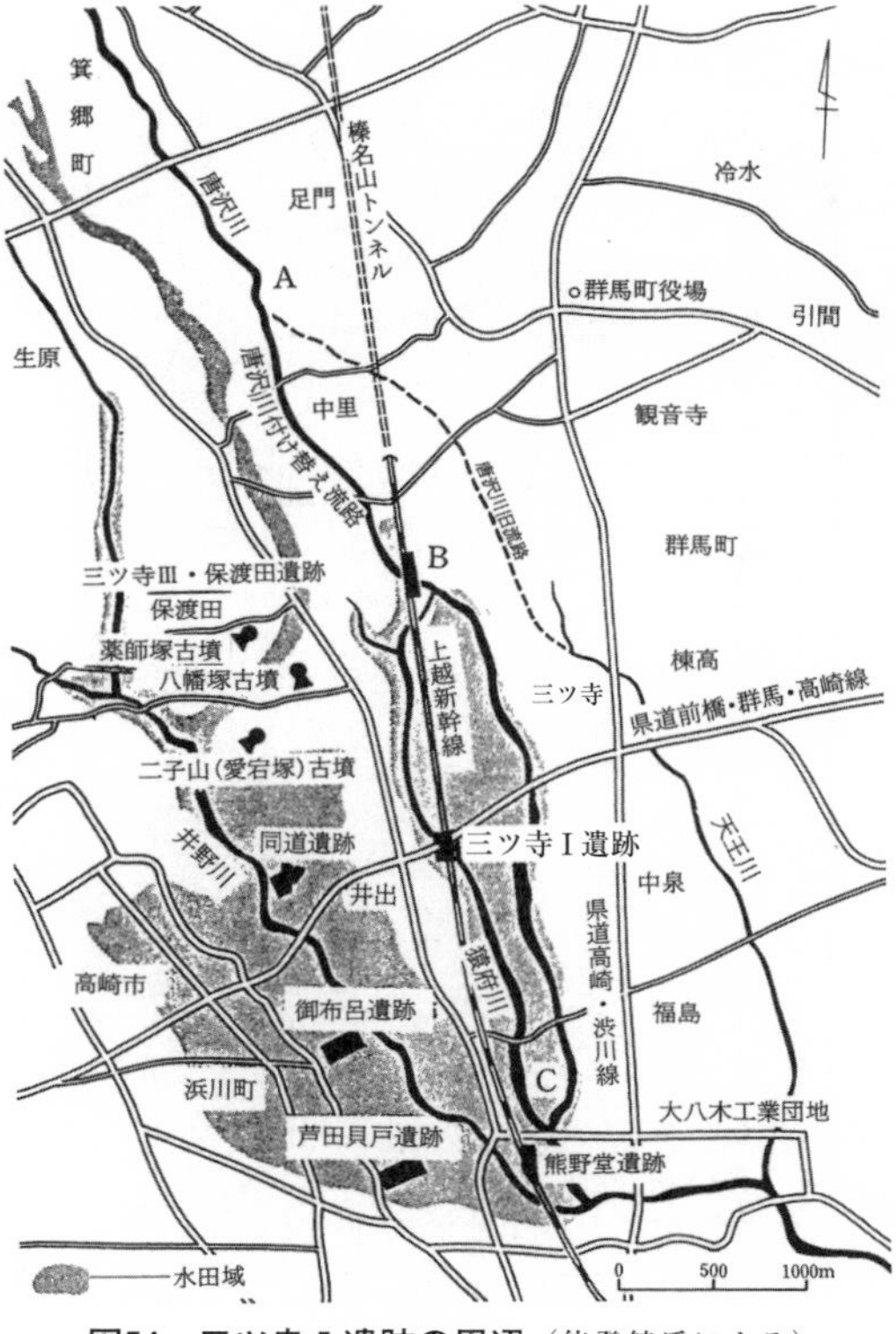

図54　三ツ寺Ⅰ遺跡の周辺（能登健氏による）

発掘されているわけです。それに対して、東側の唐沢川と猿府川の間のところは、唐沢川は低いところを流れているので、そのままでは灌漑できない。そのために、唐沢川をAの地点からBの地点まで付け替え、さらにBの地点で唐沢川を西に分岐させて、猿府川という灌漑用水路を引いた。その結果、東側の広大な地帯が水田として利用できるようになったのだという説です。三ツ寺Ⅰ遺跡というのは、まさに猿府川のところに当たっており、この大きな濠は猿府川そのものです。ですから、猿府川の中島のようなところにこの居館が営まれていたということになります。能登健さんは、三ツ寺Ｉ遺跡を営んだ豪族は、唐沢川から人工河川である猿府川を分岐させて広大な地域の開発を行った、まさに開発領主的な性格の豪族であったのではないかと考えておられます。この付近には、三ツ寺Ｉ遺跡の西北に保渡田《ほとだ》古墳群という有名な古墳群があり、八幡塚古墳、二子山古墳、薬師塚古墳という、いずれも墳丘の長さが一〇〇ｍを上回る、五世紀後半から六世紀初頭にかけての三つの大きな前方後円墳があり、三ツ寺Ｉ遺跡の存続期間と並行している。ここに居館を営んだ豪族の代々の墓が、これら保渡田古墳群の三つの大きな前方後円墳であることは、ほぼ疑いないわけです。

2　群馬県原之城遺跡の居館

三ツ寺Ｉ遺跡は、五世紀の後半から六世紀の初頭にかけての豪族の居館ですが、それに対して伊勢崎市の原之城《げんのじょう》遺跡は、六世紀の中葉から後半にかけてのものです。この遺跡は、付近の区画整理事業に伴って発掘調査が行われたので、比較的広く調査が行われていますが、残念ながらこれまた全面を調査したというわけではないので、よくわからないところがたくさん残っています。

原之城遺跡は、周りに濠をめぐらした南北に長い長方形の居館で、南北が大体一六五ｍ、東西が一〇五ｍあります（図55）。三ツ寺Ⅰ遺跡よりはさらに一回り大きいということになります。周りには、平均二〇ｍぐらいの幅の素掘りの濠がめぐらされておりますが、三ツ寺Ⅰ遺跡のような葺石は施され

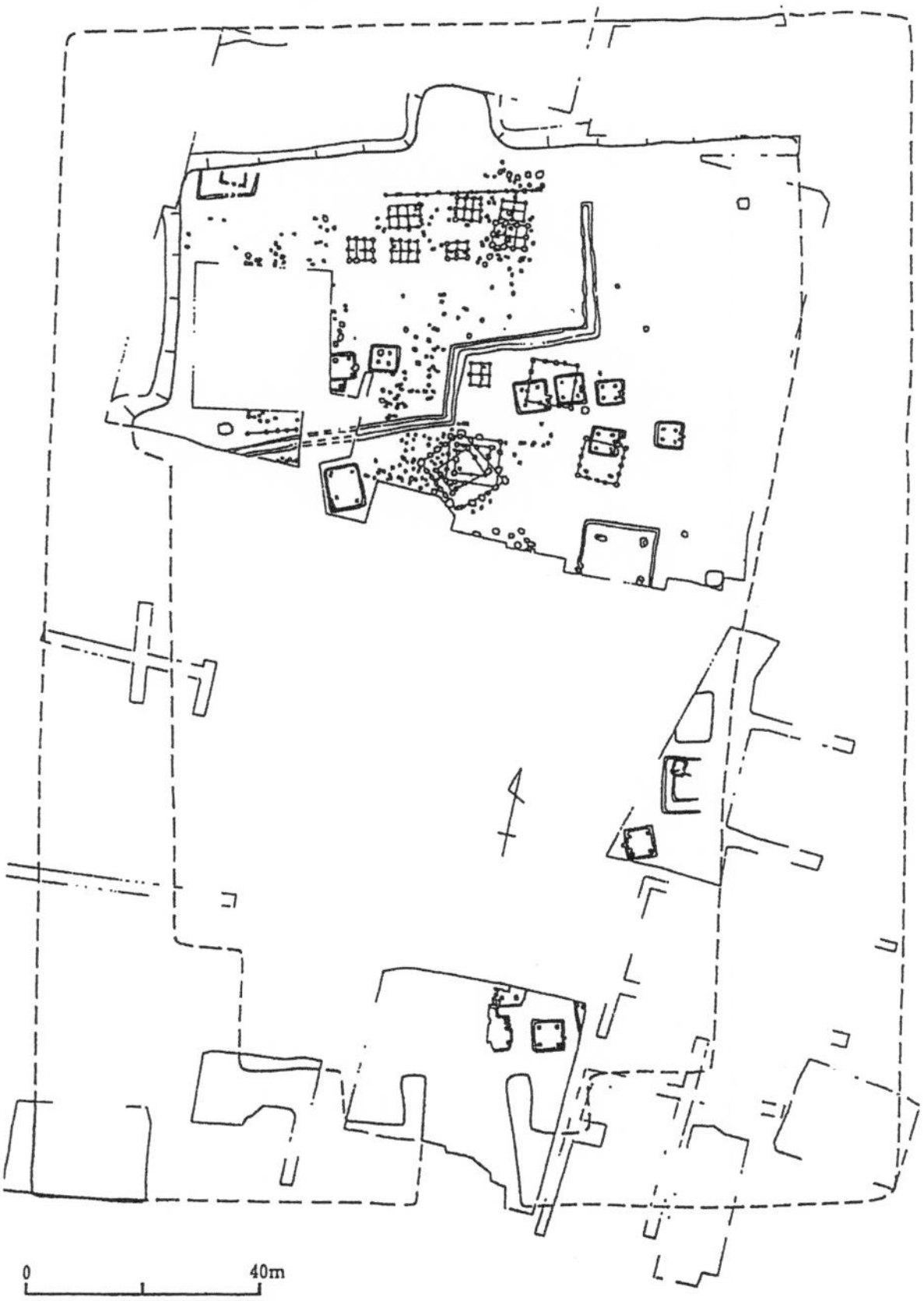

図55　群馬県伊勢崎市原之城遺跡調査図
（群馬県立歴史博物館『古代東国の王者』による）

ていない。深さも一・五mぐらいのきわめて浅いもので、何ヵ所かに突出部があります。南側の一辺のほぼ中央に外への陸橋が通じているので、この居館の入口は南側にあったことがわかります。陸橋部以外に、南側では陸橋部の両側に突出部があり、東側にも一ヵ所、西側にも一ヵ所、北側にも一ヵ所突出部があります。

ここでは、調査以前にも濠の内側に高まりの部分が続いていたのですが、調査の結果、それが本来の土塁の痕跡であることがわかり、基本的には濠の内側のほぼ全面に土塁がめぐらされていたと想定されます。

三ツ寺Ⅰ遺跡の場合は、内側には土塁ではなくて柵列が何重かにめぐらされていたのですが、ここでは土塁がめぐらされていたということになります。さらに土塁の内側ですが、北の方には掘立柱の高床式の倉庫群が発掘調査で確認されており、何棟か並んでおります。この倉庫部分を区切るように、少し折れ曲がった細い溝が東西に掘られています。溝の南側、居館全体のほぼ中央より北寄りの部分に、比較的大きな掘立柱の建物があることがわかっていて、これが、三ツ寺Ⅰ遺跡の南側の区画の西寄りの部分で見つかったような、居館の中心的な建物に当たるのだろうと考えられています。さらに、この部分は調査が不十分ですが、その南の方には何棟かの竪穴住居が点々と配されていたと思われます。

このような発掘調査の結果を踏まえて、この居館を大胆に復原したのがこの写真の模型です。これ

写真　原之城遺跡復元模型
（国立歴史民俗博物館所蔵）

は、国立歴史民俗博物館の阿部義平さんが、調査関係者や建造物の専門家の意見も聞いて復原をされたものです。ここでは、北側の部分には掘立柱の高床倉庫群があったことは確実ですし、溝を挟んで南側には大きな掘立柱建物を中心とする一角があったことも確実であり、さらにその南側に点々と竪穴住居があったことも明らかで、この復原に大きな間違いはまずないであろうと思われるわけです。そして、土塁の上には柵列がめぐらされていたであろうと考えられます。

もう一つ興味深いことは、この遺跡では、居館の北東隅の部分に建物の見られない空間部分があり、ここからたくさんの石製模造品、あるいは祭祀用の土器といった、神まつりに用いた祭祀用の遺物が大量に出てきています。ですから、この空間は主として神まつりを行う空間であったことがわかります。

三ツ寺Ⅰ遺跡の場合も、居館の各所で、石製模造品などの神まつりに使った遺物が出てきていますが、特に注目されるのは、南側の区画の大きな建物の北側を東西に走る溝の中、あるいは溝が流れ込んでいる石敷きのプールのような部分から、大量の石製模造品が出ていることです。石製模造品というのは神に奉献するために滑石で多量に作られた鏡や剣や勾玉の形代《かたしろ》のことであり、ここに導かれた水は明らかに祭祀にかかわるものと考えられます。

さらに興味深いのは、この水路の水は、わざわざ水道橋をつくって、濠の西側から導かれています。これは、濠の底に橋桁の一部が残っていたこと、さらに、水道の樋管が見つかっていることからも明らかです。この水はどこから引いたのかわかりませんが、いずれにしても居館の濠の外側から、わざわざ水道橋をつくって水を居館内に導き入れ、それを中心建物の斜め前の石敷きのプール状の遺構に注ぎ込む。そこで何らかのまつりが行われていたということになるわけで、三ツ寺Ⅰ遺跡でも、神まつりが行われていた。そして、この場合は明らかに水にかかわるまつりであったということがわかります。さらにこの建物の反対側には、立派な上屋を伴う井戸がある。これまた単なる生活用水ということではなくて、水のまつりにかかわる井戸であった可能性が大きいと思います。三ツ寺Ⅰ遺跡では、それ以外にも、周りの濠の中から、実用の木器類とともに、神まつりに用いたと思われる木の刀の形代など木製の祭祀用具が多数検出されています。当時は政治と神をまつることとが同じ「まつりごと」であったわけですが、この居館がまさに「まつりごと」の場であったことを物語っております。これは原之城遺跡の場合も同じであるということになります。

以上、現在までに見つかっている古墳時代の豪族居館と呼ばれるものの中でも、特に規模が大きく、かつ構造がある程度明らかになっているものとして、三ツ寺Ⅰ遺跡と原之城遺跡についてお話ししました。

3　豪族居館の成立

これ以外にも、こうした豪族居館は日本列島の各地でたくさん見つかっております。古墳時代前期の比較的古いところのものとしては、例えば大分県日田市の小迫辻原《おざこつじばる》遺跡では、こうした濠で囲まれた方形の居館が二つ並んで見つかっています。これは、内部に掘立柱建物があったことはわかっていますが、残りがあまりよくなくて、内部における建物の配置などはわかりません。大きな方の居館は、一辺が約四五m、小さい方が一辺約三五mで、先ほどの群馬県の例に比べると小さなものですが、きれいに東西に二つ並んで見つかっています。これは、古墳時代の前期でも比較的古い、四世紀の初めごろのものであろうと考えられています。

それ以外にも前期のものは幾つか知られており、東北地方では宮城県の山前遺跡があります。ここの場合も全体像はよくわかりませんが、やはり濠に突出部を持った構造です。栃木県の堀越遺跡は、これまた古墳時代前期のものです。ただし規模は小さく、一辺が大体五〇ｍで、濠の内側には柵を立てるために掘った布掘りの溝の跡があり、大きな竪穴住居が一棟見つかっております。栃木県の四斗《しと》蒔《まき》遺跡もまた、古墳時代の前期、四世紀にさかのぼるものです。

中期になると、三ツ寺Ⅰ遺跡が中期後半のもの、東日本では、栃木県の成沢遺跡とか、群馬県の荒《あら》砥荒子《とあらこ》遺跡とか、西日本では兵庫県の松野遺跡などがあります。松野遺跡の場合は、濠といえないような溝が柵列の外側に掘られており、東日本のものとは少し感じが違いますが、東日本の豪族居館と同じ性格の遺跡であることは間違いないと思います。

さらに後期の例としては、先ほどの原之城遺跡がそうですし、やはり群馬県の本宿・郷土遺跡なども、古墳時代後期のものです。

このように、周りに濠をめぐらした方形の居館は、古墳時代前期の初頭から古墳時代後期、六世紀に至るまで、つくられ続けていることがわかります。それらは基本的には方形であり、濠をめぐらし、一部ですが濠の内側の斜面には、石組みというか葺石を伴っている。さらには内部には、柵列をめぐらすものと、土塁をめぐらすものがある。また、濠の部分に向かって飛び出した突出部を持っているというように、幾つも共通する性格が認められ、古墳時代に立派な古墳を営んだ豪族、すなわち有力な首長たちが、いずれもこうした同じような方形の居館を構えていたことは間違いないと考えられます。

次に、こういう方形の豪族居館がどのようにして成立したかということを少し考えてみたいと思います。

弥生時代の大規模な集落は、ほとんど全部、周りに何重もの立派な濠をめぐらしています。これは弥生時代の前期から始まるわけで、さらに中期のものも後期のものも、大規模な集落はいずれも環濠をめぐらしていることが、戦後の発掘調査によって明らかになってきました。その例はたくさんありますが、特にいろいろな意味で大きな話題になったのが佐賀県の吉野ケ里遺跡です。吉野ケ里遺跡は前期から続いている遺跡ですが、ここでは特に後期の状況を見てみたいと思います。

後期になると、遺跡のほぼ中央のところに中心的な南内郭と呼ばれる一郭が営まれるわけで、この部分には外側に土塁をもつ内濠がめぐっており、さらに広大な外濠がめぐっています（図56）。内濠には張り出し部があって、そこには物見やぐらのようなものが立っていたらしい。その柱穴が検出されており、まさに『魏志』倭人伝にも出てくる楼閣のようなものが、この突出部に立っていたと想定されています。この内濠にかこまれた南内郭部分の遺構の残りはあまりよくなくて、高い建物で物見やぐらと推定される遺構を別にすると、あとの建物についてはあまりよくわからないのですが、中央部には、集落を統括していた首長の日常生活の場、あるいは政治的行為を行うための施設などが存在していたことは、ほぼ疑いないと思われます。なお、この南内郭の東北方約二〇〇mをへだてたとこ

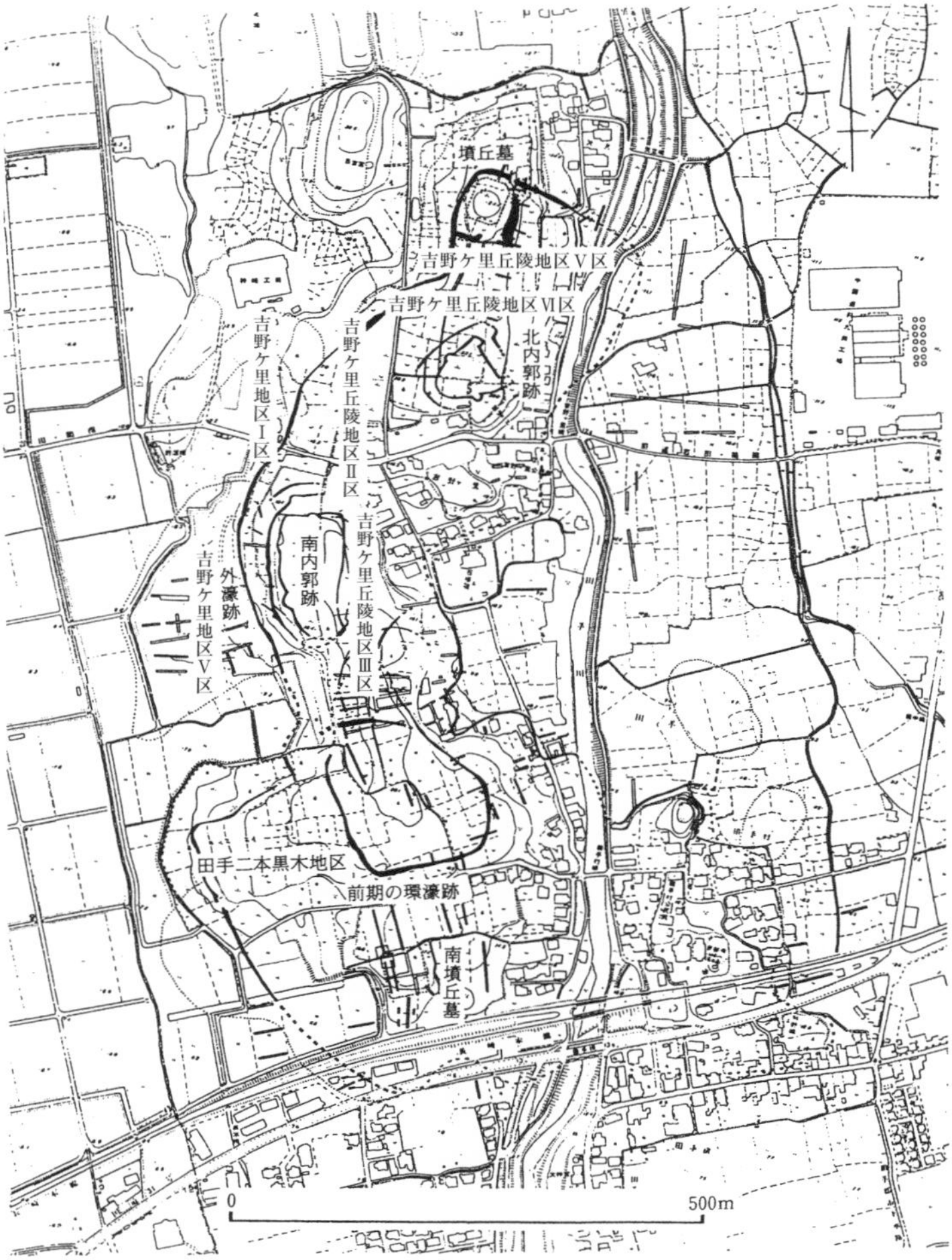

図56　佐賀県吉野ケ里遺跡の弥生時代環濠集落

（佐賀県教育委員会『吉野ケ里』による）

ろにも、やはり内濠で囲まれた後期の北内郭が検出されている。この南内郭と北内郭の関係は、今後の大きな検討課題とされています。

さらにここで注目すべきことは、倉庫群が、外濠のさらに外側の部分に営まれていたことです。図56で、吉野ケ里地区V区と書いてあるところ、まさに外濠の外側に倉庫が営まれていた。ちょっと意外なことですが、吉野ケ里の場合はそのようになっていたわけです。

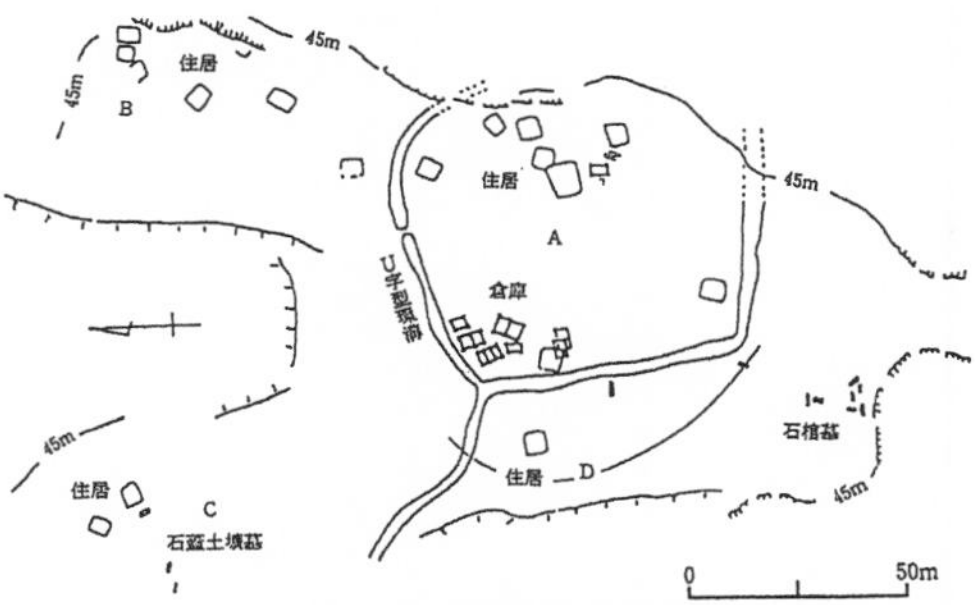

図57　佐賀県千塔山遺跡

このように弥生時代の集落は、前期、中期、さらに吉野ケ里遺跡のように弥生時代後期の段階になっても、何重もの濠で囲まれていました。特に注目すべきことは、吉野ケ里遺跡の段階になってくると、外濠で囲まれた広大な集落の中枢部分が、さらに内濠で囲まれるようになってきていることです。例えば佐賀県千塔山遺跡は、吉野ケ里ほど大きな集落ではありませんが、やはり台地の上に営まれた弥生時代後期後半の遺跡で、丘陵の上に竪穴住居が散らばっています（図57）。この竪穴住居群は幾つかのグループに分けられますが、愛媛大学の下条信行さんは、A、B、C、Dという四つの住居群にこの遺跡を分けて考えておられます。そのうちAの住居群だけは、周りにほぼ方形に近い隅丸方形の環濠をめぐらせ、B、C、Dという三つの住居群はその環濠の外にあります。吉野ケ里のような大きな立派な集落では、全体が外濠で囲まれていますが、ここの場合は特に外濠のようなものは見つかっていませんが、中心的な住居群が方形の環濠で囲まれるようになってきている。集落の全体ではなくて、集落の中の一部の住居群、おそらくこの集落の首長と考えられる一家、あるいはそれを取り巻く人たちだけが、濠で囲まれた空間に居住するようになっているのです。

さらに興味深いことは、Aの住居群のほぼ中央には何も建っておりません。そこは大きな広場になっていたと考えられるのですが、広場のすぐ北側には大きな竪穴住居が一つあります。さらに、広場の北西隅には倉庫群が営まれている。したがって、この集落の首長の一族は、周りに濠をめぐらした特別の区画内に居住するようになっており、そこには何らかの儀式やまつりごとを行うための空間と考えられる大きな広場がある。村全体で生産された生産物を収納する倉庫群もまた、環濠で囲まれた方形区画の中に営まれているということが注目されます。千塔山遺跡は弥生時代の終わりのころですが、その構造は、さきに見てきた古墳時代における豪族居館の出現の過程を考える上で非常に示唆的です。

弥生時代の環濠集落の中央、その集落の首長一家が居住する部分が、弥生時代の終わりごろになってくると、内濠で囲まれるようになる。吉野ケ里の内濠の中側は、首長家族だけの空間と考えるには大きすぎますが、いずれにしても集落の中枢部分が内濠で囲まれるようになってきます。そして、千塔山遺跡に見られるように、多くの場合、その集落の首長の居住する内濠で囲まれた部分の中には、首長がまつりごとを行い、さまざまな儀式を行うための広場や、集落全体の生産物を管理するための倉庫が営まれる場合が多かったと思われます。この内濠で囲まれた部分が飛び出して独立したもの、これがまさに古墳時代の豪族居館と呼んでいるものにほかならないということがわかります。

弥生時代の首長は、村の一般の人々と同じように共同墓地に葬られるのが普通であります。ところが弥生時代の終わりごろになると、各地の有力な首長たちは、盛り土を持った墳丘墓を営むようになってくる。とともに、一般の集落の構成員の共同墓地から離れて、別の場所に大きな墳丘を持った墓がつくられるようになってきます。そして三世紀の後半ごろになると、このような一般の共同体の成員とは別につくられる墳丘を持った首長墓を母体としてさらに大規模な古墳が出現します。死後の世界についても、首長とその家族だけが、一般の村人の共同墓地から離れた場所に大きな墳丘を持つ墓を営むようになったのと同じように、共同体の首長は、村人たちから離れた場所に生活の場を営むようになった。それが濠で囲まれた古墳時代の豪族居館だと思われます。千塔山遺跡でもそうですが、この段階になってくると、集落全体が溝で囲まれるということはなくなり、一部の首長の居館だけが溝で囲まれるようになるわけです。

弥生時代の環濠集落から首長の居館だけが飛び出してくる過程を考える上で非常に面白いのが、さ

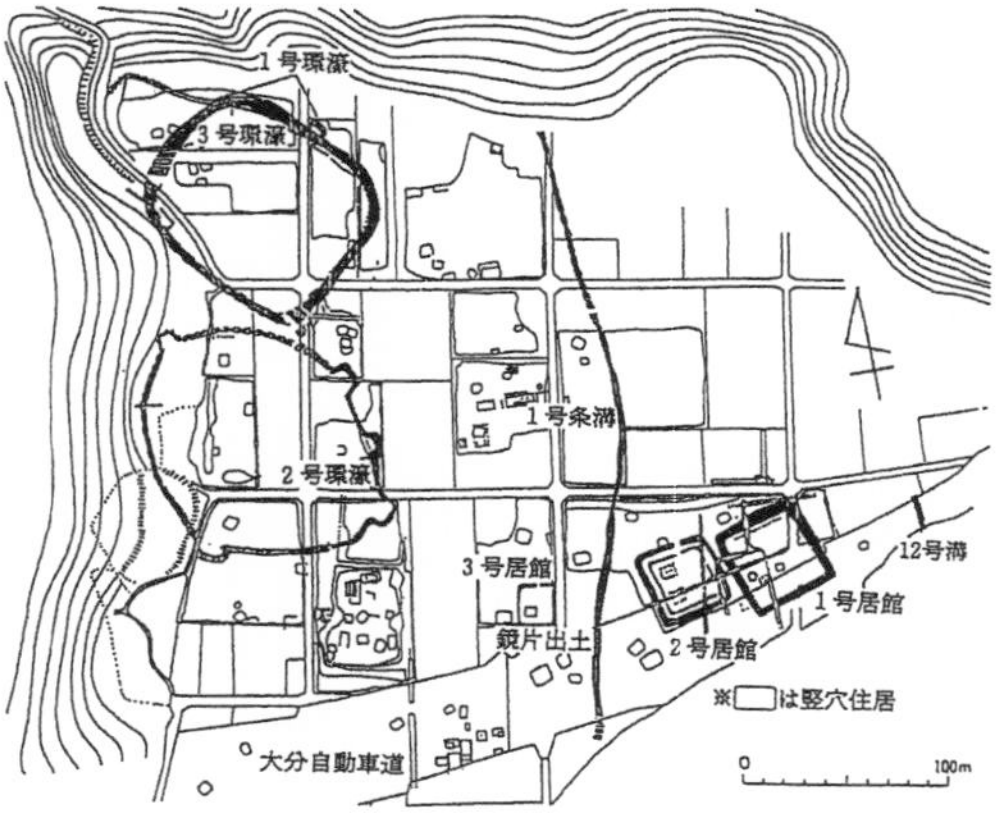

図58　大分県小迫辻原遺跡

きにも少しふれた大分県小迫辻原《おざこつじばる》遺跡です（図58）。これは日田市の市街地北側の丘陵上に営まれた遺跡群ですが、南西の部分に、さきにお話しした古墳時代初頭にさかのぼると思われる居館が二つ並んでいます。1号居館は大体方四五m、西側の2号居館が方三五mのもので、内部にそれぞれ柵列をめぐらし、さらに内部に掘立柱建物を伴っていたと考えられています。こういうものが古墳時代の初めにあらわれています。

　興味深いのは、この丘陵上では、それ以前の弥生時代の終わり頃にも環濠集落が営まれています。遺跡の西寄りの部分では三つの環濠（1号環濠、2号環濠、3号環濠）が見つかっており、1号環濠は、3号環濠の大きな濠によって切られております。したがって1号環濠の方が古く、後になって3号環濠が営まれていることがわかります。1号環濠の全体像はよくわかりませんが、3号環濠は、一辺が大体一〇〇mの隅丸方形を呈するようになっています。これはちょうど弥生時代終わりから古墳時代への過渡期のものです。近畿地方の土器でいえば、庄内式から布留式に移り変わる時期に当たります。

さらに南の方には、やはり濠で囲まれた部分があって、これを2号環濠と呼んでいます。この2号環濠から出てくる土器も、大体庄内式から布留式の古いところに併行する、まさにその過渡期くらいのもので、3号環濠との前後関係はよくわかりません。2号環濠では何カ所か突出部がみられます。そういう意味では、弥生時代の環濠集落にも見られた突出部が2号環濠では伴っている。ところが3号環濠ではそれがなくなっている。東の方に展開する1号居館や2号居館では突出部が見られなくなっている。そういうことを考えると、3号環濠から2号環濠に展開し、さらに1号居館、2号居館というような年代的な変遷があとづけられるのかもしれません。

いずれにしても、この丘陵上では、西寄りの部分に弥生時代の終末頃の環濠集落が存在するわけです。ここでは3号環濠の内部や2号環濠の内部が調査されていないので、まだよくわかりません。1号環濠といっているものと2号環濠といっているものは環濠の太さがほぼ同じなので、あるいはつながってしまうのかもしれませんが、いずれにしても、ここは二時期ないし三時期にわたって弥生時代終末期の環濠集落が存在したわけです。それが古墳時代の初頭になると、集落全体を囲うものではなくて、集落の首長だけの生活の場としての居館と呼ばれる濠で囲まれた施設が完成してくることがわかります。

こうした弥生時代の環濠集落から古墳時代の方形の豪族居館が出てくる過程を、福岡大学の武末純一さんが、大きく三つの類型に整理しておられます。

一つは、円形の大きな集落があって、その中に方形の区画が出現しているもので、これをAの類型とされる。吉野ケ里遺跡がそれに当たります。大きな環濠集落があって、その集落の首長と、それを取り巻く人たちだけが、方形に近い内濠で囲まれた空間に居住するようになり、そこに首長のまつりごとの場、あるいは——吉野ケ里の場合は倉庫は別でしたが——千塔山のような、生産物を管理する倉なども収めるものも少なくなかった。Bは、そういう環濠集落の中から首長の生活の場が飛び出してくるタイプ。Cは、円形の環濠がなくなって、方形の首長の居館だけになる、これがまさに古墳時代の豪族居館と呼ばれているものです。Aの類型からBの類型を経てCの類型が成立する過程を模式化して説明しておられるのですが、古墳時代の豪族居館が、基本的にはこういう形で成立してきたものであることは、まず間違いないと考えられます。したがって、豪族居館の出現の過程は、日本列島各地のムラムラの首長たちがどのようにして、その地の支配者、すなわち豪族として、共同体の一般成員を支配する支配者に変化してくるのか。そういった問題を考える上に重要な意味を持つわけです。

4　城郭としての豪族居館

豪族居館の出現の経過は、そういうことでほぼおわかりいただけたのではないかと思います。またそれが古代史を考える上で非常に重要な問題であるということもおわかりいただけたと思いますが、こうして成立してきた豪族居館なるものが、はたして城郭といえるようなものなのかどうかということが、大きな問題として残るわけです。確かに、こうした豪族居館は周りに濠をめぐらしているものが多く、内部を土塁や柵で防御しているものも少なくない。まさに城郭的な要素を備えていることは事実ですが、それらが城としての機能を果たし得るものなのかどうかということを調べてみる必要があろうかと思います。次にこの問題を検討してみたいと思います。

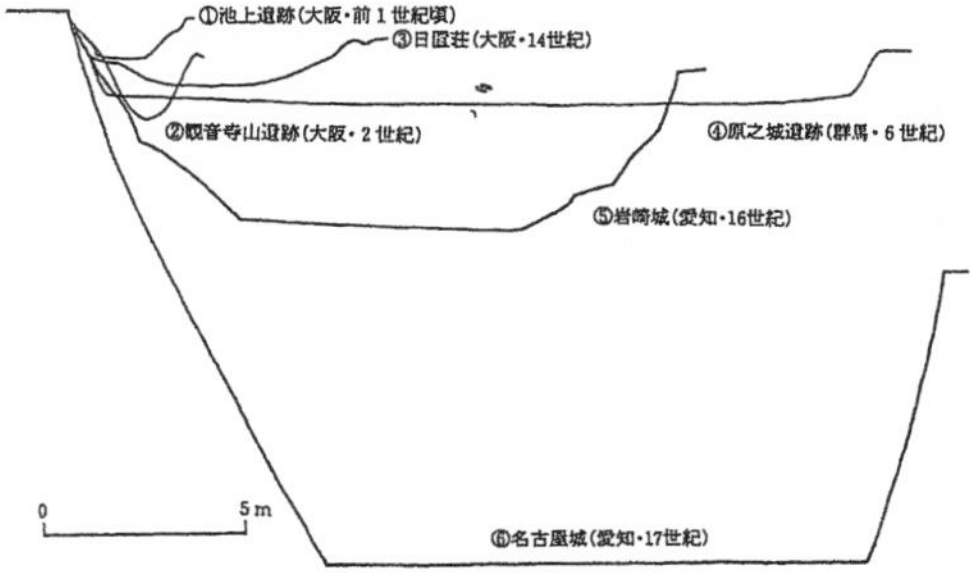

図59　城の濠の断面形との比較（千田嘉博氏による）

まず濠ですが、図59に中・近世の城を研究しておられる千田嘉博さんがつくられた「濠の断面形の比較」の図を挙げておきました。これは、弥生時代から江戸時代までの環濠集落や、城の濠の断面形を比較したものです。下の一番大きい⑥は、江戸時代の名古屋城で、非常に深くて大きな濠が掘られています。①は弥生時代の環濠集落である大阪府の池上遺跡、②は弥生時代の高地性集落でもあり環濠集落でもある、大阪府の観音寺山遺跡で、周りに濠をめぐらせているわけです。いずれにしても、弥生時代の環濠集落あるいは高地性集落を取り巻く溝は幅が三m程度ですが、結構深いのです。また弥生時代の集落の環濠は、多くは、落ち込むと簡単に上がれないような非常に底の深いV字形の断面形を呈しています。

それに対して④は、群馬県の原之城遺跡ですが、この図だとちょっと深過ぎるような気がします。実際は、現在の地表から一・五ｍくらいで、現在の地表がだいぶ削られているとしても、この図に示されているものよりもさらに浅いものだと思います。原之城遺跡の場合は、内側に土塁がめぐらされていたことが知られています。内側に土塁を伴っていますから、それなりに防御の機能は果たしたと思いますが、弥生時代の環濠集落の環濠に比べて、幅は二〇ｍもあって広いのですが、非常に浅いもので、防御の機能はそれほど万全のものとは考えがたいと思われます。

最初に紹介した三ツ寺Ⅰ遺跡は、濠の幅が三〇ｍから四〇ｍ、深さが四ｍもあって、濠としての機能を立派に果たすものです。しかし三ツ寺Ⅰや原之城以外の豪族居館と呼ばれているものの濠は、幅の広いものでもせいぜい三、四ｍ、深さも一ｍ程度です。もちろん、本来はもっと深かったと思われますが、現在、発掘調査で検出されるのはせいぜい一ｍ前後のきわめて浅いものです。しかも、弥生時代の濠のようなＶ字形の鋭い断面形ではなくて、逆台形のものになってしまっています。たまたま最初にご紹介した三ツ寺Ⅰ遺跡や原之城遺跡の場合は周濠が非常に立派で、それなりに防御の機能を果たし得るものですが、それ以外の大部分の豪族居館の濠は、幅もせまく、深さもきわめて浅い。防御の機能を果たしたとは考えられないようなものです。

こうした豪族居館には突出部を伴っているものが多いのですが、原之城遺跡の場合も、復原図では西南の隅をへこませています。このように、居館の外側の壁面をわざわざ折り曲げているのは、千田嘉博さんに教えていただいたところでは、中世の城館では、「折れ」あるいは「折り」と呼ぶそうですが、「横矢かけ」といって、横から弓矢を射かけるための施設によく見られるものだそうです。ですから、本来的には戦術的な意味があって突出部が設けられていることは間違いないわけで、中世の城郭などと共通する要素を持っていることはたしかです。したがって古墳時代の豪族居館にも、城郭としての機能を持つものがあることは確かです。しかし、その大部分は、濠も細く浅いもので、実際に城郭として機能を果たしたとはとうてい考えられないのです。

三ツ寺I遺跡の場合は、濠の内側の斜面には見事な葺石を持っていて、濠も幅広く太いものですが、群馬県埋蔵文化財調査事業団の能登さんが明らかにしておられるように、三ツ寺I遺跡の居館の主は、この付近を開発するために唐沢川の水を引いて、この広大な地域を開発した治水王というか、大規模な灌漑工事をすることによって広大な耕地の開発に成功した、開発領主的な性格を持っている。その居館も、人工的な河川である猿府川の中島的なところに営まれているわけです。現在までに見つかっている豪族居館の中で、周りに実際に水をたたえた濠をめぐらせているものは三ツ寺I遺跡だけであって、能登さんが想定しているような、治水王というか、大規模な治水工事を行うことによって、この地域の大規模な開発に成功した三ツ寺I遺跡の首長の特殊な性格を、この居館の立地が物語っているのでしょう。そういう意味では、きわめて特殊な例と考えて差し支えないのではないかと思われます。したがって、現在各地で見つかっている古墳時代の豪族居館の多くは、本格的な城郭というにはほど遠いものであって、せいぜい中世後半に各地に出現してくる、周りに濠と土塁などをめぐらせた武士の居館という程度のものと、考えるのがいいのではないかと思います。

そのように考えますと、古墳時代の豪族居館が濠ないし溝でかこまれ、また突出部などという城郭的要素も残っていますが、それをあまり過大評価することはできないのではないでしょうか。三ツ寺Ⅰ遺跡とか原之城遺跡などは相当有力な地方豪族といっていいかと思うのですが、多くは地方の土豪クラスのものだから、本格的な城郭の形にはなっていないのではないか。例えば畿内の支配者である大王の宮などは、もっと立派な防御施設を構えていたのではないかというような疑問が出てくるのですが、残念ながら現在のところ、古墳時代の大王の宮と呼ばれるようなものはほとんどわかっていない。七世紀の後半になると、飛鳥地方の宮殿が幾つか調査されていますが、古墳時代にさかのぼるものは、ほとんどわかっておりません。ただ、桜井市に脇本遺跡という遺跡があり、これは雄略天皇の泊瀬朝倉宮の想定地ですが、そこで、確かに非常に立派な掘立柱建物などが見つかっております。これが本当に五世紀後半の雄略朝までさかのぼるかどうか、まだよくわかっておりませんが、その可能性がないとはいえない。ここでも、小規模な調査ながら意欲的に発掘調査が行われておりますが、宮殿を取り囲む大規模な濠のようなものは見つかっていません。

また、これは豪族居館ではありませんが、大阪市の法円坂遺跡と呼ぶ、七世紀、八世紀に難波宮が営まれた場所の一角で、古墳時代の中ごろ、五世紀の中葉くらいの大規模な倉庫群が見つかっていますす（七五頁図21）。一辺が一〇mを超えるような大きな高床式の倉庫が何棟も整然と並んでいるわけです。難波宮では前期難波宮と後期難波宮の遺構が検出されていて、前期難波宮は、大化改新の直後に営まれた孝徳天皇の難波長柄豊碕宮の跡ではないかと考えられているのですが、この倉庫群はもっと古いもので、五世紀までさかのぼります。仁徳天皇の高津宮がこの付近にあったのではないかと考えられているのですが、現在見つかっている倉庫群は、仁徳天皇の時代よりは新しい、五世紀の中葉のもので、これを即、仁徳天皇の高津宮と結びつけて考えることはできません。それにしても、大規模な整然と並んだ倉庫群は、港としての難波の重要性から考えても、当時のヤマト王権が直接管理する性格の倉庫群であったことはほぼ間違いないと思われます。

こういう非常に重要な倉庫群でありますが、この部分も、特に周りに濠のような防御施設を持っているわけではないのです。六世紀、五世紀、あるいは四世紀の畿内の大王の宮なども、いずれ調査されるとは思います。それらは、濠とか柵列といった区画施設、防御施設を持っていたとは思われますが、それにしても、それが非常に大規模な濠や土塁などを伴う城郭的な機能を持っていた可能性は薄いのではないかと私は考えています。結論的には、豪族居館というものは、せいぜい中世の武士の館というか、武士の居館、程度のものであって、本格的な城郭にはほど遠い性格のものと考えざるをえないように思います。こういう評価が間違いないとすると、古墳時代という時代は、日本の古代国家が形成されてくる非常に重要な時期に当たっているのですが、それにもかかわらず本格的な城郭のなかった時代といわざるをえないわけです。

5　城のない時代

古墳時代に先行する弥生時代は、ムラムラを大規模な濠で何重にも囲む。集落自体が城でもあった時代です。これは日本の弥生時代に限られるものではありません。生産経済が始まって穀物の生産が開始される。穀物というのは貯蔵が可能で、その蓄積がイコール富になり、富の蓄積が可能になってくる。それとともに、村々はお互いに相争う、戦争の時代に入る。これは世界各地共通で、新石器時代になって生産経済が成立するとともに戦争の時代に入って行きます。

日本の場合も全く同じで、日本の弥生時代というのは、朝鮮半島で成立していた農耕文化が入ってくる。既に戦乱の時代に入っていた朝鮮半島の一部の人たちが農耕を伝えるわけですから、日本にやってきた人たちは、当然環濠集落を営んだと考えられます。したがって、弥生時代は最初から村々が大規模な環濠で防御の構えを示すということになっています。そして、弥生時代何百年かを通じて、各地の首長たちは相争い、次第にムラムラが統合されて、「クニ」と呼ばれる政治的まとまりができ上がってきます。古墳時代になると、そうした各地の政治勢力相互の間に、畿内の政治勢力を中心とした広範な政治連合が形成され、各地の首長たちが、畿内の勢力を中心に政治的同盟関係を結ぶ。そして、曲がりなりにも日本列島の中央部が一つの政治的まとまりを形成するようになります。

古墳時代の政治的統合を生み出す直前の弥生時代の後半には、高地性集落というようなものが盛んに営まれて、大規模な争いが、西日本を中心に、一部東日本でも行われたことが想定されます。その結果として、畿内の政治勢力を中心とする一つの政治的なまとまりができ上がった。この連合に加わった各地の支配者たちは、政治連合の身分秩序に応じて、共通の約束事に基づいて、それぞれ大小の古墳を営んだ。それがまさに古墳時代です。

不思議なことに、古墳時代——古墳時代といっても終末期、すなわち前方後円墳がつくられなくなって以降の七世紀は飛鳥時代として理解するのがいいと思いますから、そういう意味での古墳時代は一応六世紀の終わりぐらいまで、前方後円墳がつくられていた時代としてとらえればいいと思います——すなわち三世紀後半、四世紀、五世紀、六世紀という時代には、日本列島には本格的な城郭と呼ばれるようなものはほとんど営まれなかった。ある意味ではきわめて平和な時代であったということになります。

古墳時代にも、国の内部では戦争が行われていたことはたしかです。例えば六世紀の前半には、筑紫の豪族である磐井がヤマト王権と争ったことが『日本書紀』などにも記されていますし、それ以外にも、日本列島の各地で政治的な争いが行われたことは疑いないことです。しかし、それらはいずれも突発的なできごとで、恒常的に大規模な戦乱が続いた時代であったとは、考えられないのです。もちろん古墳などを発掘すると、大量の武器・武具が出てきます。特に古墳時代中期の五世紀に入ると、古墳の中から短甲と呼ばれる鉄のよろいが大量に出てくるようになります。また、おそらく騎馬戦に用いられたと思われる馬具なども、五世紀、六世紀の古墳からたくさん出てきます。むしろこれは、五世紀あるいは六世紀になって、日本列島に住んでいた倭人たちが、国内よりも朝鮮半島での戦争に参加した結果だと思われます。これは理由のあることで、弥生時代から古墳時代の前半期、この時代は明らかに鉄器の時代ですが、日本列島各地を発掘しても、弥生時代や古墳時代の前半期にさかのぼる製鉄遺跡は、ほとんど見つからない。ようやく六世紀に入って製鉄遺跡が日本列島にあらわれ、七世紀、八世紀になると、盛んに日本でも製鉄が行われるようになるわけです。

弥生時代や古墳時代の前半期に、日本列島では大規模な製鉄は行われていなかったのではないか。もちろん一部では小規模な製鉄が行われていた可能性がないわけではないのですが、今のところその確実な痕跡ははっきりしない。ということは、製鉄が行われていたとしてもきわめて小規模なものであったと考えざるをえないわけです。私は当時の倭人たちが、朝鮮半島の南部の鉄資源に頼っていたことはたしかで、そのことが、倭人たちが朝鮮半島での戦争に加わる原因だと考えています。

四世紀後半になると、朝鮮半島では高句麗が南下してきて、新羅や百済、さらに南の伽耶を攻めるわけです。『日本書紀』にも、高句麗の南下に対して、百済が倭国王に誼《よしみ》を求めたことが書かれています。当時の倭人たちも、朝鮮半島南部の鉄資源に頼っているわけですから、朝鮮半島の情勢には大きな関心を持っていた。そういうことから、特に四世紀の終わりくらいから、倭人たちは朝鮮半島での戦争に巻き込まれる。当時の倭国が朝鮮半島に、ある意味では軍事的にも進出するわけですが、それは鉄資源の問題があったからだと思います。

好太王碑の碑文からも明らかなように、倭人たちが朝鮮半島で大規模な戦争に参加していることは認めざるをえない。古墳時代の大規模な戦いはむしろ朝鮮半島で行われていて、日本列島内では、単発的な争いはもちろんあったと思いますが、恒常的な争いの時代であったとは考えにくいということになります。

ところが七世紀の後半になると、百済が新羅と唐の連合軍に攻められ、ついに天智天皇の二（六六三）年に、白村江の戦いで、倭国と百済の連合軍は唐・新羅の連合軍に敗れ、百済は滅びてしまう。そして百済の王は高句麗に亡命する。倭軍は、百済の遺臣たちとともに日本に帰ってくることになります。

これは当時のヤマト王権にとっては大変なできごとであったと思われます。翌天智三（六六四）年には、早速、対馬・壱岐・筑紫などに、防人《さきもり》・烽《とぶひ》を置き、筑紫の大宰府を防衛するために、前面に大きな堤を築いて水をたくわえ、水城を築いたというようなことが『日本書紀』に書かれております。さらにその翌年の天智四（六六五）年には、百済の遺臣に命じて、長門国に長門城《ながとのき》、筑紫国に大野城《おおののき》、肥前には基肄城《きいのき》などを築かせています。それでも不安であったとみえて、天智六（六六七）年には、都を畿内から一歩退いた近江の大津に移します。その年には、大和の高安城とか、讃岐の屋島城とか、対馬の金田城などを築いています。

いずれにしても、七世紀の後半、倭国と百済の連合軍が、唐・新羅の連合軍に敗れて以降、あわてて百済の技術を受け入れて、朝鮮式山城といっているようなものを、九州から畿内にかけての各地に急いでつくる。阿部義平さんは、近江の大津宮というのも、おそらくその背後の山城と対応しているのではないかと考えておられますが、その可能性はきわめて大きいと思われます。その当時のヤマト王権の支配者たちの狼狽ぶりがうかがわれます。それまで、国内では城郭と呼ばれるようなものがほとんどなかった。この時代、大規模な戦争が、恒常的に日本列島内で行われることはなかったし、それはまた、考えられなかったことだと思います。脇本遺跡が、ワカタケルの大王、すなわち雄略の宮であるかどうかはまだまだわかりません。その可能性は少なくないわけですが、脇本遺跡でも濠のようなものは全く見つかっていません。その後、飛鳥の谷に営まれる幾つかの宮殿跡の発掘調査が行われていますが、これらも、周りに大規模な濠と呼ばれるような防御施設は持っていない。せいぜい柵列や塀で周りを囲っている程度にすぎないのです。

このように日本の大王の宮殿は、本格的な防御施設といえるようなものを持っていない。この伝統はその後の都城にも続いていくわけで、その後営まれる藤原京にしても、平城京にしても、周りに羅城を持っていません。まさに開かれたというか、全く防御ということを考えていない都城で、これは、中国や朝鮮半島の都と比べると非常に大きな違いです。防御施設を持たない、非常にのんびりした日本の支配者層の宮殿や都城のあり方は、実は古墳時代以来の長い平和的伝統というか、国内で大規模な戦乱がなかったというところに起因しているのではないかと思います。そういう意味では、日本歴史の中で古墳時代というのは、少なくとも列島内では比較的平和な、まさに城のない時代であったと結論せざるをえません。

そういう観点で考えると、日本列島の各地に城郭と呼ばれるものが営まれた時代は、日本歴史の中でもごく限られるように思います。古くは弥生時代です。弥生時代は各地の拠点的な村がイコール城であった時代で、平野のムラムラは周りに何重もの濠をめぐらせ、後半期になると、逃げ城としての高地性遺跡、すなわち山城がたくさん営まれる。ところが、それも弥生時代の終わりで完全になくなってしまう。古墳時代になると、環濠集落の中の中枢部分が飛び出して豪族居館という形になりますが、それは先ほど来お話ししたように、一応防御の機能を備えた濠・土塁・柵というようなものは持っていますが、本格的な城郭というにはほど遠いものになってしまうわけです。それ以降、古代ではようやく倭と百済の連合軍が唐・新羅の連合軍に敗れて以降、唐・新羅の連合軍が日本に攻めてくるかもしれないという危機感から、七世紀の後半になって朝鮮式の山城がつくられます。しかし、それも八世紀になるとともに、ほとんど見られなくなってしまいます。蝦夷との緊張関係が続く東北地方では奈良・平安時代にも城柵が営まれますが、他の地域ではほとんど見られなくなっています。

次に、城郭といわれるようなものがたくさんつくられるのは中世になってからで、それも、本格的な城郭があらわれ村々が周りに濠をかまえるのは中世でも後半で、南北朝以降に各地に山城が築かれるようになる。そして戦国時代には、各地に山城や、平地にも大規模な城が築かれるようになります。ですから、日本歴史の中でも、村々が周りに濠を掘り、各地に城が盛んにつくられたのは弥生時代、それと南北朝時代と戦国時代という、ごくかぎられた時代ということになろうかと思います。

大規模な城郭が日本列島各地に営まれるのは、恒常的な緊張関係のあった戦争の時代であって、そういう意味では、古墳時代というのは城のない平和な時代であったと考えざるをえない。戦国時代には盛んに城郭が築かれますが、天下が統一された後、江戸時代に入ると、統一政権は各地の城を破却させます。しかし、一国一城というか、それぞれの国に一つずつ城は残す。そして戦国の世を勝ち抜いてきた大名たちは、それぞれこの居城を支配の拠点とする。江戸時代は平和な時代が続きますが、それでも、城は政治的支配の拠点として存続するわけです。

同じように、弥生時代の戦乱の時代を受けて、曲がりなりにも日本列島の中央部が一つの政治的なまとまりを形成した古墳時代を迎えると、本格的な城郭は姿を消してしまう。弥生集落にみられた環濠を首長たちはその居館のまわりにとどめたが、それはまったく形式的、象徴的なものにすぎなかったのです。これは、同じ平和な時代といっても、近世の江戸時代とは少し違います。ヤマト政権と呼ばれる畿内の政治勢力を中心とする政治連合を生み出す経過が、戦国時代ほど深刻でなかった、ヤマト政権という連合政権の形成に際しては、戦国時代ほど深刻な国内戦争はなかったのではないか。それは、統一的な平和な政権を生み出す前史の相違を物語っているのではないかと思います。

以上が、城郭としての古墳時代の豪族居館というものをどのように理解できるかという問題に対する私の考えです。

一つ申し忘れたことがあるのですが、それは、古墳時代の豪族居館がなにゆえ方形かということです。弥生時代の環濠集落は、いずれも円形というか、高地性集落などの場合は、自然地形の影響を受けて、山の形に合わせて濠が掘られる。奈良盆地など平野部の環濠集落も基本的には円形です。吉野ケ里の内濠の部分を方形に近いと見るか円形と見るかは、見方によって違うと思いますが、いずれにしてもそれほどきれいな方形ではない。ところが古墳時代に営まれる居館は、小迫辻原遺跡の例でもわかるように、最初からきれいな方形になっています。これは、豪族居館なるものが、基本的には環濠集落の内濠で囲まれた内郭部分が飛び出してくることによって成立するのですが、そこにほかの要素も入っている。つまり、中国ないしその影響を受けた朝鮮半島に見られる支配者の政治の拠点あるいは都城は、いずれも基本的に方形であった。その影響を抜きにしては考えられないと思います。今のところ、三世紀の中葉ころの卑弥呼の居館が方形であったか円形であったかは全くわかりません。大阪府立弥生文化博物館で卑弥呼の居館の復原模型をつくっておられるのですが、これを丸くするか方形にするか、だいぶ議論があったと聞いています。

いずれにしても古墳時代初頭の畿内中枢部の支配者たちの支配の拠点であり、生活の場であった居館は、中国都城なりの影響を受けて方形につくられていた。だからこそ日本列島各地の古墳時代前期の豪族居館も方形になっているのだと思います。豪族居館は、広い意味での中国の都城、城館などの影響を受けていることは否定できない。そういう意味では、豪族居館も城といってもいいといえるかもしれませんが、実質的には、戦略的な城と呼ばれるようなものではなかったろうというのが私の考えです。そして、それはまた、古墳時代が、わたくしたちの予想に反してというか、古代国家が形成されていく非常に重要な時期であるにもかかわらず、国内では大規模な戦乱がそれほどなかった時代であったことを物語るものであろうと思います。

以上、まとまりのない話になってしまいましたが、古墳時代の豪族居館に関する考え方をお話しさせていただきました。

〔追記〕

その後、三ツ寺Ｉ遺跡それ自体はともかく、その周辺地域の考古学的な調査・研究は著しく進展した。その結果、ここで述べた同遺跡周辺の開発の進展についての評価は修正が必要となった。それについては、若狭徹さんの好著『古墳時代の地域社会復元―三ツ寺Ｉ遺跡』（シリーズ「遺跡を学ぶ」３、新泉社、二〇〇四年）を参照いただきたい。

コラム

キトラ古墳の朱雀が語るもの

奈良県明日香村のキトラ古墳学術調査団がデジタルカメラを使って撮影に成功した朱雀《すざく》の躍動感あふれる見事な壁画には驚かされた。東・北・西の各壁に青竜・玄武《げんぶ》・白虎《びゃっこ》が描かれている以上、南壁にも朱雀が描かれていたであろうことは当然予想された。ただ高松塚古墳の場合と同様、盗掘時の漆《しっ》喰《くい》の剝落《はくらく》などによって失われた可能性もあり、遺存していたとしてもこれほど見事な図像とは誰も予想していなかったのではなかろうか。

今にも飛び立とうと助走する朱雀像は、唐墓や高句麗古墳の壁画にもみられない表現である。すでにみつかっていた青竜・玄武・白虎像にこの朱雀を含めたキトラ古墳の四神図を高松塚古墳の四神図と比較すると、キトラ古墳のものがより躍動的で力強いことは誰の目にも明らかである。型紙の使用なども想定されている様式化の進んだ高松塚古墳のそれより、明らかに遡《さかのぼ》るものであろう。横口式石《せっ》槨《かく》の型式からも、祖形となった家形石棺の蓋《ふた》の内部のくり込みが天井に残るキトラ古墳が、くり込みがなくなり天井が平坦《へいたん》となった高松塚古墳に先行すると考えられる点とも整合する。

この種の横口式石槨をもつ古墳については、天井部のくり込みの変化からキトラ古墳やマルコ山古墳・石のカラト古墳などから高松塚古墳へという変遷が考えられる。このうちキトラ古墳やマルコ山古墳が藤原京西南方の丘陵地帯の藤原京時代の皇族や貴族の墓域内にあるのに対し、石のカラト古墳は平城京北辺の平城山丘陵に営まれている。このことから、石のカラト古墳については平城遷都（七一〇年）直後の、キトラ・マルコ山両古墳については平城遷都直前の年代を想定することができる。石のカラト古墳よりさらに新しい石槨型式の高松塚古墳については、七一〇年代の終わり頃に位置付けて大過なかろう。これは高松塚古墳出土の海獣葡萄鏡《かいじゅうぶどうきょう》や銀製刀装具の年代観とも矛盾しない。

　このようにキトラ古墳の造営年代を八世紀初頭頃に絞って考えることが出来るとすれば、すでに六六八年に滅んだ高句麗の直接的影響を受けたとは考えがたく、唐の影響を受けたものであることは疑いなかろう。この点は、キトラ古墳の四神図の描法が、墨筆で明確な輪郭線を描き、その中に彩色を加える唐代壁画の技法の特徴そのままであるところからも明らかである。ただ唐の壁画墓にみられる四神図にはこれほど見事なものはみられない。むしろ墳墓以外のものに描かれた本格的な四神図の影響を受けたものであろう。

　その具体的な契機としては、三三年ぶりに再開された大宝二（七〇二）年の遣唐使（七〇四年帰国）に加わった画師が唐で写してきた四神図が、手本となった可能性も考えられよう。時代はやや遡るが、天智八（六六九）年の遣唐使に加わった画師黄文連本実《きぶみのむらじほんじつ》が唐の普光寺の仏足跡図を写して持ち帰ったとする薬師寺の『仏足石記』の記事が想起される。唐に学んだ渡来系のすぐれた画師がその画才を発揮したものであろうか。

高松塚古墳は、その年代が七一〇年代の終わり頃に求められること、人物群像に描かれた蓋《きぬがさ》の深緑の色が一位の格式に相当するものであるところから、その被葬者は廟堂《びょうどう》の最高位にあり、養老元（七一七）年正二位で亡くなり死後元正天皇から従一位を贈られた左大臣石上朝臣麻呂《いそのかみのあそんまろ》である蓋然性が高いと、私は考えている。

高松塚古墳の被葬者を石上麻呂と考えてよければ、すでに直木孝次郎氏らが指摘しておられるように、キトラ古墳の所在地が阿部山であること、さらにその年代が八世紀初頭に求められることから、麻呂の前任者で大宝三（七〇三）年に亡くなった右大臣阿部御主人《あべのみうし》がその墓主の候補として浮かび上がる。その翌年には大宝の遣唐使が帰国する。キトラ古墳こそは、この大宝の遣唐使が持ち帰った新しい知識と技術にもとづいて、壁画古墳として造営された可能性が大きいのではなかろうか。

キトラ古墳が、唐の直接的影響を受けて出現した飛鳥の壁画古墳として最初のものであったことはほぼ疑いなかろう。

（『朝日新聞』二〇〇一年四月一四日夕刊）

昭和天皇陵はなぜ上円下方形か

東京都八王子市にある昭和天皇の武蔵野陵は、上円下方形に造営されている。香淳皇后の武蔵野東陵も同様である。それは、父君の大正天皇の多摩陵と貞明皇后の多摩東陵が、さらには明治天皇の伏見桃山陵と同皇后昭憲皇太后の伏見桃山東陵が上円下方墳であることに倣ったものであろう。

後水尾天皇から仁孝天皇までの江戸時代十三代の天皇の御陵は、いずれも京都東山の泉涌寺内の陵域に九重の石塔を建てたもので、墳丘をもたない。ただ江戸時代最後の孝明陵の造営に際しては、山陵奉行であった戸田忠至の上申にしたがって、江戸時代の様式を改め、上古の様式に復すことになった。

大正期を中心に長く宮内省で陵墓の調査にあたった上野竹次郎氏が著した『山陵』によると、孝明陵は「ソノ制、壇三成、円墳ニシテ、外形略々古制ニ法リ、之ニ当時ノ新技巧ヲ加ヘタルモノ」という。その規模は「総高サ二四尺、墳基径東西二四間八分、南北二六間五分」というから、直径約四五m、高さ約七mの大円墳である。

これに対し明治陵は「上円下方墳ニシテ、上下トモニ各々壇ヲナスコト三、悉ク砂礫ヲ葺ク、（中

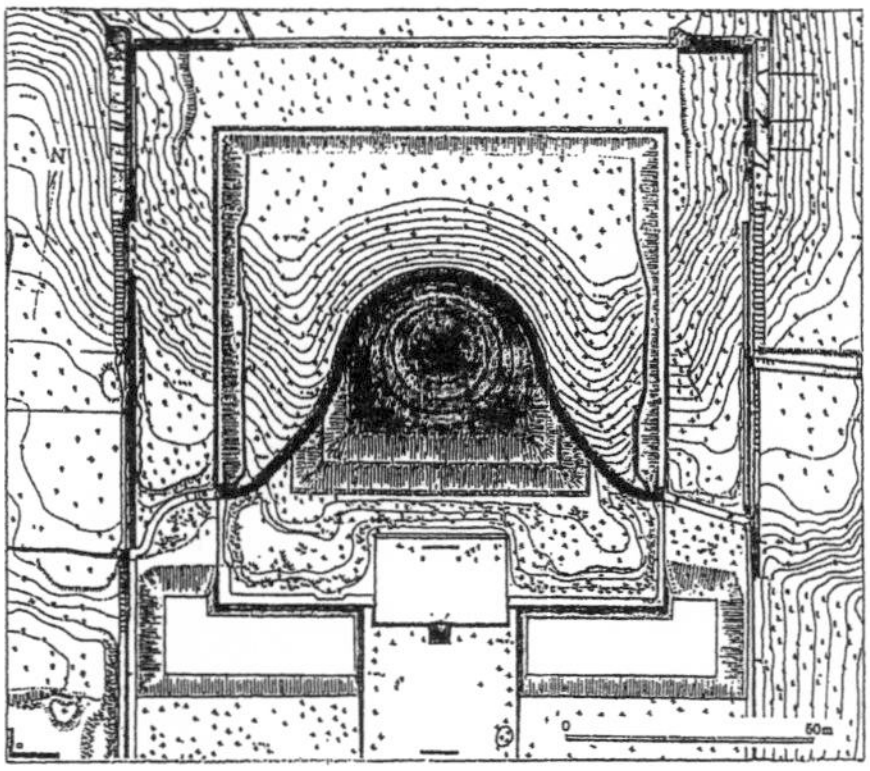

図60　京都市明治天皇伏見桃山陵
（宮内庁書陵部提供）

略）下方最下壇長サ三三間、上円高サ二一尺、御拝所ヨリ陵頂マデ総高六六尺」という。基底前面の一辺約六〇m、上円部の高さだけでも六m余りの、大規模な上円下方墳である（図60）。

このように、近世から近代への転換期には天皇陵も大きく変化した。孝明陵を上古の様式に復して大円墳にし、さらに明治陵を大型の上円下方墳に構築した。この上円下方墳という墳丘形式は、最近、東京都府中市の熊野神社古墳がこのタイプであることが明らかになり大きな話題となった。それ以外には埼玉に二例、静岡に一例、奈良に一例、いずれも七世紀ないし八世紀の例が知られるにすぎない、きわめて珍しい墳丘形式なのである。

それでは、明治天皇陵を上円下方墳にしたのはなぜであろうか。その理由については、陵墓の造営や管理の実情にも詳しい上野竹次郎氏も何も書いていない。しかしそれが「大化改新」を断行し、日本の古代国家の基礎を築いたと考えられていた天智天皇の山科陵をモデルとした結果であることはほぼ誤りなかろう。なぜなら京都山科の天智天皇陵（御廟野古墳）については、その当時、上野氏ら宮内省の陵墓管理の関係者も、また考古学研究者も、すべてこれを上円下方墳と認識していたからである。

ただこの陵については、『前王廟陵記』『山州名跡志』など江戸時代の書物に八角の石壇の存在や八稜の形状を指摘するものが少なくない。また戦前から宮内省にあって陵墓の調査にも関係していた和田軍一氏は、天智陵についてこれを上円下方墳としながらも、「上円部は実は八角形であり、かつての堂宇の地覆石（?）が頂上部に遺っているが、その内角は正八角形の内角の角度である」ことを明らかにしている[1]。さらに最近では、天智陵であるこの御廟野古墳ばかりでなく、奈良県桜井市の段ノ

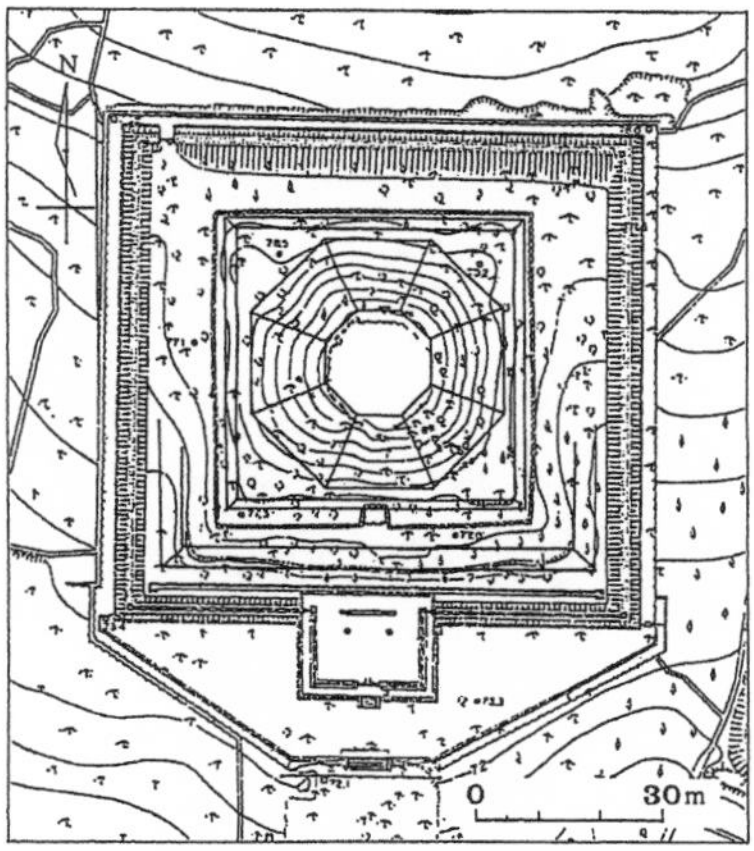

図61　京都市御廟野古墳（現天智天皇陵）
（宮内庁原図に加筆）

塚古墳（現舒明陵）、同明日香村の野口王墓古墳（現天武・持統合葬陵）、同中尾山古墳などがいずれも八角墳であることが明らかになった。

段ノ塚古墳が舒明陵、野口王墓古墳が天武・持統合葬陵、中尾山古墳が文武陵であることはまず誤りないものと考えられている。このことから、七世紀中葉の舒明から八世紀はじめの文武までの天皇陵はいずれも八角墳であったと想定されるようになった。さらにその前半期には方形壇の上に八角の墳丘を載

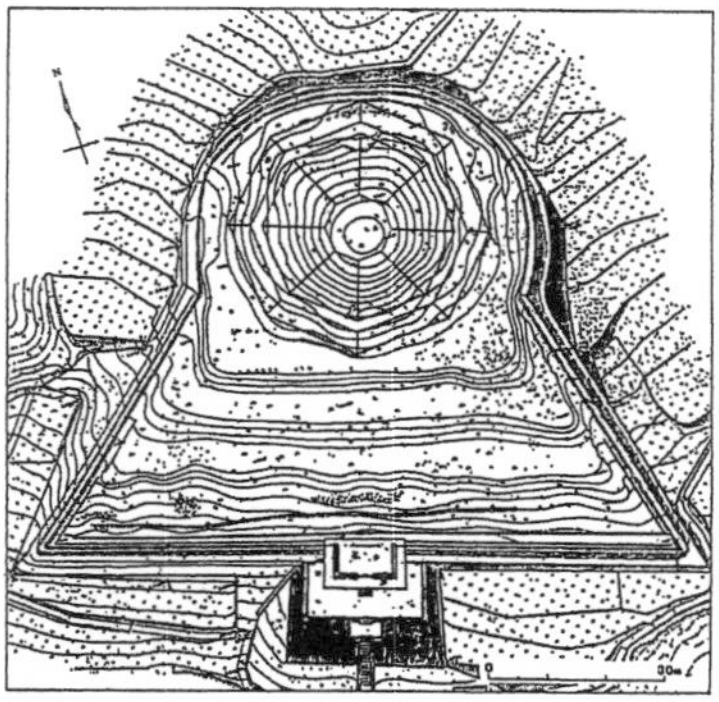

図62　奈良県桜井市段ノ塚古墳（現舒明天皇陵）（宮内庁原図に加筆）

せていたのが、その後半期になると、方形壇がなくなり単純な八角墳となることも知られている。つまり天智陵は、じつは上円下方墳ではなくて、方形壇をもつ八角墳であったのである。

八角は単に円を表したものであり、天智陵はやはり上円下方墳にほかならないと主張する人もいる(2)。しかし八角形の天皇陵のうちでも天武・持統合葬陵や文武陵である蓋然性の高い中尾山古墳など後半期のものが方形壇を持たなくなることからも明らかなように、この時期の天皇陵は、その形が「上円下方」であることにではなく「八角」であることにこそ意味があったのである。それは三〜四世紀以来、一般の豪族と同じ様式の前方後円墳、あるいは方墳を営んできた天皇（大王）が、この段階から一国の統治者としての天皇にのみ固有の「陵」を創出したことを意味する。八角形は、大極殿の高御座が八角形を呈するのと同じように天下八方の支配者にふさわしい陵形として考えられたのであろう。

昭和陵が上円下方墳であるのは、たんに明治陵に倣った結果にすぎない。ただ明治陵がモデルとした天智陵は、本来方形壇の上に八角形の墳丘を載せた八角墳であったが、当時はそれを正しく認識できず、上円下方墳と誤認した。その結果、明治陵、ひいてはそれに倣った大正陵、昭和陵も上円下方墳という墳丘形式を採用することになったのである。

ただ、現実に造営された明治、大正、昭和の各天皇の御陵の墳形は、同じ八角墳でも天智天皇陵である御廟野古墳よりも舒明天皇陵である段ノ塚古墳に近い。これは明治陵、大正陵、昭和陵の造営地に選ばれた土地の形状が丘陵の南端ないし南斜面で、南前面のみに方形壇を営む段ノ塚古墳タイプの造営に適していたためであろう。実際のモデルにしたのは舒明陵ではあったが、企画者たちが意識したものが天智陵が採用している「上円下方墳」、実は方形壇を伴う八角墳であったことは誤りなかろう。

過去に倣う、過去に学ぶといっても、所詮それはその時代を生きる人の理解をこえるものではありえないのである。

（『オール讀物』二〇〇四年九月号　文藝春秋社）

［註］

（1）和田軍一「天智天皇陵」『日本考古学辞典』東京堂、一九六二年

（2）笠野毅「天智天皇山科陵の墳丘遺構」『書陵部紀要』第三九号、一九八八年

オリエントは遠くになりにけり

私が考古学の勉強を始めた二〇世紀の半ば過ぎは、いわゆる文化伝播論の全盛期の終わり頃にあたっている。文明の起源の基礎となる農耕と牧畜は、西暦紀元前六千年頃、まず西アジアのイラン西部、メソポタミア北部、シリア、パレスティナを結ぶいわゆる「豊穣な三日月地帯」で発明され、それが北アフリカ、ヨーロッパ、中央アジア、東アジアなどに伝播し、それぞれの地域が生産経済の段階に入っていったという考え方が支配的であった。そしてこの農耕、すなわち永年の保存にたえ生産性の高い穀物の生産や、生きた缶詰を生みだす牧畜の始まりが、人びとの生活を飛躍的に安定させ、直接食料生産に従事しなくてもよい人びとの存在や財産の蓄積を可能にし、それぞれの地域に高文化が生み出される基盤が形成されたと考えられた。別個に発明されたと考えられていた新大陸の玉蜀黍農業を別にすると、まさに農耕・牧畜の起源を一元的に捉えていたのである。

こうした最古の新石器文化と同じように、各地の高文化、すなわち文明についても、紀元前第四千年紀の末頃、オリエントのバビロニアにおいて最初の文明が誕生し、それがエジプト、東地中海、さらにインドなどへ拡がったと考えられた。オリエントこそすべての文明の起源の地と考えられていたのである。

イギリスのゴードン・チャイルドは、一九二五年に『ヨーロッパ文明の黎明』を著わし、オリエントが生産経済の発源地にほかならず、オリエントからの波状の文化伝播によってヨーロッパ各地に新石器文化が成立し、さらにまたオリエントからの刺激によってそれぞれ青銅器文化へと発展していったことを論じた。またそれより早く、マンチェスター学派の創始者エリオット・スミスは、食料生産を基礎とする文明は、すべてエジプトにおいて形成され、それが各地へ伝播したものと主張していた。

こうした新石器文化や文明のオリエント起源にもとづく一元的伝播論は、当然東アジア文明の成立に関する考え方にも大きな影響を与えていた。中国の新石器文化の起源についても、スウェーデンのアンダーソンが甘粛省や河南省で西アジアのものに類似する彩文土器をともなう初期農耕文化を発見していたこともあって、やはりオリエントの影響により成立したものとする欧米の研究者の説が、自生説の立場に立つ新中国の研究者の説を押さえて、正しいと考えられていた。さらにアメリカ大陸における文明の起源についてすら、中国の周やベトナムのドンソン文化の影響を考えるハイネ・ゲルデルンの説がもてはやされた。

日本の縄文文化についても、西アジアから中央アジア、さらに中国ないし北アジアを経て日本列島に伝播する間に、最も重要な農耕がどこかに置き忘れられ、土器つくりや石器磨製法だけが伝えられた、停滞的な新石器文化と位置付けられていた。まさに日本では「光は西方から」というのが、考古学研究者の常識であり、その光源であるオリエントは必ずしも遠い存在とは考えられていなかった。

＊

こうした、新石器文化や文明のオリエント起源論に大きな見直しを迫ることになったのは、放射性炭素による年代測定（ラジオカーボン・ディティング）の進展であった。日本の縄文文化についても、一九五九年に縄文時代早期の神奈川県夏島貝塚出土の木炭について、九四五〇年±二〇〇年BP（一九五〇年より何年前かを表わす）という、土器を伴う文化としては世界で最も古い年代が測定され、その後も縄文時代の早期やさらに遡る草創期について、きわめて古い年代が測定された。さらに日本以外の各地でもオリエントよりもはるかに古い土器をともなう文化が確認され、新石器文化オリエント起源説は根本的な再検討を余儀なくされるようになった。ヨーロッパ各地でも、放射性炭素による年代測定の進展が、すべての文化や文明の起源をオリエントに求める「伝統的枠組み」をつぎつぎに打ち砕いていった。さらに欧米ではすでに一九六〇年代から始まっていた炭素年代の年輪年代法による補正、すなわち年輪補正がこれを決定的なものにした。それらについてはイギリスのコリン・レンフルーの『ラジオカーボン革命と先史時代のヨーロッパ』（一九七三年）に詳しい。さらにアメリカでは、編年と文化の伝播しか取り上げないそれまでの考古学にたいする反省から、ルイス・ビンフォードらによるプロセス考古学＝ニュー・アーケオロジー運動が大きな潮流となり、文化伝播といった文化史的研究にかわって、人類に普遍的な法則性の追求が重視されるようになった。これもまた伝播論の凋

＊

落に拍車をかけた。

中国でも、中原に成立した文化が各地に伝播したとするそれまでの中原一元論にかわって、中国各地の複数の地域の文化が相互に影響し合いながらも、それぞれ独自の系統として発展してきたとする蘇秉琦《そへいき》氏の区系類型論が有力となってきている。事実、長江流域の初期稲作農耕文化の年代が黄河流域の農耕文化に比べて決して新しくないことが放射性炭素法で明らかにされ、また長江下流域の特異な良渚文化の実態などが知られるようになって、西アジア起源論はもとより、中原一元論も成り立たないことが明らかになってきた。

また日本列島の縄文文化についても、それが更新世末における日本列島と大陸との分離や気候の温暖化にともなう動物相・植物相の大きな変化に対応するために、日本列島の旧石器人が生み出した独自の新石器文化にほかならないことが次第に明らかにされつつある。こうした地域における自律性・独自性の追求が研究者たちの最大の関心事になるにしたがい、日本考古学の研究者にとってオリエントは随分遠い存在になってしまったように思われる。

＊

今日ではエリオット・スミス、ゴードン・チャイルド、ハイネ・ゲルデルンらの文化伝播論は、すべて過去の学説となってしまった。地域やその環境に即した歴史の解明と理解は重要であり、その上にたって初めて地域間の交流の歴史を明らかにしうることも確かである。ただ彼ら二〇世紀前半の文化伝播論者に共通していたのは、オーストリアのオスワルド・メンギンの『石器時代の世界史』（一九三一年）に代表されるように、世界各地における考古学の研究成果を総合化・体系化してグローバルな「世界史」として理解しようとする姿勢を持っていたことである。最近の考古学研究の発達は、文化や文明の成立事情はそれぞれにきわめて複雑であり、そうした一元的かつ体系的な「世界史」の理解がきわめて困難であることを示しているようでもある。また学問としての考古学が目指すもの自体も、大きく変化しつつあるのかもしれない。

かつては筆者のような日本考古学の研究者も、日本列島の原始・古代文化のはるかな源と考えられていたオリエントの新石器文化や文明の成立過程については、大きな関心をもっていた。実際にどれほど勉強したかどうかはともかく、少なくとも学ばなければならないと考えていた。ところが最近では、オリエントにおける新石器文化や文明の成立といった問題については、たんに比較の対象としてごく限られた一部の研究者が関心を示すにすぎなくなっているように見受けられる。

人間の文化や社会の一般法則を求める人類学の立場ではなく、人間の歴史の再構成をめざす歴史学としての考古学の立場からは、最近のこうした「世界史」への無関心さには、一抹の淋しさを感ぜざるをえない。このような感情は、たんに筆者の個人的な感傷にすぎないのであろうか。

（『岩波講座世界歴史月報』一五　一九九八年一二月　岩波書店）

あのころの歴博準備室

月日の経つのは早いもので、今年（平成七年）は、歴博の初代館長井上光貞先生の一三回忌である。去る、二月初旬、國學院の年度最後の講義の日、少し早く家を出て南青山の長谷寺《ちようこくじ》にある井上先生のお墓を訪ねてみた。先生はその祖父井上馨の大きな石塔の隣に並ぶ井上家の墓に眠っておられる。一時間ほど、都心とは思えない静かな長谷寺の境内や墓地を散策したが、一二年前の氷雨ふる夕刻、この寺で行われた先生の密葬の日のことがつい昨日のことのように思い出された。

私が、虎ノ門の旧文部省の建物の六階にあった歴博の設立準備室に勤めるようになったのは昭和五三年の一〇月のことである。この年の四月から文化庁に設立準備室が置かれ、井上先生が室長に就任されていた。私が赴任した当時のスタッフは、先生の着任以前から歴博の準備をしておられた日本史の栗原治夫さん、考古学の岡田茂弘さん、民俗学の大島暁雄さんと、すでに始まっていた歴博の建物の建設を管理する施設主幹の山田善一さん、それに事務補佐の太田文子さんに先生を合わせた総勢六人にすぎなかった。

博物館の建物が完成して、佐倉に移る昭和五五年の秋までの二年間、私たちは狭い部屋に井上先生と机を並べて仕事をした。先生は週に二日の研究日以外は登室されたが、先生のこられる日は、例えば午前中は展示の構想や計画について、午後は館の研究のあり方について、続いて館の設置形態や組織のあり方についてというように会議や打ち合わせの連続だった。特に先生は、会議には充分に準備された討議案を、また会議後はその克明な記録の作成を求められたのでスタッフは大変だった。こうした歴博の基本構想をめぐる討議には、公式、非公式に数多くの外部の研究者の方々にも参加いただいたが、特に民俗学の宮田登さんは常連で、われわれは宮田さんを勝手に準備室のメンバーと認識していた。

この二年間は、多くの難題を前にして、苦しく多忙な毎日の連続であった。しかし今日の歴博が掲げる基本的構想の多くは、いずれもこの時期の、井上先生を中心とする準備室での討議の中から生み出されたものである。歴史学、考古学、民俗学の協業による新しい歴史学を目指したこと、通史的な概説展示を排して民衆生活史に重点を置いた課題別展示を創ろうとしたこと、また共同研究の推進やプロジェクトチーム方式による展示創りのために大学の共同利用機関としての設置を目指したことなど、いずれもそうである。

忙しい仕事の合間ではあったが、井上先生からはよく考古学上の問題について質問をうけ、古代史や考古学の話をした。何度かの関西出張の際には、スケジュールをやりくりして飛鳥、葛城、平群など大和の各地をご案内したのも今は懐かしい思い出である。また、古墳の出現年代を三世紀の後半に引き上げようとする私説にも大きな関心を寄せてくださった。先生は「古墳の出現が四世紀初めだと考古学者がいうから、自分の邪馬台国九州説には抵触しないと考えていた。古墳の出現が三世紀後半まで遡ると話は違ってくる」と大変気にしておられた。最近では考古学研究者の間でも、古墳の出現年代を三世紀の中葉すぎから後半に引き上げて考える人が多くなってきた。先生がご存命なら、ぜひご意見を伺いたいところである。

（『歴史書通信』一〇二　歴史書懇話会　一九九五年七月）

あとがき

古墳時代に関する考古学的な研究資料は、決して古墳だけに限られるわけではない。集落跡、首長の居館、各種の生産遺跡、祭祀遺跡などいずれもこの時代を解明する貴重な情報を多く秘めており、古墳を含めたそれらへの総合的なアプローチが不可欠であることはいうまでもない。

ただ古墳以外の遺跡は、当然のことながら地下に埋もれていて、その多くは土木工事の際の偶発的な発見か、意識的な発掘調査によって初めてその存在が知られるものが多い。もちろん古墳についても発掘によって見付かるものも多いが、少なくともある程度の規模以上のものは、地上にその墳丘を今も遺していて、本来存在したものを現在の時点で捕捉できる割合は他の遺跡に比較すると格段に高い。

そうした意味から、古墳とその遺物が日本列島における古代国家の形成期にあたる三〜七世紀の歴史を、考古学の立場から解明する際の第一級資料であることはいうまでもなかろう。またこの時期については、中国文献にも倭国に関する記載がみられ、さらに八世紀に編まれた『古事記』『日本書紀』にも少なくない記事がある。

ただこのうち、一方の海外史料はその量がきわめて限られ、他方の記・紀は天皇制支配の正統性を主張する意図をもって編纂されたその基本的な性格からも、厳密な史料批判に耐えうるものが少ないという大きな限界をもつ。そうした中で、当時の各地の政治勢力が形成していた政治連合と密接な関係をもって構築されたと考えられる古墳が、古代史研究に果たす役割は限りなく大きい。

古墳という考古資料を具体的な古代史研究に生かすには、その年代研究を初めとする基礎的研究と、物言わぬ考古資料から歴史的事実を引き出す方法論が必要であり、いずれもそれほど簡単な作業ではない。前者については最近の年輪年代法など自然科学的方法の進展もあって、従来に比べると比較的安定した年代観が多くの研究者に共有されるようになりつつある。ただ、後者についてはさらに多くの試行錯誤を繰り返さなければならない。

本書は、主に最近の数年間にさまざまなところに書いた、まさに試行錯誤的な論考のうち、近畿の古墳とその提起する問題について論じたものを一冊にまとめたものである。個別のテーマを取り上げた小論を集めたものでいささか体系性を欠くため、巻頭に第Ⅰ部として通史的な概説書に寄せた「倭国の成立と展開」についての小文を加えた。

最初は東国の古墳を含めた、もう少し多様な課題の論考を収録する予定であったが、一冊の本としては分量が多すぎるため、編集者の勧めもあって近畿の古墳を中心とする本書と、東国の古墳を取りあげた『東国の古墳と古代史』の二冊に分けることにした。このため、本書だけでは言い足りないところも少なくないが、姉妹編とも言うべき続刊の一冊についてもご覧いただければ幸いである。

筆者は三年前、千葉県佐倉市にある国立歴史民俗博物館での二十数年に亘る勤めを終え、故郷の関西に帰った。それを機に、奈良大学で若い学生諸君とともに学ぶようになり、併せて大阪府立近つ飛鳥博物館の仕事をお手伝いすることになった。

大学で若い諸君から教えられることも少なくないが、特に近つ飛鳥博物館での仕事の関係から河内の古墳や古墳時代について考える機会が多くなった。本書に収録した小論のうち三編ほどは、そのささやかな成果である。いつも新鮮な刺激を与えてくれる若い学生諸君と博物館のスタッフ、さらにこうした新しい勉強の場を与えて下さった方々に感謝している。

最後になったが、本書の出版を引き受けていただいた学生社の社長鶴岡一郎さん、また厄介な原稿を整理し、一冊の書物に仕上げて下さった編集部の児玉有平さんに心からお礼申し上げる。

二〇〇七年四月

白石太一郎

〔初出一覧〕

第Ⅰ部　倭国の成立と展開

一　倭国の誕生―『倭国誕生と大王の時代』週刊朝日百科「日本の歴史」三八　朝日新聞社　二〇〇二年二月

二　大王と豪族―『倭国誕生と大王の時代』週刊朝日百科「日本の歴史」三八　朝日新聞社　二〇〇二年二月

三　倭国の文明化―『倭国誕生と大王の時代』週刊朝日百科「日本の歴史」三八　朝日新聞社　二〇〇二年二月

第Ⅱ部　古墳と古代史

一　考古学からみた応神以前の王統譜―『國文学』第五一巻第一号　學燈社　二〇〇六年一月

二　〃やまと〃と東アジアを結ぶ道―『大阪府立近つ飛鳥博物館館報』一〇　二〇〇六年三月

三　渡来人集団と倭国の文明化―『今来才伎―渡来人集団と倭国の文明化』大阪府立近つ飛鳥博物館特別展示目録　二〇〇四年一〇月

四　二つの古代日韓交渉ルート―『熊本古墳研究』創刊号　熊本古墳研究会　二〇〇三年八月

五　古墳の終末と古代寺院の造営―『終末期古墳と初期寺院の造営を考える』ふじいでらカルチャーフォーラムⅩ　藤井寺市教育委員会　二〇〇四年一二月

第Ⅲ部　近畿の古墳を考える

一　箸墓古墳の被葬者伝承―「箸墓の被葬者伝承をめぐって」『大美和』第一〇三号　大神神社　二〇〇

六年六月
二　六世紀前半の倭国における今城塚古墳―『継体大王とその時代』史跡今城塚古墳シンポジウム　高槻市教育委員会　二〇〇五年九月
三　磯長谷古墳群の大王墓―「磯長谷古墳群の提起する問題」『大阪府立近つ飛鳥博物館館報』九　二〇〇五年三月
第Ⅳ部　豪族の居館と神まつり
一　首長の水のマツリ―『倭国誕生と大王の時代』週刊朝日百科「日本の歴史」三八　朝日新聞社　二〇〇二年二月
二　古墳時代の豪族居館―『城の語る日本史』朝日新聞社　一九九六年一〇月
コラム
キトラ古墳の朱雀が語るもの―『朝日新聞』二〇〇一年四月一四日夕刊
昭和天皇陵はなぜ上円下方形か―「昭和天皇陵はなぜ上円下方形なのか」『オール讀物』二〇〇四年九月号　文藝春秋社
オリエントは遠くになりにけり―『岩波講座世界歴史　月報』一五　一九九八年一二月　岩波書店
あのころの歴博準備室―『歴史書通信』一〇二　歴史書懇話会　一九九五年七月

卑弥呼の死と前方後円墳の誕生

一　卑弥呼の死とその墳墓

『三国志』の『魏書』東夷伝の倭人条、いわゆる『魏志』倭人伝によると、正始八年（二四七年）の帯方郡太守王頎《おうき》の任官と倭国からの遣使、それにともなう魏の使節張政《ちょうせい》の来朝の記事に続けて「卑弥呼以て死す。大いに冢《ちょう》を作ること径百余歩、葬に殉ずる者奴婢百余人なり」という記載がみられる。この記述は『魏志』倭人伝の最後の三分の一弱を構成する魏の外交文書に基づいたと考えられている記事の中にあり、比較的史料的価値の高いとされる部分に含まれるものである。このことから卑弥呼の死は、正始八年かその直後と考えられている。『北史』倭国伝が「正始中卑弥呼死す」とし、正始が九年までであるところから、卑弥呼の死を正始八年ないし九年のことと考える研究者が多いが、『北史』の記事にオリジナリティがあるかどうかはわからない。したがって卑弥呼の死は、正始八年（二四七）かその直後と考えておくほかなかろう。

卑弥呼の死についての記載に続く「大いに冢を作ること径百余歩、葬に殉ずる者奴婢百余人なり」の記事についても、これを確かなものとする前提で議論を進める研究者もいる。しかし最近の考古学的な調査の進展の結果からみても、弥生時代の終末期から古墳時代初頭にあたるこの時期の日本列島に、広く殉死の風があり、それが広範に行なわれていたと考える材料はほとんどみられない。また「径百余歩」の冢についても、その記事の信頼性は不明というほかない。

かつて喜田貞吉は、この「径百余歩」の記事から卑弥呼の墓を円墳であろうと想定したが、ただ「百余歩」は編者の誇張で、おそらく九州の箱式石棺をもつ小円墳であろうと考えた（「漢籍に見える倭人の記事の解釈」『歴史地理』三〇―三・五・六、一九一七年）。また笠井新也は、この径を前方後円墳の主体である円丘部の大きさを示したものと捉え、奈良県磯城郡織田村（現桜井市）の箸墓古墳（本書一三三頁、図38参照）の後円部の径がまさに一五〇mである（実際には一六〇mで、墳丘全長は二八〇m）ことなどから、この古墳を卑弥呼の墓と考えた（「卑弥呼の冢墓と箸墓」『考古学雑誌』三二―七、一九四二年）。

しかし『魏志』倭人伝のこの記載から、その墓の形状や正確な規模まで読み取るのは無理であろう。さきの「殉葬するもの奴婢百余人」の記事などからも、それが卑弥呼の墓やその葬送の実際を伝えたものとは考え難く、編者の作文である可能性が大きいと思われる。せいぜい卑弥呼の墓がきわめて大規模なものである事が魏の使者によって伝えられていた程度に過ぎないのではなかろうか。魏の使者が卑弥呼の墓、ないしその造営を直接みたかどうかは不明であるが、その墓がきわめて大規模に造営されたことが本国に伝えられ、『魏志』倭人伝がそれを記録している事実は重視すべきであろう。

さきにふれたように笠井新也は古く昭和初期に、奈良盆地東南部の三輪山西麓に位置する箸墓古墳を卑弥呼の墓に擬する興味深い説を提起していた。この説は、後に述べるように今日の箸墓古墳に対する考古学的位置付けから考えると、まさに卓見であったと評価すべきものである。笠井は、天皇陵古墳の形態変化をもとに前方後円墳の変遷観を示して箸墓古墳が古式の古墳であることを主張していた。しかし前方後円墳の編年研究が未発達で、同古墳の年代的位置づけが必ずしも確定していなかった第二次世界大戦以前の段階では、それが仮説の域を出るものとは評価されなかったのはやむをえないことであった。

二　前方後円墳の出現年代

笠井新也が想定したように、箸墓古墳が古墳時代でも早い段階の、まさに出現期の前方後円墳であることが知られるようになったのは、第二次大戦後、前方後円墳の形態変遷に関する研究が進展するとともに、弥生時代後期後半の吉備の首長墓にみられる特殊壺・特殊器台の流れを汲む特殊壺形・特殊器台形埴輪が箸墓古墳にみられることが明らかになってからである。こうして昭和四〇年代には、箸墓古墳が、出現期の大型前方後円墳であることが広く認められるようになった。ただその実年代が三世紀中葉すぎまで遡ることが知られるようになるには、さらに一九八九年の京都大学文学部博物館における企画展「椿井大塚山古墳と三角縁神獣鏡」の開催を一つの契機とする三角縁神獣鏡の新しい年代研究の進展を待たねばならなかった。

この三角縁神獣鏡の新しい編年研究は、その背面の文様の構成や表現法などの精緻な分析に、さらに従来の研究者が問題にしなかった鏡の断面形の時代的変化などをも配慮したきわめて説得力のある、安定したものである。このような三角縁神獣鏡の年代研究の進展の結果、最近では従来舶載三角縁神獣鏡とされていたものを第一段階から第四段階に区分する編年が広く認められるようになった。さらにその新しい編年に基づいて前期初頭の出現期古墳自体についても、副葬されている三角縁神獣鏡の組合せ関係から古い段階のものを抽出できるようになった。

神戸市西求女塚《にしもとめづか》古墳に代表される出現期でも古い段階の古墳には、西暦二四〇年前後と想定される第一段階の三角縁神獣鏡と二五〇年前後かと推定される第二段階の三角縁神獣鏡しかみられないところから、それらの古墳は三世紀の中葉すぎにはすでに造営されていたと考えられるようになった。これらの古墳の出現を三世紀中葉すぎとみる新しい年代観は、最近著しく進展した年輪年代法や炭素一四年代法の年輪補正による較正年代など自然科学的な年代決定法による弥生時代後半期や古墳時代中葉の須恵器の出現時期についての暦年代観とも見事に整合する。このことからも、この新しい年代観に大きな誤りは無いものと思われる。

出現期段階では日本列島で最大規模の前方後円墳である箸墓古墳については、その埋葬施設の調査は行われておらず、副葬品に関する情報はまったく不明である。ただ後円部の墳丘上で採集されている特殊壺形・器台形埴輪や前方部から採集されている壺形埴輪の型式などから、出現期でも古い段階の古墳であることは疑いなく、三世紀中葉近くまで遡るものであることは疑いないものと思われる。したがって、かって笠井新也が想定した箸墓を卑弥呼の墓とする仮説は、成立する可能性がきわめて高くなってきているということができるのである。

三　前方後円墳の出現前夜

このように箸墓古墳に代表される出現期の大型前方後円墳の中でも古い段階のものが三世紀中葉すぎに遡ることはほぼ疑いないものと考える研究者が多くなってきているが、こうした定型化した大型前方後円墳の出現前夜の状況はどのようなものであったのだろうか。箸墓古墳のある奈良盆地の東南部の三輪山西麓付近では、箸墓古墳に先行すると考えられる桜井市纒向石塚《まきむくいしづか》古墳、同ホケノ山古墳（図1）など、大きな円丘に短い突出部をもつ「纒向型前方後円墳」とも呼ばれる古墳が調査されている。それらが、箸墓古墳に代表される定型化した大型前方後円墳の祖形となるものである事は疑い

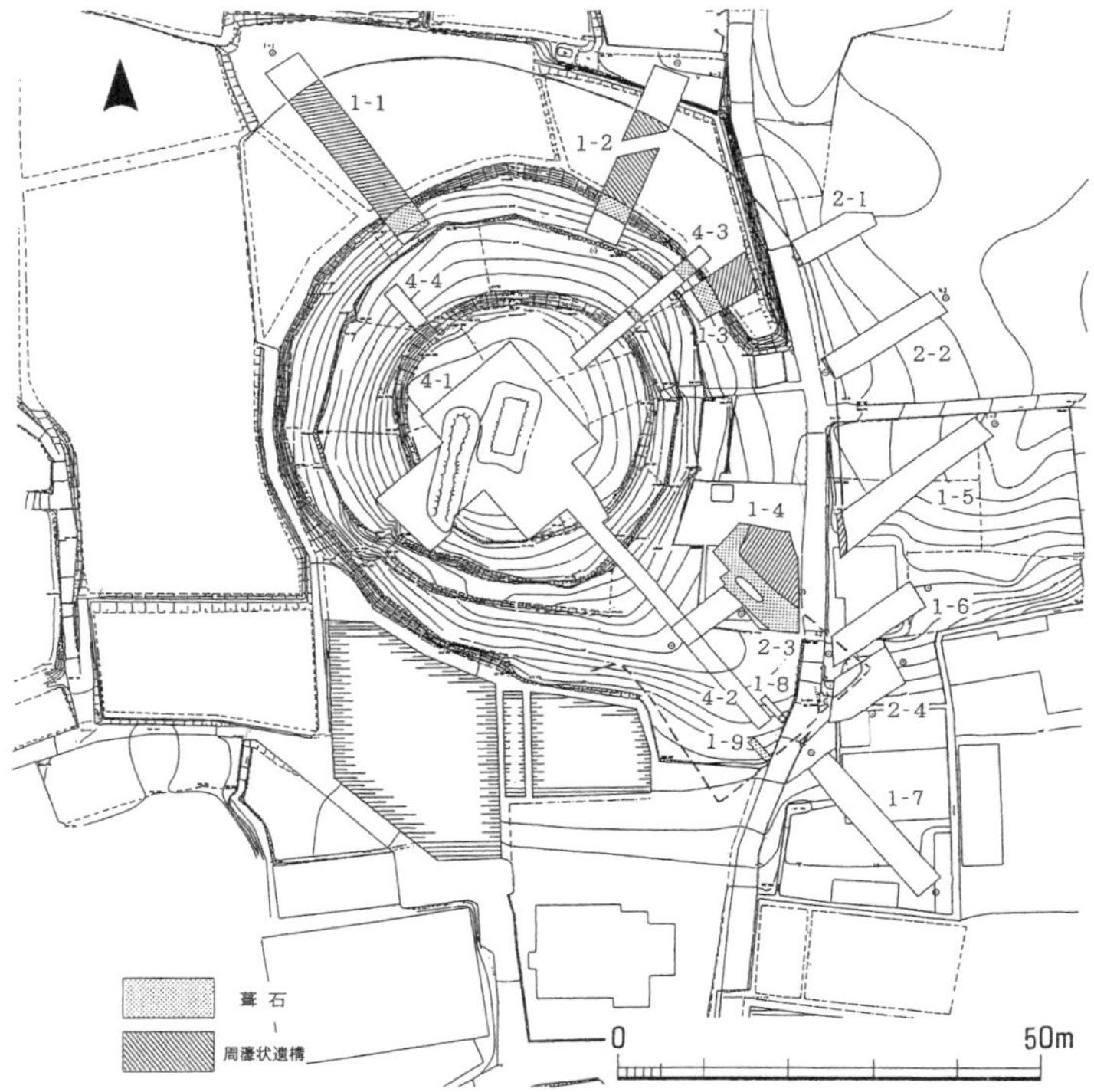

図１　奈良県桜井市ホケノ山墳丘墓

ないが、それらの規模は箸墓古墳に比べるとまだあまり大きくない。またその埋葬施設も纒向石塚古墳の場合は不明であるが、ホケノ山古墳の場合は出現期の大型前方後円墳に採用されている竪穴式石室の祖形かと想定される「石囲い木槨」がみられる。しかし、この段階には定型化した大型前方後円墳にみられるような竪穴式石室はまだ成立していない。また三角縁神獣鏡を中心とする多量の銅鏡の副葬もまだ認められない。

こうした点から筆者らは、墳丘規模が飛躍的に大きくなるとともに、墳丘形態が基本的に前方後円墳（ないし前方後方墳）で、埋葬施設も長大な割竹形木棺を収めた竪穴式石室、副葬品の組合せも銅鏡を中心とする呪術的色彩の強いものとなる箸墓古墳段階から後のものを「古墳」と捉える。そして、それ以前のものについては、単なる墳丘墓と理解しておくのがより適切ではないかと考えている（以下それらについては「墳丘墓」と表記する）。ここにいう「古墳」が成立する以前の段階には、列島の各地に地域性の顕著な墳丘墓が営まれていた。山陰の四隅突出型墳丘墓がよい例であるが、この段階には山陰地方の有力な首長たちがこうした共通の様式の墳丘墓を営んでいた。確かに纒向型前方後円墳と呼ばれるものは、地域を越えた分布を示し始めているようであるが、墳丘形態だけではなく、埋葬施設や副葬品の組合せにまで画一性は及んでいないのである。

さきに述べたように、定型化した大型前方後円墳が出現するのは三世紀中葉すぎと想定されるから、その直前のホケノ山墳丘墓など纒向型前方後円墳の段階はまさに卑弥呼の段階の邪馬台国時代ということになる。この段階には、濃尾平野やそれより東方の東海、中部高地、北陸、さらに関東などの東日本には小規模な突出部をもつ前方後方形の墳丘墓が盛んに営まれていた（図2・図3）。すなわち西方の邪馬台国連合に加わっていた諸国では前方後円形墳丘墓が営まれていたのに対し、おそらく濃尾平野にあったと想定される狗奴国《くなこく》を中心に形成されていたと思われる東方の狗奴国連合に加わってい

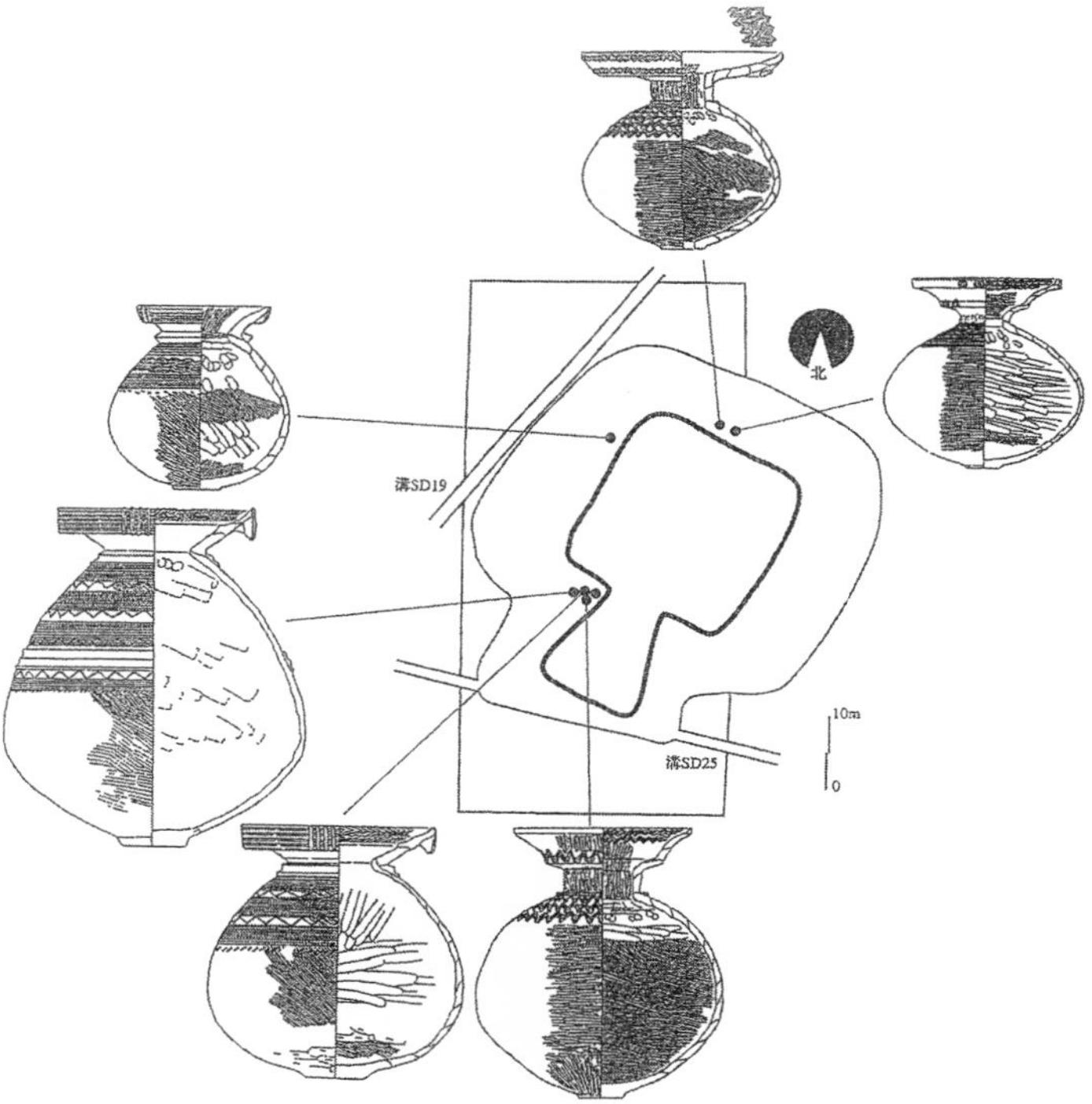

図２　愛知県尾西市西上免遺跡の前方後方形墳丘墓

た国々では前方後方形墳丘墓が営まれていたのである。

　ただこの段階の西日本の邪馬台国連合も、東日本の狗奴国連合もともに、いくつかの政治勢力（小国）が線的に結びついていたもので、決して面的に西日本や東日本の広い地域を包括したものなどではなかった。そのことは、東京湾岸の千葉県市原市には神門《ごうど》三・四・五号墳丘墓のような前方後円形墳丘墓の存在がみられ、また西日本でも出現期古墳の分布のあり方からみると邪馬台国連合に加わっていたのは畿内地域から瀬戸内海地域をへて北部九州に至るベルト地帯だけであったことからも明らかである。

いずれにしても三世紀前半の西日本における前方後円形墳丘墓や同時期の東日本における前方後方形墳丘墓の造営は、弥生時代を通して進んできた地域的統合の進展過程の最終段階にあたるもので、西方に邪馬台国連合が、東方に狗奴国連合が成立し、両者が並立していた段階の出来事である。『魏志』倭人伝は、卑弥呼の晩年、邪馬台国と狗奴国との戦争が始まったことを伝えるが、これこそ、西の邪馬台国連合と東の狗奴国連合との争いを物語るものであろう。その結果を『魏志』倭人伝は明確に記述していないが、その後の歴史の流れからも邪馬台国連合側の主導のもとに和平に至ったことは疑いなかろう。こうして日本列島の中枢部に、西は九州北半部から東は関東地方に及ぶ広域の政治連合、すなわち初

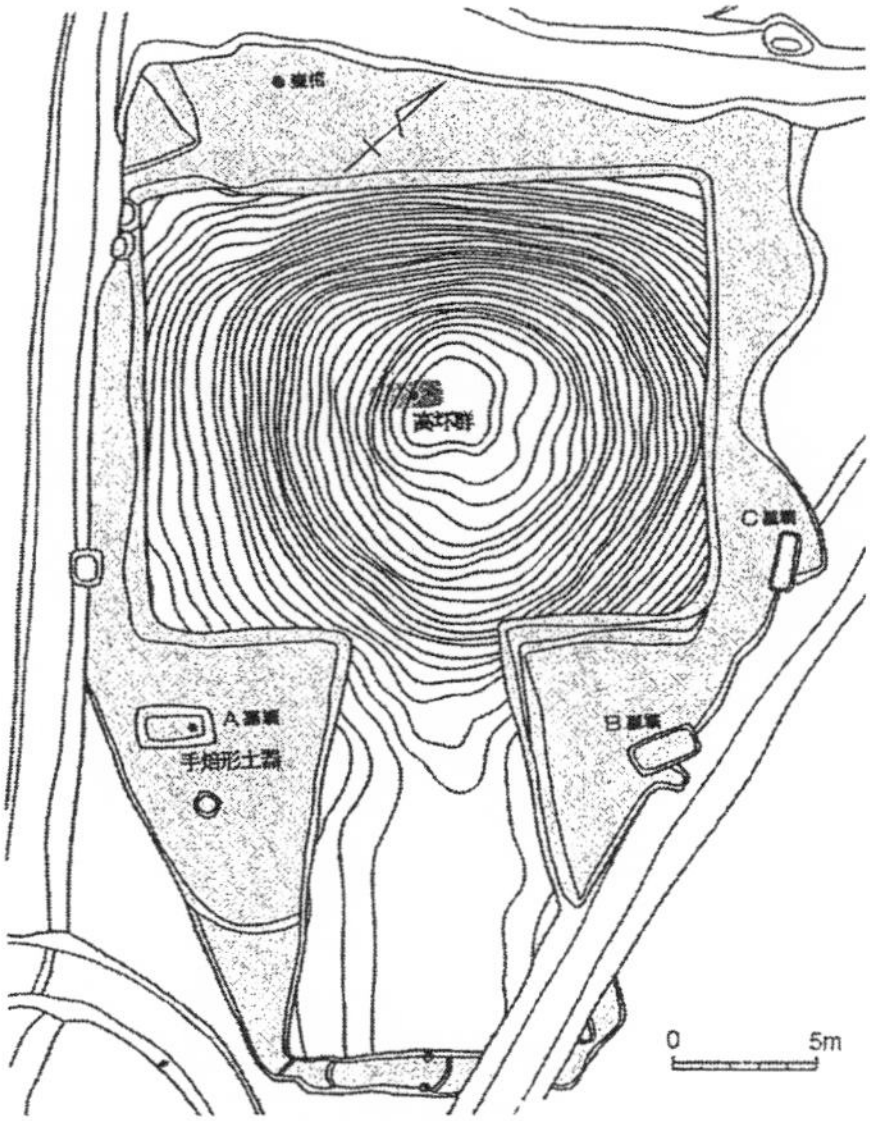

図3　千葉県木更津市高部32号墳丘墓

期ヤマト政権が成立するのである。まさに前方後円墳や前方後方墳は、この連合に加わった各地の首長たちが、その連合内での身分秩序に応じて大小さまざまに営んだものと想定されるのである。

なおその際、西日本の邪馬台国連合に最初から加わっていた首長たちが営んだのが前方後円墳であり、東日本の狗奴国連合に加わっていた首長たちをはじめ、ヤマト（邪馬台）を中心とする連合に後から加わった連合の二次的メンバーが営んだのが前方後方墳であったのではなかろうか。東日本の古墳時代前期前半の大型古墳がすべて前方後方墳であるのはこのためである。

四　広域の政治連合形成の契機

このように三世紀には、日本列島に広域の政治連合が形成されるのであるが、その直接的契機は何によるものであろうか。この問題を考古学的に明らかにするのは難しいが、筆者は鉄資源の確保の問題が関係しているものと想定している。弥生時代の中期以降の日本列島は明らかに鉄器時代になる。またその後期に当たる西暦一～二世紀になると各地で石器が消滅し、本格的な鉄の時代に入ったことが知られる。ところが不思議なことに、弥生時代や古墳時代前半期の日本列島では、砂鉄や鉄鉱石を精錬して鉄をえる鉄生産が行なわれた痕跡はまったくみられない。そうした鉄生産の遺跡が日本列島にみられるようになるのは六世紀以降のことである。

それでは古墳時代中期以前の倭人たちはどのようにして鉄資源を手に入れていたのであろうか。『魏志』東夷伝の弁辰《べんしん》条には「国（弁辰のこと）鉄を出す。韓、濊《わい》、倭、みな従ってこれを取る」とある。古墳時代中期の四世紀後半から五世紀になっても、日本の古墳からは朝鮮半島の伽耶《かや》の古墳にみられるものと同じ形態の鉄のインゴットである鉄鋌《てってい》が大量に出土する。このことは、五世紀になっても倭人たちが伽耶、すなわち弁辰（弁韓《べんかん》のこと）の鉄を入手していたことを物語っている。この弁辰の鉄を入手するのに主導的役割を果たしていたのが、伊都国《いとこく》や奴国《なこく》など九州の玄界灘沿岸地域の人たちであったことは疑いない。この地域では弥生時代後期の遺跡からも他の地域では希少な鉄器が豊富に出土する。また鉄資源以外に漢代の中国鏡などについても、この地域には多量にもたらされていたことが知られている。

したがってこの時期、瀬戸内海沿岸各地や畿内の人たちが鉄資源やその他の先進的文物の安定的な入手を確保しようとすると、この玄界灘沿岸地域が独占していた鉄資源などの入手ルートの支配権を奪い取る以外には方法がなかったものと想定されるのである。このため、まさにこの目的のために、畿内から瀬戸内海沿岸各地の勢力が連合して玄界灘沿岸勢力と争ったのであろう。このことを直接的に示す考古学的材料はないが、ただ弥生時代に北部九州を中心に分布していた中国鏡が、古墳時代に入るとともに畿内の大和を中心とする分布に一変することが注目される。

突然のこの大きな変化を、北部九州勢力の東遷の結果と考える説が古くからある。しかし最近の調査・研究の結果では、この時期、畿内や吉備の土器の北部九州への移動はみられても、その逆はほとんど認められないから、これを東遷説で説明することは困難である。とすれば、この中国鏡の分布の大きな変化はやはりさきに想定した先進文物の入手ルートの支配権をめぐる争いに畿内・瀬戸内勢力が勝利をおさめた結果と考えるのがもっとも蓋然性の高い推測であろう。このことからも、この推論は充分成立しうるものと筆者は考えている。さきにもふれたが、山陰や丹後がこの畿内・瀬戸内連合に加わらなかったのは、これらの地域が日本海沿岸にあって独自の鉄資源入手ルートを持っていたからであろう。出雲・丹後などの弥生時代後期の墳丘墓などからは、同時期の畿内地域などとは比較にならない豊富な鉄器の出土が知られている。

畿内を中心に分布するようになる中国鏡のなかで最も遡るのは画文帯神獣鏡である。これは後漢末から三国時代の鏡であるから、この争いに畿内・瀬戸内連合が勝利をおさめ、北部九州をその影響下におさめたのは三世紀はじめのことであろう。このことからも、こうして成立した広域の政治連合が『魏志』倭人伝にみられる邪馬台国を中心とする三〇国ほどの小国連合、すなわち邪馬台国連合にほかならないことはいうまでもなかろう。いずれにしても初期の倭国連合が先進的な文物や情報の共同入手機構にほかならなかったことは、東アジア世界の東の縁辺に位置する日本列島における初期の政治統合の最大の目的が何であったかを明白に物語るものであろう。先進文物の共同入手機構という日本列島の初期の政治連合の性格は、その後四世紀から五・六世紀の倭国連合においても基本的に変わるものではなかったと思われる。

五　前方後円（方）墳出現の歴史的意義

西日本の邪馬台国連合を魏が倭国（倭国連合）と認識していたことは、卑弥呼を「親魏倭王」に任じていることからも疑いない。しかしこの段階の東日本には、既に述べたように、おそらく濃尾平野に所在したと思われる狗奴国を中心に東は関東地方にまで及ぶ狗奴国連合が形成されていた可能性が大きい。したがって日本列島の中心部が一つの政治的まとまりを形成するには、西方の邪馬台国連合と東方の狗奴国連合との合体が必要であった。

邪馬台国連合と狗奴国連合との関係は、常に緊迫した状況にあったわけではなかろう。それは、邪馬台国の中枢地と多くの研究者が想定している奈良県桜井市の纒向遺跡からは、庄内式《しょうないしき》土器の存続期間である三世紀前半を通して大量の東海系土器が出土することからも疑いない。東方の狗奴国連合もまた西方の邪馬台国連合と同じように鉄資源など先進文物の安定的入手を目的に諸勢力が連合していたものと想定され、それが西の邪馬台国連合を介してもたらされていたことは確かであろう。

ところがなぜか卑弥呼の晩年になって両者の間に争いが起こるのである。これは弥生時代における政治的統合の進展という大きな歴史的流れにともなう必然的なものであったのかもしれないが、いずれにしても両者の統合によってはじめて日本列島の中心部が一つの政治的まとまりを形成することになるのである。前方後円（方）墳の出現が、まさにこの時期にあたることは興味深い。こうして成立したより広域の政治連合を初期ヤマト政権と呼びたいが、前方後円（方）墳こそは、まさにヤマト政権の成立を象徴する記念碑的な構築物でもある。

前方後円墳が、邪馬台国連合に加わる諸国で営まれていた前方後円形墳丘墓を、前方後方墳が、それまで主として狗奴国連合に加わる諸国で営まれていた前方後方形墳丘墓を母体に生み出されたものであることはいうまでもなかろう。ただそれらは決して自然発生的に成立したものではなく、倭国連合の版図《はんと》の飛躍的拡大に対応して求められた広域の政治連合の新しい政治秩序の整備の一環として、この連合の構成員である各地の首長たちの共通の墳墓として創出されたものであろう。

さらにその出現が卑弥呼の死の直後であることもまた示唆的である。そこには、卑弥呼という呪術的・宗教的権威の死という政治連合の紐帯《ちゆうたい》の喪失を補い、それを補完する役割をも期待されたものであったと思われる。三輪山の西麓に位置する箸墓古墳こそは、三世紀中葉すぎという最近の年代観からも、それが卑弥呼の墓である蓋然性はきわめて大きい。その造営は卑弥呼という呪術的権威の死後も、その霊力が連合の宗教的・政治的秩序を守護することを願った大事業でもあったと思われるのである。そのことは、この古墳が墳丘長二八〇ｍという人力のみでは造り難いと考えられる巨大な造営物として営まれていることからもうなずけよう。

このように、前方後円墳・前方後方墳は、邪馬台国連合と狗奴国連合の合体という出来事と、さらに政治連合の維持を呪術的・宗教的に支えてきた卑弥呼の死という二つの大きな出来事を直接的契機とするものであったことは疑いなかろう。前方後円（方）墳こそは、まさにこうして成立したヤマト政権と呼ばれる首長連合を象徴する構築物にほかならないのである。こうした首長たちの共通の墳丘墓の造営が、首長連合それ自体の継承・維持に役立つことは、既に弥生時代後期後半に各地で営まれた地域的性格の顕著な墳丘墓の造営で実証済みのことであった。

六　共に造るもの

箸墓古墳の後円部には、明らかに吉備に起源を持つ特殊壺形埴輪・特殊器台形埴輪（図4）が立て並べられていたことが知られている。一方同古墳の前方部からは、焼成以前から底部に円孔を穿った二重口縁の壺形埴輪（本書一三七頁、図39参照）が出土している。この前方部出土の壺形埴輪は、ホケノ山墳丘墓出土の壺形土器（図5）を介して考えると、東海地方の二重口縁壺の系譜を引く可能性が大きいと思われる。このことは、箸墓古墳における被葬者に対する葬送儀礼には、吉備の首長とともに濃尾平野の首長も関与し、共にそれぞれの地域の壺形埴輪を供献する役割を担ったものとも想定されるのである。

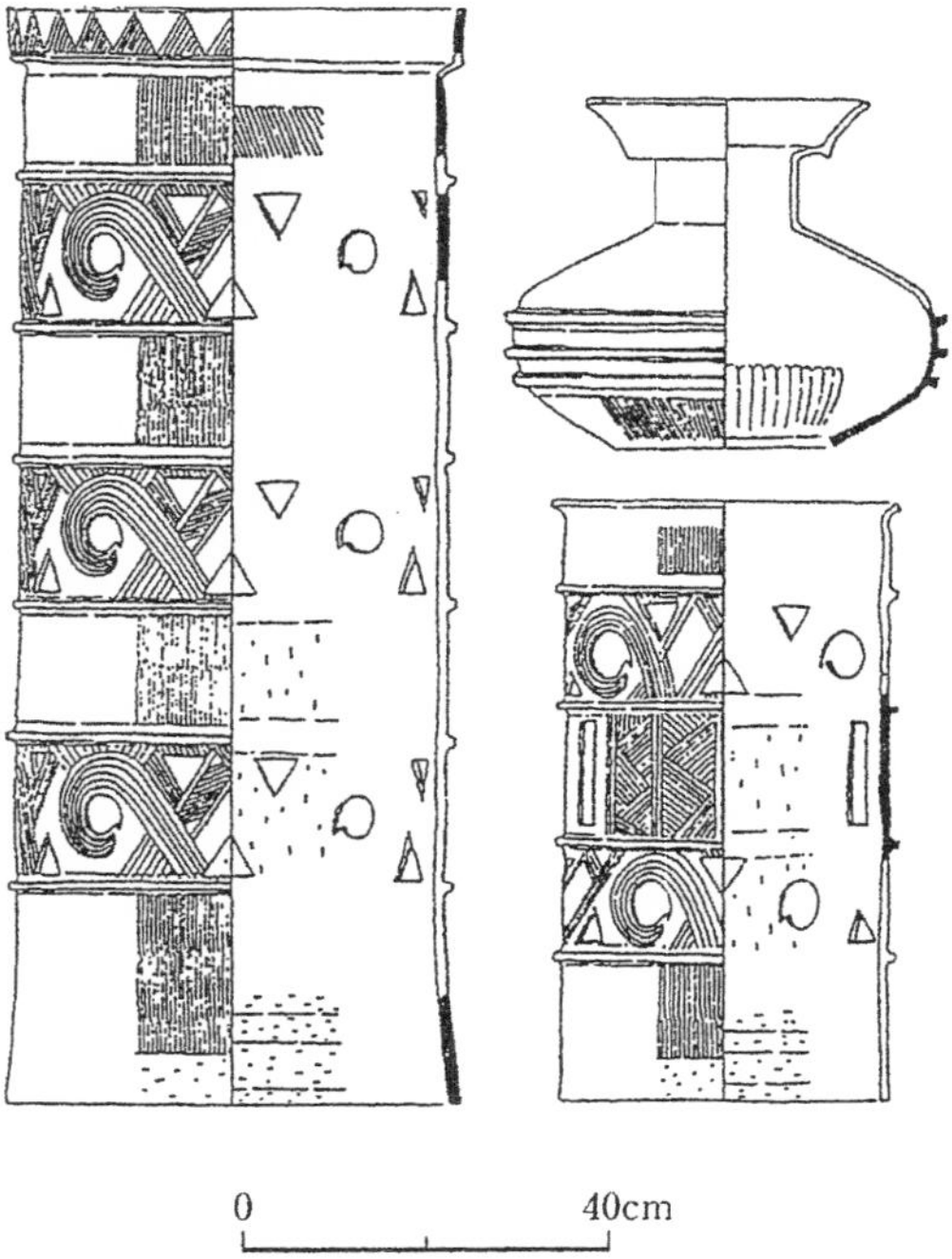

図４　箸墓古墳後円部出土の特殊壺形埴輪と特殊器台形埴輪

さらに箸墓古墳の一世代ほど前の墳丘墓であるホケノ山古墳では、「石囲い木槨」と呼ばれる木棺を収めた木槨の周りに石槨を営んだ特異な「二重槨」が検出されている。その本来の構造についてはさらに類例の増加を待たなければ、確実な復元は困難であるが、京都府南丹市黒田墳丘墓、徳島県鳴門市萩原一・二号墓などでも類似する構造の埋葬施設が検出されており、それらが後の出現期古墳にみられる竪穴式石室（槨）の祖形となったことはほぼ誤りなかろう。その点で注目されるのは、畿内の淀川水系や摂津西部などの少なくない前期古墳の竪穴式石室に四国の吉野川流域の板石がもたらされていることである。そうした板石は畿内でも求められないわけではないのにわざわざ四国から運んでいるのは、単に石材を四国に求めたのではなく、竪穴式石室の構築を四国の人たちが担当した結果である可能性が大きいのではなかろうか。

前期でも後半以降になると、割竹形木棺ないしその流れを引く舟形木棺を石で作った石棺が出現する。またやや遅れて組み合わせ木棺を模した長持形石棺も出現する。畿内の古墳の割竹形石棺・舟形石棺や長持形石棺には、初期には讃岐《さぬき》の鷲の山石や火山石、後には播磨《はりま》の竜山石や肥後の阿蘇石で作られた石棺がもたらされている。それらの地域の石材を用いた石棺の各地への供給は、ヤマト王権の指示によるものと考えられてきた。しかし壺形埴輪の供献や竪穴式石室の造営の事例を考えると、石棺の場合もこれらの石棺材の産出地の首長が、それぞれ深い関係をもつ地域の首長墓に提供したものと捉えるのが自然であろう。これらの石棺がそれぞれの石材産出地

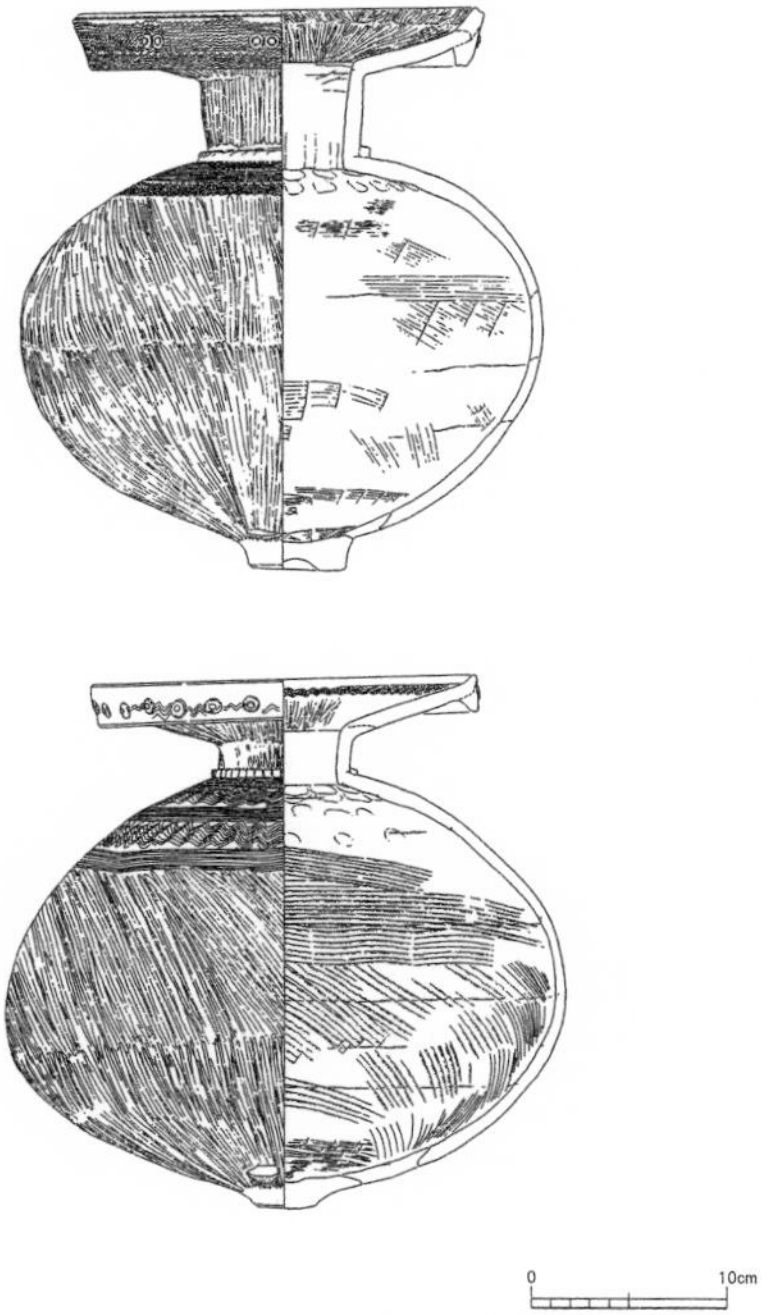

図5　ホケノ山墳丘墓出土の二重口縁壺形土器

ごとにその形態を大きく異にし、いずれも地域的特色を強く示していることも、これを裏付けるものであろう。

こうした状況から考えると、古墳はまさにヤマト政権と呼ばれる首長連合に加わる各地の首長が、共に造るものであったことがうかがえるのである。これは古墳における埋葬儀礼に用いられた副葬品についてもいえることであろう。前期後半から中期初頭の古墳にみられる鍬形石《くわがたいし》・石釧《いしくしろ》・車輪石《しゃりんせき》からなる緑色凝灰岩製の腕輪形石製品なども、北陸などの首長たちがヤマト王権の指示を受けて製作を担当したと考えられていたが、むしろそれらは北陸など腕輪製作に適した石材の産地の首長が自らの意思で製作し、各地の首長に提供したものではなかろうか。その意味では古墳の埋葬儀礼に欠かせない三角縁神獣鏡などの銅鏡は、ヤマト王権自体がその確保と提供を担当したものとみるべきであろう。

こうした考え方が成り立つとすれば、当然古墳の造営に必要な労働力自体も、古墳造営地の首長と生前深い関係のあった各地の首長が分担したものと考えるべきであろう。さらに木棺作り、さまざまな形象埴輪の製作なども適当な木材の産地や、土器生産の優れた技術をもつ地域の首長が担当したのであろう。このように、古墳はまさに政治連合に加わる各地の首長がそれぞれの持てる力や技術を動員して共に造るものであったと考えられるのである。またそこにこそ、ヤマト政権と呼ばれる首長連合の政治体制や政治秩序を表現する古墳の本質が表現されているものといえるのではなかろうか。

七　『日本書紀』の箸墓伝承

『日本書紀』の崇神天皇十年九月の条には、三輪山の神オオモノヌシとヤマトトトヒモモソヒメとの神婚譚《しんこんたん》に続けて、このヤマトトトヒモモソヒメが大市の箸墓に葬られたこと、さらにこの墓は昼は人が作り、夜は神が作ったこと、さらに大坂山の石を人びとが手逓伝《たごし》にして運んで作ったことなどが伝えられている。ここにいう箸墓が、今日の桜井市箸中に所在する箸墓古墳であることは、同じ『日本書紀』の天武紀の壬申の乱の箸陵の戦いに関する記載からも疑いない。

最近の研究では、この箸墓古墳が定型化した大型前方後円墳としては最も遡るものであり、その造営年代が三世紀の半ばすぎ頃であることが疑い難くなってきている。そのことからもこの古墳が卑弥呼の墓である可能性はきわめて高いと考える研究者が多くなってきた。早くから笠井新也らが指摘していたように、「鬼道《きどう》を事とし、よく衆を惑わす」巫女王《ふじょおう》としての卑弥呼像は、この崇神紀にみられる三輪山の神に仕える巫女であり、天皇の姉妹であるヤマトトトヒモモソヒメ像と重なり合う部分が多い。八世紀に編纂された『日本書紀』がこの古墳の被葬者像をほぼ正確に伝えている可能性が大きいことは驚きである。

この古墳の造営に必要な石材を大坂山から人びとがリレー式に運んだという伝承も、興味深いものである。箸墓のある三輪山麓付近の前期古墳の竪穴式石室には、大坂山に近い大阪府羽曳野市の春日山の輝石安山岩《きせきあんざんがん》や柏原市芝山の玄武岩《げんぶがん》が用いられていることからも、この伝承が何らかの根拠をもつものであったことが知られるのである。おそらくこの被葬者に関する伝承も、その造営に関わる伝承とともに、この古墳それ自体に掛けて伝えられたものであろう。

最近の新聞報道によれば、箸墓古墳の周濠底出土の土師器の付着物の炭素年代法による測定値の年輪補正による較正年代は、いずれも三世紀中葉頃であるという。この古墳の被葬者が、『日本書紀』では「ヤマトトトヒモモソヒメ」と伝えられ、『魏志』倭人伝では「卑弥呼」と伝えられている巫女王にほかならない蓋然性はきわめて高いと考えられる。そのことはまた前方後円墳の出現が、卑弥呼の死とほぼ時を同じくする西方の邪馬台国連合と東方の狗奴国連合の合体にともなう初期ヤマト政権の成立を物語るものにほかならないことを強く示唆するものであるといえよう。

（『卑弥呼死す　大いに冢をつくる―前方後円墳の成立―』
大阪府立近つ飛鳥博物館特別展図録、二〇〇九年）

本書の原本は、二〇〇七年に学生社より刊行されました。

著者略歴
一九三八年　大阪府に生まれる
一九六八年　同志社大学大学院博士課程単位取得退学
国立歴史民俗博物館教授、総合研究大学院大学教授、奈良大学教授、大阪府立近つ飛鳥博物館館長などを歴任
現　在　国立歴史民俗博物館・総合研究大学院大学名誉教授

〔主要著書〕
『古墳と古墳群の研究』（塙書房、二〇〇〇年）、『倭国誕生』（日本の時代史1、編著、吉川弘文館、二〇〇二年）、『考古学からみた倭国』（青木書店、二〇〇九年）、『古墳からみた倭国の形成と展開』（敬文舎、二〇一三年）

読みなおす日本史

近畿の古墳と古代史

二〇二二年（令和四）九月一日　第一刷発行

著　者　白《しら》石《いし》太《た》一《いち》郎《ろう》
発行者　吉川道郎
発行所　株式会社　吉川弘文館
郵便番号一一三—〇〇三三
東京都文京区本郷七丁目二番八号
電話〇三—三八一三—九一五一〈代表〉
振替口座〇〇一〇〇—五—二四四
http://www.yoshikawa-k.co.jp/
組版＝株式会社キャップス
印刷＝藤原印刷株式会社
製本＝ナショナル製本協同組合
装幀＝渡邉雄哉

ISBN978-4-642-07514-5

読みなおす日本史

刊行のことば

現代社会では、膨大な数の新刊図書が日々書店に並んでいます。昨今の電子書籍を含めますと、一人の読者が書名すら目にすることができないほどとなっています。ましてや、数年以前に刊行された本は書店の店頭に並ぶことも少なく、良書でありながらめぐり会うことのできない例は、日常的なことになっています。

人文書、とりわけ小社が専門とする歴史書におきましても、広く学界共通の財産として参照されるべきものとなっているにもかかわらず、その多くが現在では市場に出回らず入手、講読に時間と手間がかかるようになってしまっています。歴史の面白さを伝える図書を、読者の手元に届けることができないことは、歴史書出版の一翼を担う小社としても遺憾とするところです。

そこで、良書の発掘を通して、読者と図書をめぐる豊かな関係に寄与すべく、シリーズ「読みなおす日本史」を刊行いたします。本シリーズは、既刊の日本史関係書のなかから、研究の進展に今も寄与し続けているとともに、現在も広く読者に訴える力を有している良書を精選し順次定期的に刊行するものです。これらの知の文化遺産が、ゆるぎない視点からことの本質を説き続ける、確かな水先案内として迎えられることを切に願ってやみません。

二〇一二年四月

吉川弘文館

読みなおす
日本史

地理から見た信長・秀吉・家康の戦略　足利健亮著　二二〇〇円
神々の系譜 日本神話の謎　松前　健著　二四〇〇円
古代日本と北の海みち　新野直吉著　二二〇〇円
白鳥になった皇子 古事記　直木孝次郎著　二二〇〇円
島国の原像　水野正好著　二四〇〇円
入道殿下の物語 大鏡　益田　宗著　二二〇〇円
中世京都と祇園祭 疫病と都市の生活　脇田晴子著　二二〇〇円
吉野の霧 太平記　桜井好朗著　二二〇〇円
日本海海戦の真実　野村　實著　二二〇〇円
古代の恋愛生活 万葉集の恋歌を読む　古橋信孝著　二四〇〇円
木曽義仲　下出積與著　二二〇〇円

足利義政と東山文化　河合正治著　二二〇〇円
僧兵盛衰記　渡辺守順著　二二〇〇円
朝倉氏と戦国村一乗谷　松原信之著　二二〇〇円
本居宣長 近世国学の成立　芳賀　登著　二二〇〇円
江戸の蔵書家たち　岡村敬二著　二四〇〇円
古地図からみた古代日本 土地制度と景観　金田章裕著　二二〇〇円
「うつわ」を食らう 日本人と食事の文化　神崎宣武著　二二〇〇円
角倉素庵　林屋辰三郎著　二二〇〇円
江戸の親子 父親が子どもを育てた時代　太田素子著　二二〇〇円
埋もれた江戸 東大の地下の大名屋敷　藤本　強著　二五〇〇円
真田松代藩の財政改革 『日暮硯』と恩田杢　笠谷和比古著　二二〇〇円

吉川弘文館
（価格は税別）